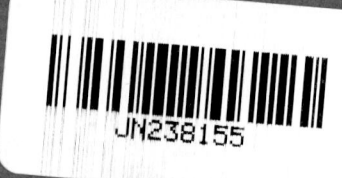

# FX
# CHART READING MASTER BOOK

## FXチャートリーディング
## マスターブック

井上 義教（著）

ダイヤモンド社

# はじめに なぜ個人投資家は

マーケットで個人投資家が勝てない理由について、皆さんは考えたことがありますか？

情報が少ないから？　取引のロット（サイズ）が小さいから？　１日中マーケットを見れないから？　実は、これらは、いずれも正しい答えではありません。端的に言うと、マーケットで勝つ秘訣は、

**チャートを見る→相場観を立てる→リスクマネジメントをしっかり行う**

この思考プロセスに尽きると思います。しっかりとマーケットの仕組みを理解し、やるべきことをちゃんとやれば、個人投資家でも十分に勝つことができるようになるのです。

もちろん、そのためには、ある程度の努力や工夫は必要です。本書は、そのためのヒントや手法を皆さんに提供するためのものです。

**マーケットとは何なのか？**

**マーケットはなぜ動くのか？**

**なぜ個人投資家は勝てないのか？**

こうした基本的なことを考えるとともに、

**プロと呼ばれる勝ち組の住人がなぜ勝ち続けることができるのか？**

**彼らはどんな考え方でマーケットに臨んでいるのか？**

**プロの売買手法は？**

といったことを考え、勝ち組の行動特性を自分自身のトレードに取り入れることにより、個人投資家であっても勝ち組への扉を開けることが十分にできるのです。

私は、平成５年から平成15年まで、約10年もの間、ディーラーという仕事を続けてきました。ディーラーという仕事は、半年単位で収益を上げることを求められます。もちろん、マイナスだとすぐに配置転換（クビ）で

# ＦＸで勝てないのか

す。そんな中にあって、長い期間にわたってディーラーを続けられたのは、やはり自分自身の経験から、勝てる（負けない）トレードルールを確立できたことが大きいと思います。

今や、ネット環境の整備も進み、パソコンの性能も目を見張るほど向上し、プロと個人投資家の売買環境における垣根はほとんどなくなったにもかかわらず、個人投資家が負けやすいのは、この「勝てる（負けない）トレードルールの確立」ができていないからです。

「相場で絶対に負けない方法」というのは、ありません（多分）。

しかし、「こういうことをしてはいけない」あるいは、「こういうことをしない方が勝てる確率が高まる」といったトレードルールは、意外にたくさんあるように感じます。

私がディーラーをしていた時のトレードと、今の個人投資家のトレードを比較すると、トレードルールという観点で、明らかな違いがたくさんあることに気付きました。恐らく、それが個人投資家の勝てない理由なのです。

**「勝てる（負けない）トレードルール」をしっかりと伝えること**

これが本書の執筆のきっかけとなりました。

本書には、トレードに関するヒントが満載です。

１つでも２つでも吸収、実行して頂き、負け組から勝ち組への転進を図って頂きたいと考えます。本書が、是非皆さんのトレードの一助となることを願ってやみません。

**株式会社チャートリーディング　代表取締役　井上義教**

# Index 目次

FX Chartreading Masterbook

## 第3章 勝っているプロの必須ツール
## 移動平均線の本当の意味を探ってみよう！

## 第9章 勝ち組プロが実践している
# 低リスクで実戦的なトレード手法



## 第10章 収益性をグンと高めるには
# 正しいマネーマネジメントが大切！

## 第11章 トレードの前・後で必ず行おう！

# 勝ち組投資家のルーティンワークの中身

マーケットに勝つために必要不可欠なメソッド

# チャートリーディングの基本を知ろう！

「チャートを見て、将来のチャートを予想する」
それがチャートリーディングです。
この章では、チャートリーディングでどんなことが分かるのか、
どうやって使うのか、何を用いるのかという点を
詳しく紹介していきます。

# 第1章

# 過去～現在のチャートから将来の値動きを予想するそれが「チャートリーディング」

1-1

皆さんは、「チャートリーディング」という言葉を聞いたことがありますか？

**チャートリーディングは、筆者が提唱している方法で、「いろいろなチャートを見て、少し先のチャートを予想する」ということを意味します**。セミナーでも積極的にチャートリーディングの方法についてお話ししています。

「少し先のチャートを予想する」……そんなことが果たしてできるのか？と思われるかもしれませんが、結論から言うと、誰にでも簡単にできます。ここでは、チャートリーディングの具体的な方法について触れる前に、なぜチャートリーディングを行うのか、その目的について考えてみましょう。

チャートリーディングの目的は、２つあります。１つは、相場観を立てる際の判断材料にすることです。もう１つは、マーケットでの自分の居場所を確認することです。

トレードツールとしてチャートを役立てることは、マーケットで勝つためにどうしても必要なことです。勝ち組の人間は常にチャートリーディングを行っていると言っても過言ではないでしょう。

ここで、ポイントを整理しておきます。

**ポイント１**……………………………………

**チャートリーディングとは何か？**

**▶チャートを見て、少し先のチャートを予想すること**

**ポイント2**

**チャートリーディングの目的は？**

**1. 相場観を立てる判断材料にする**

**2. マーケットでの自分の居場所を確認する**

## ＦＸで勝つためには、自分の居場所を示す海図＝チャートが必要不可欠！

ここで、「マーケットでの自分の居場所を確認する」というのはどういう意味でしょうか？

私たちがマーケットでトレードするということは、勝つか負けるか全く分からないという点では、右も左も分からずに暗闇の海を航海する船に乗っているようなものです。皆さんは、それぞれ自分の船の船長です。船長が荒波の海を無事切り抜けるには、次に船がどちらに動けばよいかの予想が重要となります。少しでも早く天候の回復する方へと船を進めるのが私たち船長の役目なのですから。

船が次に動くべき方向を船長が考えるに当たっては、海の様子をしっかりと観察し、天候の変化を感じとらなければいけません。まさに、こうした一連の流れが、トレードを行うに当たって私たちが行うべき行動とよく似ているのです。

- **どう考えてポジションを持つのか？（船出してもよい天候なのかどうか？）**
- **持ったポジションはそのまま変更なく持ち続けてよいかどうか？（良い天候が続くのかどうか？）**

- 評価損を抱えて少し厳しい状況なのか？（天候悪化から荒れた海になるのかどうか？）
- 損切りをした方がよいかどうか？（救命ボートに乗り移って船を放棄した方がよいかどうか？）
- 評価損に耐えてポジションを持ち続けた方がよいか？（悪天候が過ぎ去るのを待つかどうか？）
- 評価益が膨らんできたので、利食いを検討した方がよいか？（港に戻った方がよいか？）

このように、海上で船長が考えることと、私たちがマーケットでトレードをするに当たって考えることとは、かなり一致した行動であることが多いので、私はチャートリーディングの目的に「自分の居場所を確認すること」を挙げているのです。

チャートをしっかり見ることによって自分の居場所を確認するとともに、自分の進むべき道を自分で決める、これこそがマーケットで私たちが行うべき行動そのものなのです。

このように、「チャートを見る」ということは、トレードを行うに当たって絶対に避けることはできません。マーケットに「絶対」はありませんので、私は「絶対」という言葉をほとんど日常的にも使いませんが、それでも敢えて言いたいと思います。「チャートを見なければ絶対に勝てない」と。

**チャートをしっかり読み、相場観をしっかり立て、リスクマネジメントをしっかり行うこと**。

これがトレードで勝つ秘訣だということは、「はじめに」でも記したとおりですが、チャートリーディングは必要不可欠なものなのです。

# チャートリーディングなら トレードの失敗を引き起こす “人間的な部分”を排除できる

## 1-2

チャートリーディングを行うと、どんなメリットがあるのでしょうか？

まず、「相場観」を組み立てることができるようになります。マーケットでトレードを行うということは、価格が上昇するか下落するかの予想を立てて、そのとおりのリスクテイクを行うということを意味しますが、その際に、チャートを見なければ話が始まらないのです。

皆さんは、トレードを行う際に、何を参考にしますか？

**インターネットに出された著名なストラテジストの見通し？**
**安くなったから、そろそろ買ってもいいかな、という値ごろ感…**
**何となく買っておこうかな、というヤマ勘**

トレードは自分自身の考えで行うものですので、こうした考えで行ったトレードが間違いと言い切ることはできません。**しかし、こうしたトレードを続けていては、結局勝ち組に入ることは難しいと言わざるを得ないでしょう**。なぜなら、人間は感情のある動物ですので、「評価益は早めに確定してしまい、評価損はロスカットが遅れる」という傾向が強くなりがちだからです。つまり、勝負が五分五分だということで勝率が理論的な５割に収束するとしても、**相場観のない売買を続けた場合には、売買益より売買損の方が大きくなることが多い**のです。

裏を返して言うと、**勝率が５割なのに個人投資家が負けてしまうのは、こうした人間的な部分が出てしまうから**なのです。

では、勝つためにはどうしたらよいのでしょうか？

これまでの記述で、その方法は２通りあることが分かります。

**①勝率を上げる**

**②負けトレードよりも勝ちトレードの値幅を大きくする**

①の方が、②よりも簡単だと思われるかもしれませんが、実際は違います。勝率を上げるのはプロでも容易なことではありませんし、仮に勝率が上がったとしても、負けトレードの値幅が勝ちトレードの値幅よりも大きいと、結局はトータルで勝てないのです。

## マーケットで勝っている人は、意識的にせよ無意識にせよチャートリーディングを行っている

では、チャートリーディングを行うことによって、負けトレードよりも勝ちトレードの値幅を大きくすることができるのでしょうか？

これが、できるのです。

チャートを見て相場観を立て、しっかりリスクテイクを行うことによって負けトレードよりも勝ちトレードの値幅を大きくすることができるのかという点については、本書を最後までお読み頂ければ必ず理解してもらえると思いますが、マーケットの世界で常に勝ち組にいる人間は必ずチャートリーディングを行い、トータル的に負けトレードの値幅よりも勝ちトレードの値幅を大きくしているはずです。

このように、チャートリーディングは、

**「相場観を立てること」**

**「自分の居場所を確認すること」**

**「負けトレードの値幅よりも勝ちトレードの値幅を大きくすること」**

につながるのです。決して、チャートリーディングをするようになったからといって、トレードの勝率が上がるわけではありません。しかし、繰り返しになりますが、トレードで勝つためには勝率を上げることが必須ではないと

いう点は理解しておく必要があると言えるでしょう。

逆説的ながら、チャートリーディングがどれほど有効なものかという点について、1つエピソードをご紹介します。

新人ディーラーを育てる時に、ローソク足の日足のチャートを手で隠し、仮に自分が毎日必ず引けで買い持ちか売り持ちのポジションを持たなければいけないとしたらどちらのポジションを持つか？　という質問をすると、それはそれは大変よく当たります。ファンダメンタルズを抜きに素直に相場（チャート）を見ていることに加え、動いている方向にポジションを取らないとどんどん損失が大きくなってしまいますので、申告するポジションは必ず順張りになるからです。

ところが、実際にポジションを持たせてみると、ほとんどの新人が最初、収益を上げるのに大変苦労します。

これらのことは、

**①ファンダメンタルズのことは考えなくてよい**

**②相場は順張り**

ということに加えて、

**③チャートリーディングは有効である**

**④欲や恐怖といった感情が収益獲得の妨げになる**

ということを意味しているのではないでしょうか。

しかも、シミュレーション売買に意味がないということも同時に意味しているように、少なくとも私には感じられます。

シミュレーション売買は、ポジションを持った瞬間に人間の肩に重くのしかかる「損失に対する恐怖」がないという点で、実際のトレードとは一線を画すものです。よくセミナーで、最初はしばらくシミュレーション売買をした方がよいでしょうか？　という質問を受けますが、シミュレーション売買には全く意味がないという点も覚えておいてください。

# トレードをする際に<br>ファンダメンタルズ分析は<br>必要なのだろうか？

## 1-3

私は、常々トレードはテクニカル分析で行うべきと考えています。

いつも私が行うセミナーでは、リスクテイクの決定要因の話をする際には、ファンダメンタルズ分析の話はほとんど行いません。

**誤解を恐れずに書きますと、「ファンダメンタルズ分析では勝てない」のです**。

では、トレードにファンダメンタルズ分析は不要なのか？　というと、決してそんなことはありません。

マーケットは、短期的には上下動を繰り返しながらも、「トレンド」を作り出すことがあります。また、「トレンド」が発生したときは、一方向にマーケットが動きます。そのトレンドの最終到達点を教えてくれるのがファンダメンタルズ分析だと私は思っています。

ところが、トレードをするにあたって、この「短期的な上下動」がクセモノです。相場の神様のような方がどこかにいらっしゃって、ファンダメンタルズ分析の結果を最終的に反映するべく、まるで相場を操っているかのような動きを醸し出すのがマーケットなのではないか……という風に思った経験が、私には何度もあります。

つまり、**短期的な動きは、ファンダメンタルズ分析では答えが導き出せない**のです。

一方、短期的な動きによって大きな損失を抱えることを余儀なくされるといった事態は枚挙にイトマがありません。これらの状況は、ファンダメンタルズ分析でのトレードには限界があるということを意味しているのではないでしょうか。

## マーケットには、テクニカル分析だけで勝ち続けている人が必ず存在している

また、ファンダメンタルズ分析ではトレードできないという理由がもう1つあります。

例えば、ある経済指標が出てマーケットが大きく売られるにしても、一方向に売られっ放しというわけではなく、買われたり売られたりしながら最終的に売られるという形が大半です。これは、個別の細かな値動きをファンダメンタルズ分析では説明できないということを意味しているのではないでしょうか。

トレードはテクニカル分析で行いながらもファンダメンタルズ分析を疎かにしてはいけないという、一見矛盾した説明をしていますが、ここで優等生的な解答を書きますと、

**「ファンダメンタルズを確認しつつ、短期的なトレードの判断にあたってはテクニカル分析を最大限重視する」**ということになると思います。

「テクニカル分析に意味はない」と断言する人がいるのも承知で書きますが、マーケットには、テクニカル分析で常に勝ち続けている人間が、ある一定の割合で存在しています。FXのマーケットはゼロサムゲーム（誰かの収益は誰かの損失で補われなければならない、つまり、マーケット参加者全員の売買損益を合計するとゼロになるという意味）ですので、彼らを養うためには、誰かが必ずどこかで負けていなければならないのです。

一方、「ファンダメンタルズ分析だけで勝てるわけではない」ことは明白ですので、テクニカル分析のメリットは言うまでもないことだと個人的には考えています。

それでもなお、**「テクニカル分析に意味はない」と思っている方には、本書を読み進める意味はない**と思います。

**ポイント**

1. ファンダメンタルズ分析だけでは勝てない
2. テクニカル分析だけでも不十分
3. トレードはテクニカル分析で行いつつ、マーケットの大局的な動きをファンダメンタルズ分析で確認するようにするとよい

Column

## 相場の神様

1－3の初めに出てきた「相場の神様」についてお話しします。

新人ディーラーのトレード明細を見ると、相場には「相場の神様」がいらっしゃるのではないかと思ってしまうくらい、相場に手玉に取られてしまうことがあります。

私もそうでしたが、最初は誰しもが何を判断の基準にしてよいか分からないままトレードを行うからというのがその理由なのでしょう。

これでもかと買われ続けた最後の最後に「これは強い！」と天井を買ってしまったり、売られに売られた最後の最後に「これは売りに違いない！」と底を叩く…。

ファンダメンタルズ分析とテクニカル分析のバランスが悪いと、こうしたトレードを行ってしまいがちです。

こうした困難から逃れるための考え方としては、大まかな流れはファンダメンタルズ分析で確認しながらも、細かい流れをテクニカル分析で判断するという、微妙な使い分けをしなければいけないと思います。

もちろん、ファンダメンタルズ分析の答えとテクニカル分析の答えが一致したときは、ポジションを持つ（リスクを取る）のに最も適したポイントとなるでしょう。これこそが、後で述べる「順張りでポジションを取りなさい」という、私の主張に近いものなのです。

# チャートリーディングでは テクニカル分析を 総合的に利用する

1-4

チャートリーディングとテクニカル分析の関係はどのように考えるとよいでしょうか。私は、**チャートリーディング≒テクニカル分析の影絵のようなもの**だと考えています。下の表をご覧になりながらご自分でも考えてください。

| 比較項目／分析の種類 | 分析対象 | 各指標のウェイト付け |
|---|---|---|
| テクニカル分析 | 個別の分析にとどまる | 行わない |
| チャートリーディング | 総合的に分析を行う | 移動平均線・ローソク足に置く比重が若干高い |

つまり、テクニカル分析は、「これまでのチャートの形状から将来の価格を予想する手法」である一方、チャートリーディングは「いろいろなチャートを見て、少し先のチャートを予想する」ということですから、言い換えると、チャートリーディングは、テクニカル分析を総合的に利用して将来のチャートを予想することに他ならないのです。ただし、テクニカル分析にはいろいろな手法があり、それぞれのテクニカル分析の結果が異なる場合にどのように対処したらよいかという点を適切に示してくれるものはありません。

私が提唱するチャートリーディングは、いろいろなテクニカル分析の手法を駆使しながら総合的にチャートを判断し、何とか少し先のチャートを予想しようとします。また、詳しいことは本書の各章で解説しますが、やや移動平均線とローソク足に重点を置いた分析を行うこともチャートリーディングの特徴と言えるでしょう。

**ポイント**
- **テクニカル分析▶個別の指標の結果が異なることがある**
- **チャートリーディング▶テクニカル分析を総合的に利用し、少し先のチャートを予想する**

では、次の1－5以降で、チャートリーディングに用いるツールの紹介やチャートリーディングの具体的な方法について説明していきましょう。

Column

## チャートリーディングは「医者の診断」

「チャートリーディング」を何かに喩えることができないものかとずっと考えていたのですが、たまたま良い例を見つけることができました。それは、「医者の診断」です。人間ドックを受けた際に、お医者さんが心電図を見ながら話をしてくれたのを見て、「あ、これだ！」と思いつきました。

医者は、病気を治すために薬を投与したり手術をしたりしますが、その根拠は全て診断にあるはずです。

最初は健康診断や人間ドックで異常が見つかり、レントゲンを撮って調べたり、血液を採取して検査したり、精密検査で色んな数値を調べたり…総合的な判断に基づいて、医者は患者に対して施術を施し、アドバイスを行います。

つまり、血液検査やレントゲンといった、検査それぞれがテクニカル分析に該当し、総合的な医者の判断がチャートリーディングに該当するのです。

あってはならないことですが、医者も時として判断を誤ります。私たちがトレードをするときは、2回に1回くらい判断を誤るわけですから、そういう意味ではチャートリーディングを医者の診断に喩えるのは適切ではないかもしれません。しかし、「絶対が存在しないということ」という点では、チャートリーディングは医者の診断に近いものと言えるかもしれません。

# チャートリーディングに用いるテクニカル指標はポピュラーなものばかり

1-5

ここでは、チャートリーディングに用いる指標（いまどんな状態かを数字や図形で示す物差し）を紹介します。

## ① ローソク足

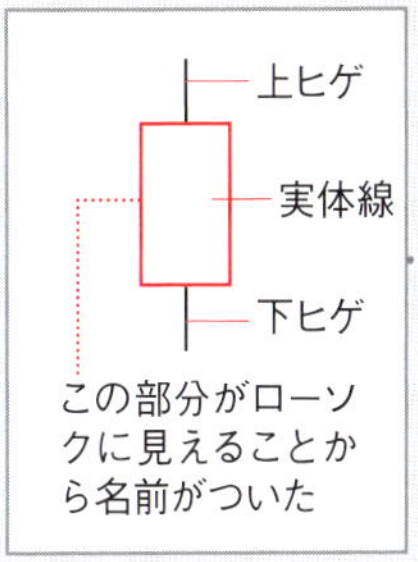


### ローソク足とは…

為替や株などの一定期間（1分や1時間、1日etc.）での値動きを図示したもの。日本で発明された。

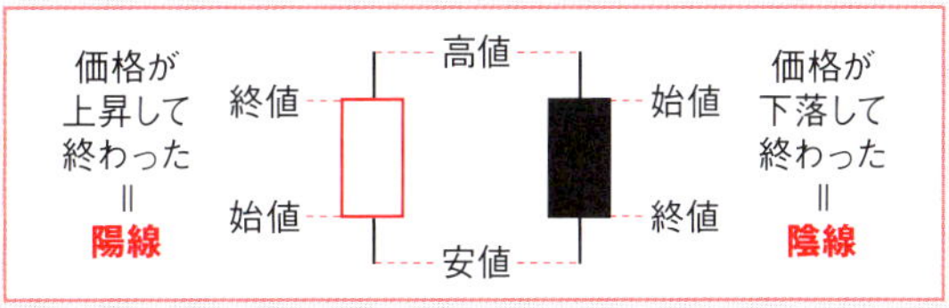


▶▶▶▶詳細は第2章で

## ② 移動平均線

### 移動平均線とは…

為替や株などの値動きを平均化して値動きの方向性（トレンド）を示したもの。

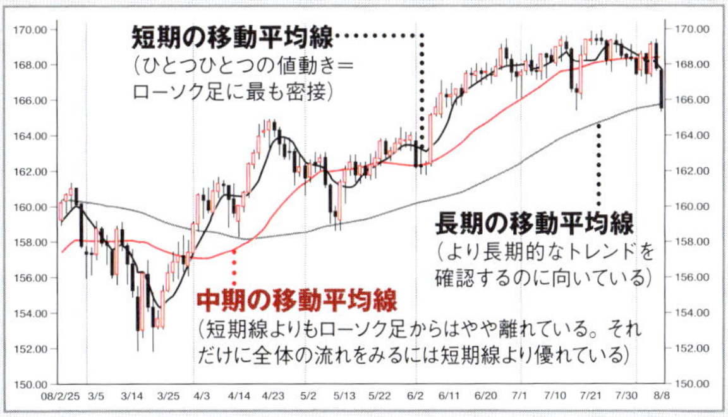


▶▶▶詳細は第3章で

## ③ MACD

### MACDとは…

直近の値動きを重視した移動平均線を使用したテクニカル指標で、トレンドの転換や勢いを見るのに役立つ。

▶▶▶詳細は第4章で

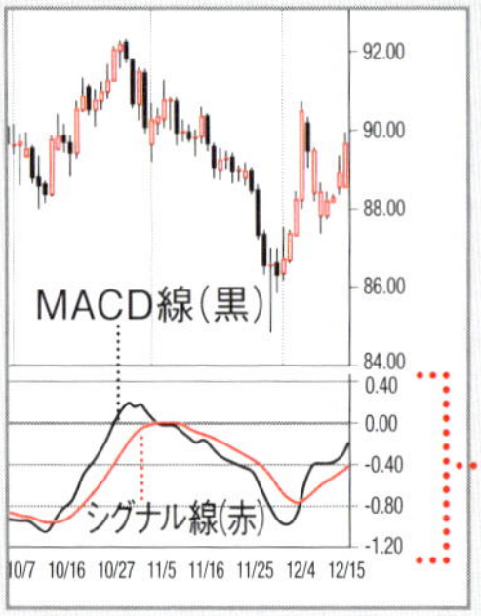


**これがMACD！**

ツール名と同じMACD線とシグナル線という2本の線で分析

**模式図にすると…**

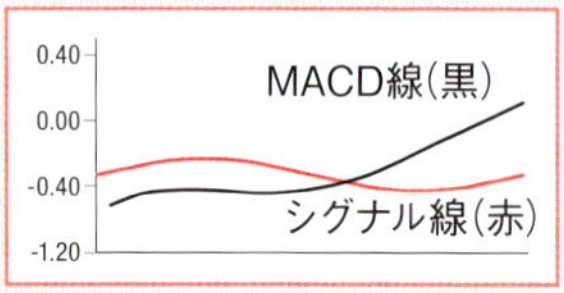


## ④ ストキャスティクス

### ストキャスティクスとは…

値動きから%Kや%Dという数値を計算し、為替や株の価格がどれくらい買われているのか、または売られているのかを数字とグラフで示す。

▶▶▶詳細は第5章で

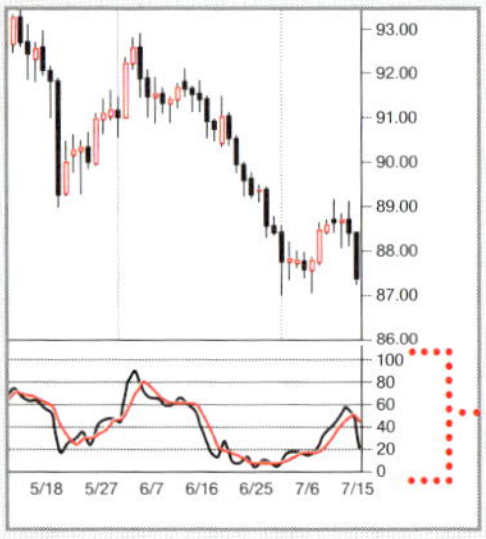


**これがストキャスティクス！**

**模式図にすると…**

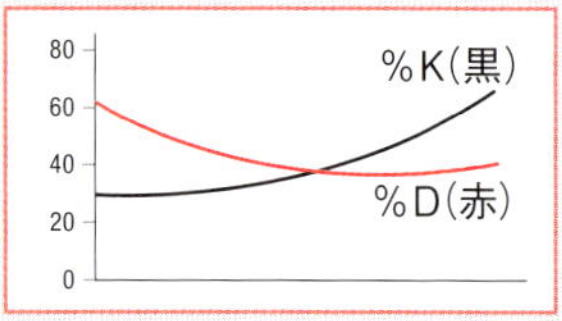


## ⑤ ボリンジャーバンド

**ボリンジャーバンドとは…** 為替や株の値動きから移動平均値の標準偏差を算出し、その範囲で値動きする確率を示した分析ツール。

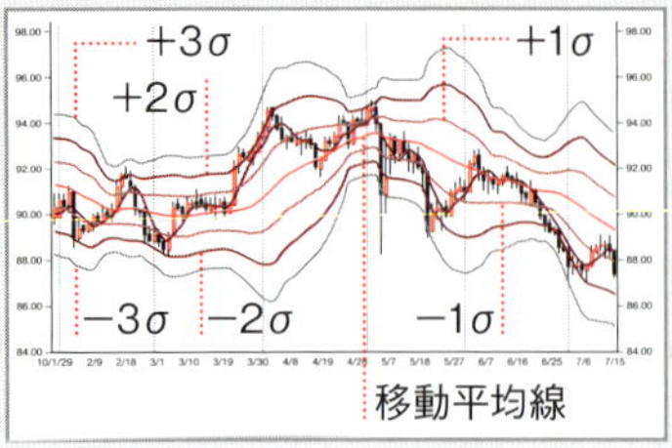


上下に±1σ(シグマ)
上下に±2σ
上下に±3σ　の
計6本の線を描く

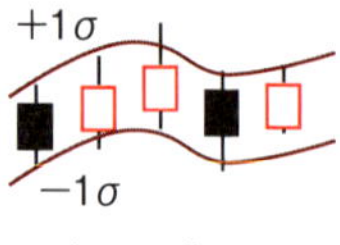


2本の線ではさまれた部分を"バンド"という

▶▶▶詳細は第6章で

いずれも、一般的なものばかりですので、どの指標も皆さん一度や二度はご覧になったことがあると思います。ただし、これらを組み合わせて総合的にチャートを分析・判断するといったことは、あまりやったことがないのではないでしょうか。

さて、1-4でも少し書きましたが、私は、この中でも**①のローソク足と②の移動平均線（特にローソク足）をやや重要視する**ようにしています。もちろん、それには理由があります。

その理由を解き明かすために、マーケットの動きを分類してみましょう。

マーケットには3つの動きがあります。いえ、**マーケットには3つの動きしかない**のです。

- **買われている**
- **売られている**
- **動いていない**

複雑に見えるマーケットの動きは、実はとても単純で、分類するとこの3通りしかありません。

そして、今のマーケットがどの状態かというのを判断するためには、「ローソク足」という古典的なチャートが最も適しているのです。

ローソク足以外のチャートでは、実はマーケットの動きそのものを説明するのに若干不十分だと言えるでしょう。マーケットで取引された値段が全て目で見えるのは、先に挙げた5つのチャートの中ではローソク足だけだからです。チャートには、それぞれメリット・デメリットがありますが、マーケットで取引された価格を全て内包しているのは、実はローソク足だけなのです。

ですので、数あるチャートの中でどれか1つだけしか使うことができないとしたら、私は、迷わずローソク足を選びます。

## マーケットの売買コストの平均値を教えてくれる移動平均線も重要だ

次に、私は移動平均線を重視します。詳しいことは移動平均線の章で解説しますが、移動平均線はマーケットの売り方と買い方の平均コストを私たちに教えてくれるという点で、非常に重要な意味を持っています。ローソク足と移動平均線を組み合わせることによって、相場観のかなりの部分を組み立てることが可能になります。

③ＭＡＣＤは移動平均線の応用です。移動平均線よりも感度がよい点が大きな特徴です。

④ストキャスティクスは、波動系チャートと呼ばれるテクニカル指標の代表選手です。これらは、文字どおり「波」のように上下に行ったり来たりする指標ですが、それぞれの指標単体ではあまり効果がありません。ただし、ローソク足と組み合わせることによって非常に効果を発揮する場合があります。特に、ダイバージェンシー（ＭＡＣＤ・ストキャスティクスの章で詳しく解説します）については、注意を払うようにするとよいと思います。

⑤のボリンジャーバンドは、その名のとおり「バンド」が目を引きます。視覚に訴えるという点で非常にユニークな指標と言えるでしょう。

ボリンジャーバンドは、買われすぎ・売られすぎを示すという点ではＭＡＣＤやストキャスティクスと同じです。ただ、「原資産（ＦＸでは為替レート）の変動率」を内包しているという点で、他のテクニカル指標とは一線を画すものです。相場がいきなり動き出すような場合、これを「ボラティリティが高くなる」と言いますが、変動率が急上昇してボリンジャーバンドの幅が急に広がるような場合には、トレンドの発生を裏付ける材料であると言えるでしょう。

# 5つのテクニカル指標には それぞれ得意な場面と 不得意な場面がある

1-6

ここでは、チャートリーディングの方法について説明することにします。使うテクニカル指標は、1-5で挙げた5種類です。

・**ローソク足**

・**移動平均線**

・**MACD**

・**ストキャスティクス**

・**ボリンジャーバンド**

ところで、それぞれの指標には、場面によって得意・不得意があるのをご存じでしょうか？　それを端的に示したのが下の図表です。

感覚的に◎○△×の記号をつけましたが、このように、それぞれ得意分野と不得意分野がありますので、私たちは、ある場面ではローソク足や移動平

**5つの指標の得意・不得意**

| 指標＼場面 | 相場の方向性を見る | 相場の勢いを見る | トレンドの端緒を発見する | 利食いの判断に使える |
|---|---|---|---|---|
| ローソク足 | ◎ | ◎ | △ | △ |
| 移動平均線 | ◎ | △ | △ | △ |
| MACD | ○ | △ | ○ | ◎ |
| ストキャスティクス | △ | × | △ | ◎ |
| ボリンジャーバンド | × | ◎ | ○ | ○ |

均線を重視し、ある場面ではMACDやストキャスティクスを重視するといったように、上手く使い分ける必要があるのです。

チャートリーディングの細かい方法については、章を改めて詳しく解説することにして、ここでは、マーケットに入る（ポジションを作る）とき・マーケットから出る（利食う）ときにどのようにチャートリーディングを行うのか、その方法を以下に簡単に紹介することにします。

## マーケットに入るときはトレンドに逆らわないのが原則　そこで役立つのが移動平均線

マーケットに入るときは、トレンドの向き（マーケットの動いている方向という意味）と同じ方向に作るのが原則的な考え方です。従って、まずはマーケットにトレンドがあるかないかの判断を行わなければなりません。**その際に最も有効なのは、やはり移動平均線**と言えるでしょう。

基本的な見方は簡単で、**移動平均線が上向き基調の場合には買いトレンド、下向き基調の場合は売りトレンドと判断**します。

そのうえで、必要があればMACDやストキャスティクスを補助的に利用することも検討します。落ち着いていたマーケットがいきなり大きな動きを見せるときは、ボリンジャーバンドの利用も有効になるときがあります。

移動平均線が上向き

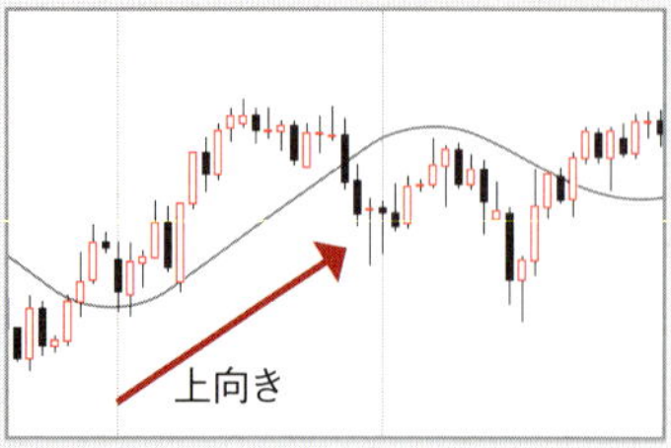


移動平均線が下向き

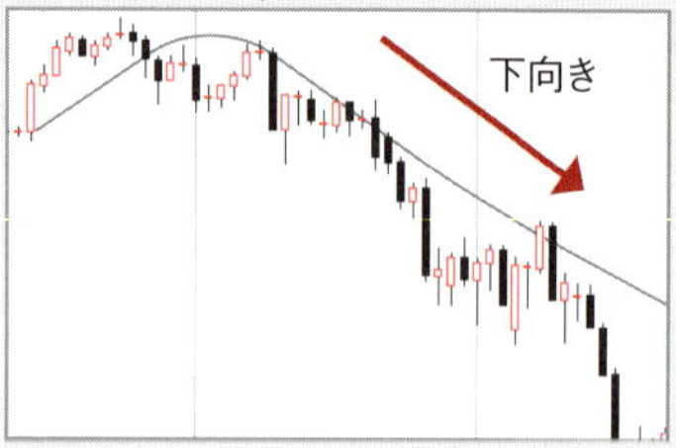

## 利食いのタイミングを判断するのに有効なのがストキャスティクス

「ロスカットよりも利食いの方が難しい」とはよく言ったもので、プロでも利食いの場所・タイミングはなかなか難しいものです。

この、利食いのタイミングを判断するのに有用なのがストキャスティクスです。基本的な見方としては、

**① 買いトレンドにあっては、**
**ストキャスティクスが買われすぎゾーンに入ってきた**

**② 売りトレンドにあっては、**
**ストキャスティクスが売られすぎゾーンに入ってきた**

となります。これらをヒントに利食いのタイミングを見極めます。

**ストキャスティクスの買われすぎ**

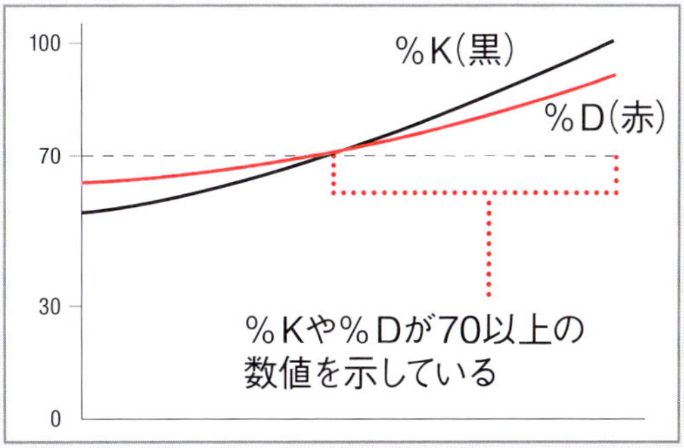


ストキャスティクスの数値が70以上（または75以上）を示す場合を「買われすぎ」と判断する。

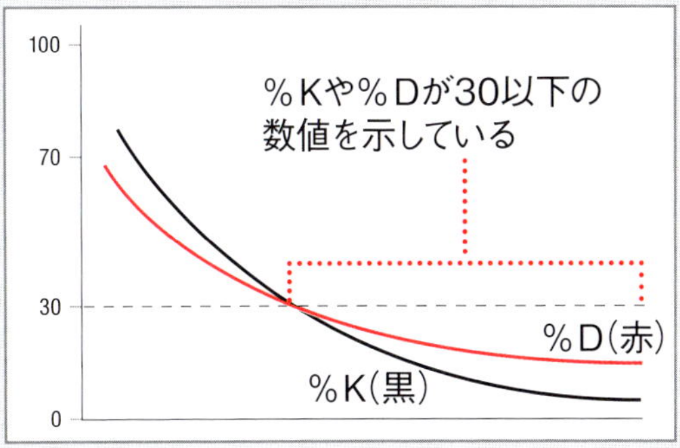


**ストキャスティクスの売られすぎ**

ストキャスティクスの数値が30以下（または25以下）を示す場合を「売られすぎ」と判断する。

**ダイバージェンシー**

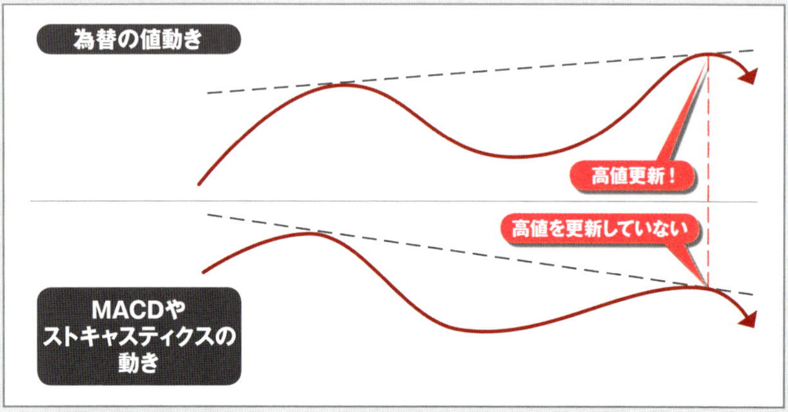


**ダイバージェンシーとは…**「逆行現象」と訳される。実際の値動きが直近の高値を更新(または安値を更新)しているのに、MACDやストキャスが高値(安値)を更新していないというように、値動きと指標との動きがかい離したり逆行することを指す。

また、買われすぎ・売られすぎゾーンの突入以上に重要なのが、「ダイバージェンシー」と呼ばれる現象です。

ダイバージェンシーについては章を改めて詳しく解説をしますが、簡単に言うと、

**① 買いトレンドにあっては、マーケットが高値を更新しているのに MACD（ストキャスティクス）の山の高さが更新していない**

**② 売りトレンドにあっては、マーケットが安値を更新しているのに MACD（ストキャスティクス）の谷の深さが更新していない**

**という現象**を意味します。

ダイバージェンシーが発生した場合には、利食いの強いシグナルになりますので、注意が必要です。

知っているようで実は意外と知らない

# ローソク足は相場を知る最強のツールだ！

「明けの明星」や「ダブルトップ」などといった
ローソク足の組み合わせやチャートの形状に
注目している人は数多くいます。
でも、実は１本のローソク足だけでも相場の状況が分かるのです。
この章では、ローソク足の隠されたパワーに迫ります。

# 第2章

# 勝っているプロはローソク足の形状そのものに注目している

## 2-1

ローソク足は、江戸時代に日本で開発されたもので、形がローソクに似ているところからその名が付きました。知らない人がいないくらい一般的で、もちろんチャートリーディングには欠かせない指標です。

ローソク足の重要性を説いた書物はあまり見かけませんが、実は「始値・高値・安値・終値」の全てが1本のローソク足に総括的に記されているという点でローソク足はとても重要なのです。

私たちの目的は、マーケットの次の動きを読むことですが、そのためには過去のマーケットの動きを見る必要があります。**このローソク足というチャートは、過去の値動きを簡潔な形状に網羅しているという点で、他のチャートよりも優れている**と言うことができます。

多くの方がご存じだとは思いますが、ここでローソク足の意味を解説しておきます。

**ローソク足の構成**

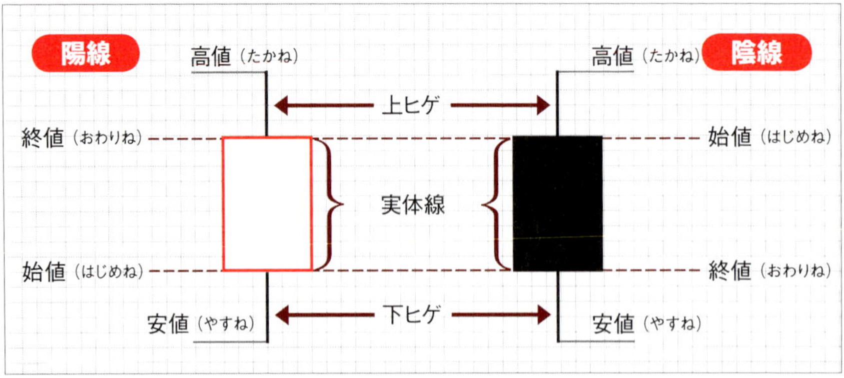

始値よりも終値の方が高い場合には、ローソク足の柱の部分（これを実体線という）は白、逆に、始値よりも終値の方が安い場合には、実体線は黒になります。また、ローソク足の実体線以外の部分を「ヒゲ」と呼びます。実体線の上部に出現したヒゲを上ヒゲ、実体線の下部に出現したヒゲを下ヒゲと呼びます。

ここまではいろいろな書籍に掲載されていると思いますが、それはローソク足という指標の説明であって、ローソク足という指標の見方そのものを丁寧に解説している書籍はあまり見かけません。

## プロが注目するローソク足のポイントは実にシンプル

ここで、プロのローソク足の見方をご紹介しようと思うのですが、実は、プロが注目するのは、ローソク足の形状が持つ「意味」そのものです。

ここで、ローソク足に関する質問を皆さんに出してみましょう。

**<問1>**

**始値と終値とどちらが重要ですか？**

**<問1の解答>**

終値の方が始値よりも後に付いた値段ですから、**始値よりも終値の方が圧倒的に重要**です。移動平均線という重要な考え方がありますが、これは終値を平均したものであって、始値を平均したものではありません。

**<問2>**

**陽線の翌日は陽線が出やすく、陰線の翌日は陰線が出やすいのでしょうか？**

### <問2の解答>

過去データを分析した限りでは、そのような事象はなさそうです。基本的に**ローソク足の連続性にはあまり特異な傾向はない**と考えてください。

> **<問3>**
>
> **では、ローソク足の何に注目するのですか？**

### <問3の解答>

**直近のローソク足の形状そのものに最大限の敬意を払います**。

ローソク足は、チャートリーディングの要となる指標です。将来のチャートを予想するにあたっては、これまでの軌跡をしっかりと見ることが重要ですが、それ以上に直近のローソク足がどんな意味を持っているかが大変重要です。過去のローソク足よりも直近のローソク足の方が、明日のチャートにより近いわけですから、そこに注目するわけです。

どうでしょうか？　これら３つの解答を見ただけでも、プロのローソク足の見方というのは、いわゆる一般の方の見方とは随分違っているのではないでしょうか。

とはいえ、プロが注目するポイントは、実は単純明快であり、そんなに難しいものではありません。

**①陽線が多いか陰線が多いかに注目する**

**②実体線の大きさに注目する**

**③ヒゲの有無と長さに注目する**

**④トンボ（トウバ）に注目する**

**⑤ローソク足の組み合わせやフォーメーションを気にしない**

たったこれくらいのことです。

２-２以降で、ここに掲げたポイントについて詳しく説明していきたいと思います。

# 陰線と陽線とではどちらが多いのかそれが分かれば相場が分かる！

## 2-2

まず、**上昇相場では陽線が多く出現し、下落相場では陰線が多く出現**します。

こんなことは当たり前ではないかと思われがちですが、実は多くの方が見逃している重要なポイントだと言えるでしょう。

直近のマーケットを見て、陽線が数多く出現しているなら上昇相場、陰線が数多く出現しているなら下落相場という判断をします。裏を返せば、陽線を数多く伴う下落相場、陰線を数多く伴う上昇相場は基本的に存在しないということになります。

**ポイント**

**上昇相場では陽線**
**下落相場では陰線**
**が多く出現する**

次のページの上のチャート１を見てください。これは典型的な上昇相場です。上昇局面では陽線が多く出現しているのが分かります。マーケットには、「トレンドは継続する」という傾向がありますので、こうしたマーケットでは、基本的に買いから入ることを考えます。

逆に、下のチャート２は典型的な下落相場です。下落局面では陰線が多く出現します。先ほどとは逆に、こうしたマーケットでは、基本的に売りから入ることを考えます。

陽線・陰線の多さと相場の向きとの関係が重要である理由は、マーケットに入るにあたっては、トレンドに沿った向きでマーケットに入る方がリスク

## チャート1　上昇トレンド内の陽線は？

この大きな上昇トレンドの中でローソク足は全部で68本。このうち陽線は39本。
米ドル・円　2005年7月29日〜06年1月12日(日足)

## チャート2　下落トレンド内の陰線は？

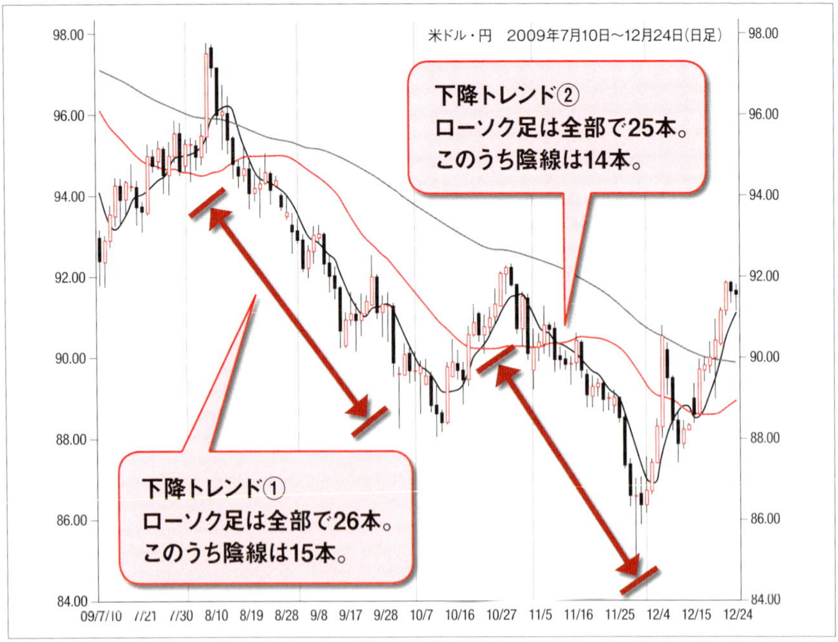
米ドル・円　2009年7月10日〜12月24日(日足)
下降トレンド②
ローソク足は全部で25本。
このうち陰線は14本。
下降トレンド①
ローソク足は全部で26本。
このうち陰線は15本。

が小さいという点にあります。

マーケットには、

①買われている

②売られている

③動いていない

という3つの動きしかありませんので、①②③のうちどのパターンに当てはまる相場なのかという判断が極めて大事になるわけです。もちろん、基本的なルールとして、①なら買いから入り、②なら売りから入ることになります。（③の場合は、見送りが正解です。）

とても重要な考え方ですのでポイントを再度確認しておきます。

**陽線が多く出現する→上昇相場→買いから入ることを考える**
**陰線が多く出現する→下落相場→売りから入ることを考える**

ローソク足を見る最大の目的は、上昇相場なのか下落相場なのかの判断を行うことであると言っても過言ではないでしょう。そして、上昇相場と判断したら、基本的に買いから入り、下落相場と判断したら、基本的に売りから入ることを考えるべきなのです。

「べき論」で話をするのはあまり好きではないのですが、マーケットには素直に対処することが本当に重要で、この「素直」というのは、「マーケットの向きに逆らわない」ということを意味しています。

**上昇相場は買われているから強いのであって、基本的に買いから入る**
**下落相場は売られているから弱いのであって、基本的に売りから入る**

これが大原則です。

この考え方さえマスターできれば、チャートリーディングの8割くらいは習得できたと言ってもよいと思います。

# それまでの動きと比べて大きな実体線が出てきたら相場の流れが変わる！

2-3

次に、実体線の大きさに注目します。

「大きさ」と言っても、何円が大きく、何銭が小さいのかという絶対値の話ではなく、**それまでの状況と比較して、大きく見えるか小さく見えるかという相対的な話**です。例えば、平均して50銭幅で動いてきたマーケットで唐突に出現した１円幅の実体線を伴ったローソク足はとても大きく見えますが、２円幅で動いてきたマーケットで出現した１円幅の実体線を伴ったローソク足は逆に小さく見えることでしょう。

ローソク足のチャートは、過去のものよりも直近のものが重要な意味を持っていると書きました。この考えをどのように応用するのかということになるのですが、例えば、ある日いきなり大きな実体線を伴ったローソク足が出現した場合には、「新たなトレンドが発生したのではないか」という予想を立てます。これまで全く動きがなかったのに、いきなり実体線の大きなローソク足が出現したということは、何か新たな動きが出てきたのではないか、という予想です。

**ポイント**

**いきなり出現した大きな実体線を伴うローソク足は、トレンド発生の兆候を意味する可能性がある。**

次のチャート３を見てください。もみ合いが続いたマーケットで出現した２円幅の実体線を伴ったローソク足（吹き出しで示したところ）は、とても

## チャート3　もみ合い相場で大陰線が出現

大きく見えます。

こうしたチャートを見ると、「それまでの相場とは何かが違う」あるいは、「しばらく溜めこんできたエネルギーを放出する時期に差し掛かったかもしれない」という予想から、トレンド発生の兆候を感じることができるわけです。

このチャート３の続きが、次のチャート４です。動き始めた方にすぐにポジションを取ることがとても重要であることが分かります。

## チャート4　大陰線が示したもの

このように、**視覚に訴える実体線の大きさというのは、意外に重要**なものなのです。なお、この例のように、もみ合いが続いてきたマーケットで急に動き出す場合には、大きなトレンドに発展するケースが多いのですが、その判断としてＭＡＣＤを使うとより効果的にチャートを見ることができます。

詳しいことは第４章で解説しますが、先ほどのチャート４にＭＡＣＤを追加したチャート５を先にお見せしましょう。

**チャート5　チャート4にMACDを追加してみると…**

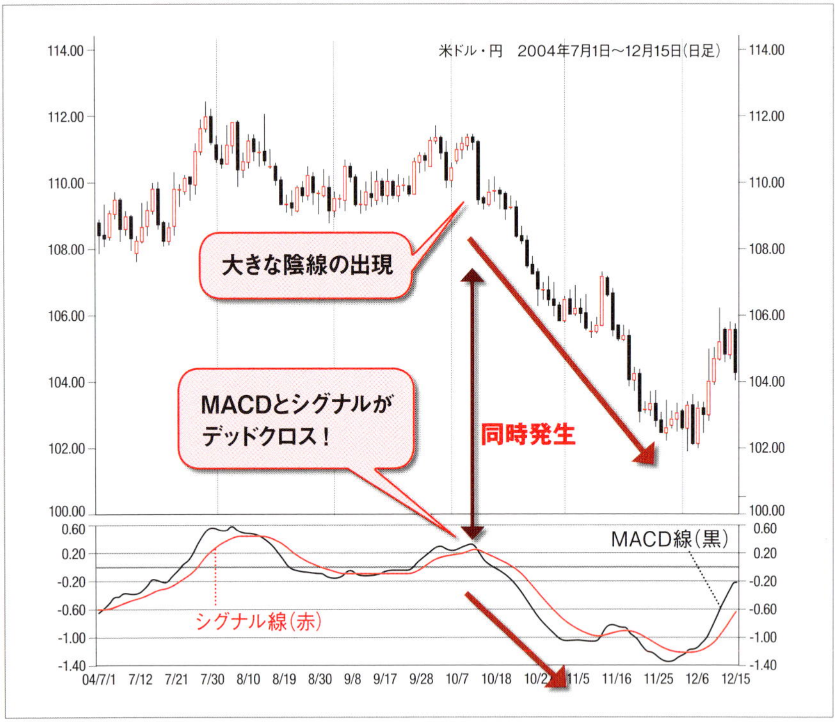


このチャート５では、突然大きな陰線が出現したのと同時に、ＭＡＣＤのＭＡＣＤ線とシグナル線がデッドクロス（ＭＡＣＤ線がシグナル線を上から下に抜けること）しています。こうした微妙な変化を敏感に感じ取ることで、トレンド発生の兆候を上手くとらえることも可能となるのです。

# マーケットの“抵抗”を示すヒゲの長さも大切なポイントだ！

2-4

次に、ヒゲの長さに注目します。

ヒゲが形成される過程を図解すると、以下のようになります。

**ヒゲの形成**

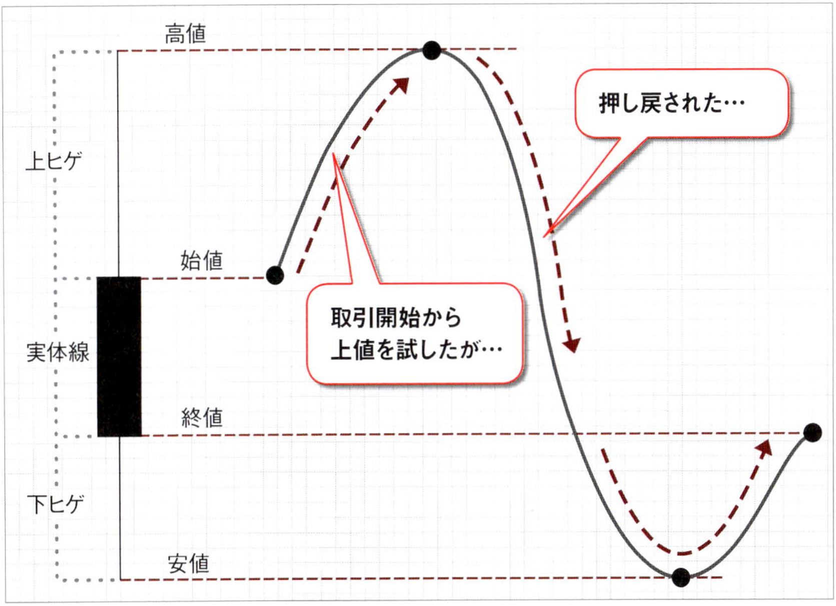


上の図のように、「ヒゲ」の部分は、「その日のトレードで値段が付いた（取引された）ことは間違いないが、マーケット参加者全員の総意によってその水準での取引が拒絶され、すぐに押し返されてしまった価格帯」を意味するのです。

これは、チャートを読むに当たってとても重要なヒントを与えてくれます。つまり、**ヒゲの部分は「抵抗帯」が確かに存在したということを意味する**のです。

こうした考えから、**「上ヒゲ」が出現した場合には、その価格帯で売りを考えている人が多かったということを、また、「下ヒゲ」が出現した場合には、その価格帯で買いを考えている人が多かったということを、実際のマーケットの動きを観察することによって知ることができます**。

もちろん、ヒゲの長さは、相対的に長ければ長いほど重要な意味を持ちます。高値圏で出現した長い上ヒゲや、底値圏で出現した長い下ヒゲは、チャート上もアクセントとなって将来にわたって注目されるポイントとなります。

次のチャート6を見てください。高値圏での上ヒゲの出現が抵抗帯の存在をはっきりと示しています。

**チャート6　上ヒゲの出現**

また、次のチャート7は、安値圏での下ヒゲの出現です。安値圏での下ヒゲの出現が、価格がこれ以上には下がりにくい水準を示す「支持帯」の存在をはっきりと示しています。

**チャート7　下ヒゲの出現**

このように、ヒゲの出現が抵抗帯や支持帯の存在をはっきりと教えてくれることから、トレンドの終焉を予想することも可能です。その際には、他のテクニカル指標（例えばストキャスティクス）を参考にするとよいかもしれません。つまり、下ヒゲが発生してストキャスティクスが売られすぎゾーンにいる場合には買い戻しを、上ヒゲが発生してストキャスティクスが買われすぎゾーンにいる場合には転売を、それぞれ検討してもよいのではないかという判断が可能となるのです。

**ポイント**

1. ヒゲは、その価格帯がマーケット参加者によって拒絶されたということを意味するため、相対的に長ければ長いほど重要な意味を持つ。
2. 高値圏での上ヒゲは重要な抵抗帯に、安値圏での下ヒゲは重要な支持帯になることがある。

# 売りと買いの拮抗状態を示すトンボやトウバが出たらトレンドは終了？

2-5

ローソク足を見る場合のポイントは、まだあります。次に取り上げるのは「寄り引け同時線」です。

これは、始値と終値が同じ値段のときに現れるチャート形状で、「トンボ」とも呼ばれます。**このチャート形状が出現する時は、売り買いの勢力が拮抗していることを意味**しています。

トンボの出現は、時としてトレンドの終了を暗示することがあります。経験的にも、高値圏・安値圏でのトンボの出現がトレンドの終了に直結したことがかなりありますので、**トンボが出現した場合には、トレンドの終了の可能性を念頭に置くようにするとよい**と思います。

トンボと同じような考え方のできるチャートとして、「トウバ」を挙げることができます。これは、トンボに近い形状ですが、始値の値段と終値の値段が同じで上ヒゲだけがある形状です。**トウバが出現した場合も、トレンドの終了につながる可能性があります**ので、やや注意といったところでしょうか。蛇足ながら、「トウバ」の語源は、どうやら「お墓」に形が似ているからだということを聞いたことがあります。

次ページに、トンボがトレンドの終了のきっかけとなったチャート8を示します。

**ポイント**……………………………………

**トンボやトウバが出現した場合には、トレンドの終了を意味する可能性がある。**

## トンボとトウバ

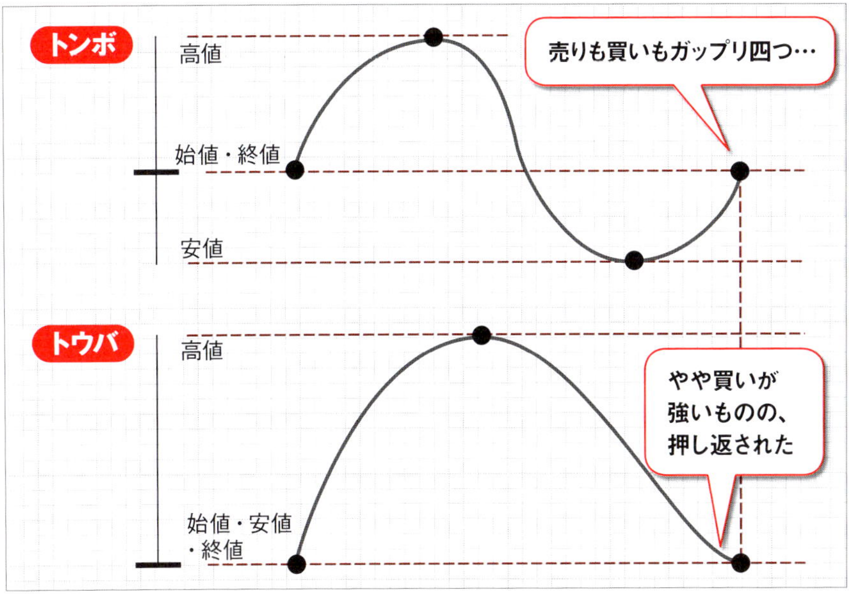


## チャート8　トンボが出現してトレンド終了

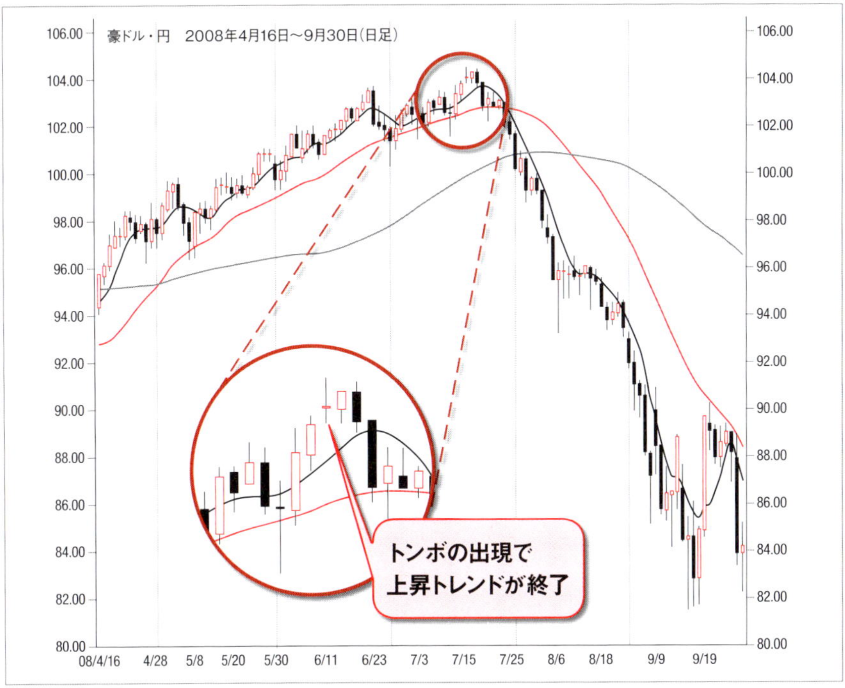

# ダブルトップやトリプルボトムなどローソク足の組み合わせには有効性が見出せない

2-6

皆さんは、色々な書物でローソク足の組み合わせ（パターンともいう）について目にしたことはありませんか？

こういうタイプの組み合わせが出現したら買いを暗示するとか、売られることが多いとか、そういった類の記述です。

**ローソク足の組み合わせは信頼できる？**

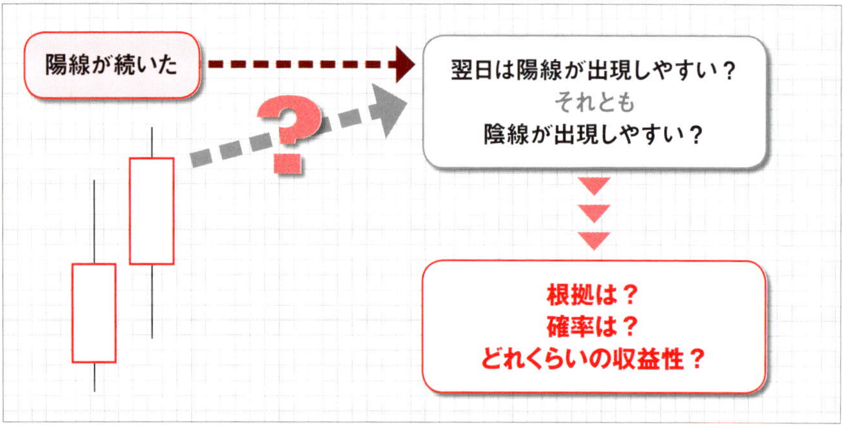
陽線が続いた
?
翌日は陽線が出現しやすい？
それとも
陰線が出現しやすい？
根拠は？
確率は？
どれくらいの収益性？

果たして、こういった、ローソク足の組み合わせから発生する考え方というのは、信用に値するものなのでしょうか？

私が現在取締役を務めている株式会社オスピスでは、システムトレード（あらかじめ決められたルールどおりに売買を行う投資手法）のシグナルを有料コンテンツに載せて配信している会社ですので、システムトレードの開発実績がかなり豊富にあります。

この、システムトレードに組み込まれるルールを開発する際に「ローソク足」は実に手ごろな材料となるのです。

例えば、陽線が２日続いたら３日目は陽線（あるいは、陰線でもよいのですが）が出やすいとか、そういう傾向がつかめれば、良いパフォーマンスを上げるシステムトレードを容易に開発することが可能です。

ところが、実際は、ローソク足のパターンを組み込んだシステムトレードは意外に開発できていないのです。

これは、私がローソク足を避けているわけでも嫌いなわけでもなく、実は、あまり有効性のあるパターンがローソク足からは見出せないということに起因しているのです。

つまり、言い換えると、**ローソク足の組み合わせには、その後のマーケットの動きを予想するようなヒントはない**のではないか、ということになるのです。

仮に、あるパターンが出現したときに次の動きを予想することができたとしたら、それはすごいことだと思います。ただし、こうした話をする際には、「このパターンが出現した時は、過去○年間で翌日の陽線の確率が○%、収益性はこれくらい」といったように、検証結果を具体的な数値で示す必要があると思います。

## ダブルトップなど有名なチャートパターンも勝ち組プロは無価値とみなす

もちろん、予想が当たることもあれば外れることもあるでしょう。ただし、最もよくないのは、確固たる根拠もなく書籍に書かれた記述を鵜呑みにして、むやみにリスクを取り、野放図に損失を出している点です。もう、いい加減、値ごろ感やヤマ勘でトレードするクセを改める時期に来ているのではないでしょうか。

話は戻りますが、こうしたことから、**プロはローソク足のパターンにはほ**

**とんど注目しません。**

ついでに言いますと、**ダブルトップやトリプルトップといった、一般的に大変よく知られたパターンですら、プロは注意を払いません。**なぜなら、この２つのパターンを考えてみれば分かるように、「ダブルトップの完成前に相場が戻り、戻り高値越えに失敗した後に売られたパターン」がトリプルトップというわけですから、つまり、ダブルトップになるかトリプルトップになるのかというのは、後になってみないと分からないということなのです。

**後になってみないと分からないことを先にどうこう言ってもあまり意味はないという点で、プロはパターンを気にしない**のです。

### いずれも「売りのサイン」とよく言われるが……

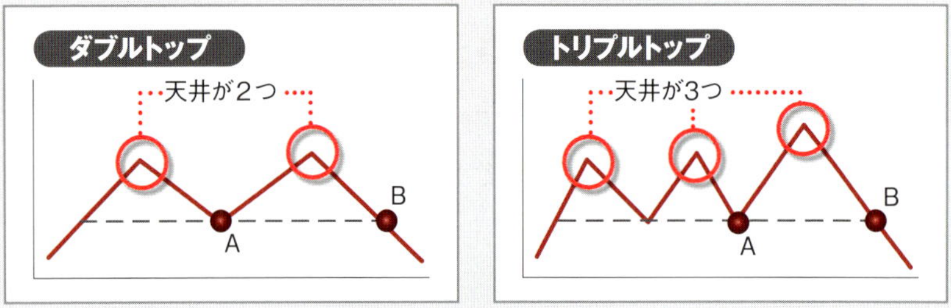


Aの時点ではまだどのような形状になるかどうかは分からず、Bの地点（それぞれの山のふもとにあたる部分を線で結んだ場合の最終部分）になって、ようやくダブルトップ、あるいはトリプルトップと判断できる

▼

**チャートから将来の値動きを予測する**
**チャートリーディングでは役立たない**

**ポイント**……………………………………

**ローソク足の組み合わせやパターンは有効性を示すデータがない限り無視する**

# チャートリーディングでは日足のチャートを最も重視すべき

2-7

トレード（チャートリーディング）を行うに当たって、どの期間のローソク足を見ればよいのでしょうか。

この質問の答えは、まずは「日足」です。私がセミナーで必ず日足のチャートを取り上げるのはこのためです。

なぜ日足のチャートが重要なのでしょうか？

その答えは、**マーケットを動かす要因となっている実需の動きが日足のチャートに最も鮮明に現れるから**です。

FXのマーケットには、ゼロサムゲームという大きな特徴があるということは既に説明しました。参加者全員の収益を合計すると、必ずゼロになるのです。

ただし、参加者の中には色んなタイプがいます。私たちやプロと呼ばれるディーラーも、買ったものは売る（転売する）、売ったものは買う（買い戻す）というように、必ず売りと買いがペアになっている参加者がまず存在します。ところが、それ以外に、マーケットには、買いだけ（売りだけ）でしか登場しない参加者がいるのです。

## 長期的にマーケットを動かす取引主体は「実需」である

例えば、日本の自動車メーカーがアメリカで車を販売すると、最終的にドルを円に換える必要がありますので、ドル売り（円買い）でマーケットに登場します。商社がアメリカで物資を買い付けるような場合には、ドル買い(円売り)でマーケットに登場します。

短期的にどうかという話は別にして、長期的にマーケットを動かす役割は、間違いなく彼らが担っています。なぜなら、私たちのような**売買益を目的としてマーケットに参加している参加者は、売り買いがセットになっていることから分かるように、最終的にマーケットを動かす要因にはなり得ない**からです。

特に、「日計り取引」と呼ばれる取引（1日のうちに買ったものは転売する、売ったものは買い戻すという形で、ポジションを翌日に残さずクローズする取引）を行っている参加者の行動は、1日の中での売り買いの量が必ず同額になりますので、マーケットを動かす要因にはなりません。

裏を返せば、先に挙げたような自動車メーカーや商社のような「実需」に基づくトレードが最終的にマーケットを動かす要因になっているということになるのです。

なお、ここでご注意を。「最終的に」と傍点を付けたのには意味があります。それは、実需の売り（あるいは買いでも同じことです）が出たとしても、場合によってはディーラーを中心とした短期売買を行っている参加者のポジションに吸収されてしまい、短期的にはマーケットを動かす要因にならないこともあるからです。ただし、その場合であっても、長期的に見れば必ず実需がマーケットを動かす要因になります。

## 「実需の足跡」である日足のチャートを見なくてはチャートリーディングはできない

さて、マーケットを動かす要因となっている実需の動きが日足のチャートに最も鮮明に現れることが理解できたのなら、マーケットがどちらに動くかという点に興味津々の私たちが、日足のチャートを見なくてよい理由はどこにもありません。

言い換えると、実需の足跡とも言える日足のチャートを見ずに、チャートリーディングはできないということになるでしょう。

ところで、日計りトレードを行う人は日足のチャートを見なくてもよいのでは？　という質問をよく受けますが、これも大きな間違いです。

ローソク足の見方のところで解説しましたように、上昇相場では陽線（しかも大きな陽線）が、下落相場では陰線（しかも大きな陰線）が出現しやすいので、日計り取引のような短期の取引であっても上昇相場では買いから、下落相場では売りから入るというのが原則的な考えだと私は思っています。**日足のチャートを見ずに日計りトレードを行うというのは、森を見ずに木を見るような行為**なのです。したがって、たとえ超短期で取引する人も、必ず日足のチャートを見るようにしましょう。

もちろん、日足のチャートだけでは足りない場合もあると思います。例えば、超短期のトレードを行う場合には、分足や時間足を見る必要もあるでしょうし、場合によってはティックチャート（約定した取引を点でつないだチャート）を見る必要もあるでしょう。トレードの期間に対して、どのチャートを見なければいけないといったルールはもちろんありませんが、少なくとも日足のチャートは見るようにして頂きたいと強く思います。もちろん、売買頻度の少ない方は、日足のチャートだけ見ておけば十分です。

## 長めのトレンドが確認できる<br>週足は見ておく必要がある

日足のチャートが重要であることは説明しましたが、では、それよりも長い足（例えば、週足や月足）を見る必要はないのでしょうか？

その答えは、「**週足を見る必要はあっても、月足を見る必要はない**」です。

週足を見る理由は、やや長めのトレンドの終着点を予想する場合に便利だからです。強いサポートラインやレジスタンスは、週足を見ることによってはっきりと確認できることが経験的にも多いと言えるのです。

ただ、月足となると話は別です。あまりにも内包する時間の経過が長すぎて、使いものにならないのではないかというのが私の個人的な考えです。実際のトレードにおいても、月足を見た経験はほとんどありません。

長期の移動平均線が重要だからといって、では1000日移動平均線や2000日移動平均線を見ている人はそれほどいないでしょう。これは、それらの移動平均線に意味がないというわけではなく、あまりにも動かないからという理由で誰も見ないのだと思います。同じように、月足のチャートは、その足が長すぎるという理由で、見る人は多くありません。見る人が少ないチャートをあえて見る必要はないというのが私の考えです。

**ポイント**

1. マーケットを動かす要因となる実需の動きは日足のチャートに現れる。従って、日足のチャートは必ず見る必要がある。
2. 短期売買を行う参加者であっても、日足のチャートは必ず見ること！

Column

# ＦＸのチャートには「窓」が発生しにくい

ＦＸは、「くりっく365」と「大証FX」を除き、投資家と取引会社が相対（あいたい・売買する当事者同士で取引方法や価格、取引量を決めること）で取引を行うものです。また、全世界で取引されており、しかもほとんど休みなく取引されています。こういった点から、通常の上場商品（例えば株式）とは異なるチャートの形状となります。ここでは、ＦＸのチャートの特徴について触れておきましょう。

まず、**「始値」というのが非常に曖昧**です。株式の場合は、東京証券取引所で最初に取引された値段が始値ということになりますが、ＦＸの場合は明確ではありません。取引会社によって異なるとは思いますが、恐らくウェリントン市場で最初に提示された値段が始値という場合が多いのでしょう。

相対取引であることから分かるように、取引会社によって値付けは微妙に異なります。ある取引会社で付いたとされる値段は、別の会社では付いていないという事態は、日常的に起き得ます。（ただし、テクニカル分析を行うに当たって支障が出るほどの違いはありませんので、その点はご安心ください。）

次に、ほとんど24時間売買が続けられるというのが大きな特徴です。一般的に日本の株式は東京証券取引所が開いている午前9時〜午後3時が取引時間帯となりますが、米ドル・円などの為替は東京市場の後もロンドン市場→ニューヨーク市場と引き継がれますので、ほぼ１日中売買が可能です。取引されないのは、ニューヨーク市場の終了からウェリントン市場の開始までの間だけということになります。

このように、取引時間帯がほぼ24時間にわたるということから、大きなチャート上の特徴が浮き彫りになります。**平日には「窓」がなかなか発生しない**のです。

日本の株式市場の場合、取引されない時間帯が1日の半分以上になりますので、当日の取引終了から翌日の取引開始にか

## 「窓」とは

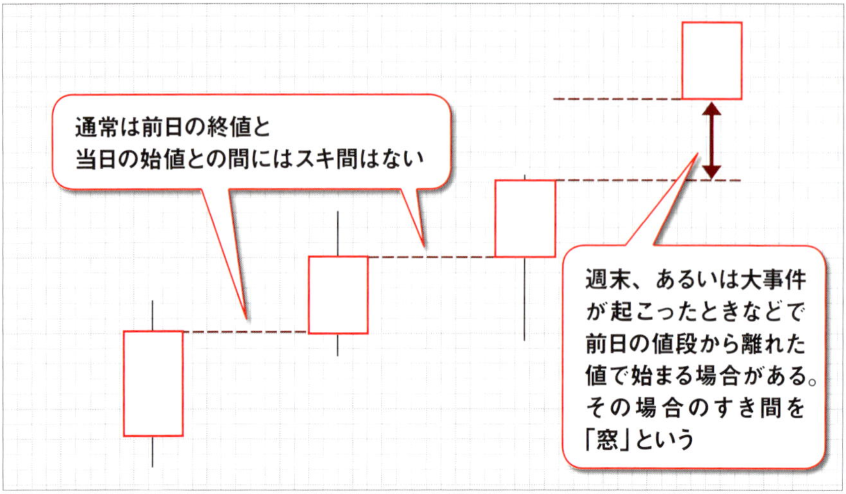

通常は前日の終値と
当日の始値との間にはスキ間はない
週末、あるいは大事件
が起こったときなどで
前日の値段から離れた
値で始まる場合がある。
その場合のすき間を
「窓」という

けて大きな材料が出たような場合には、大きく値を飛ばし、いわゆる「窓」を開けることがありますが、ＦＸの場合には取引終了と取引開始の間の時間が極端に短いため、窓の発生する確率は株式と比較すると格段に小さいと言えるでしょう。

窓は、将来のサポートあるいはレジスタンスになる可能性のあるチャートポイントとして知られますが、ＦＸではあまり発生しないという点を覚えておきましょう。逆に、**ＦＸで大きな窓が開いたということは、取引されていないわずかな時間帯に起きた材料によってマーケットが大きく動いたことを意味しますので、これはこれで重要な意味を持つ**ことは言うまでもありません。

| 比較項目<br>取引 | 窓 | 取引価格 | 取引される時間帯 |
|---|---|---|---|
| 株式 | 発生しやすい | 上場されているため<br>はっきりしている | 半日程度 |
| FX | 発生しにくい | 取引会社によって<br>異なることがある | ほぼ一日中 |

勝っているプロの必須ルール

# 移動平均線の本当の意味を探ってみよう！

「ゴールデンクロスが出たら買い！」といった具合に、
移動平均線を売り買いのタイミングに使っている人は多いはず。
でも、それだけでは勝ち組投資家にはなれません。
移動平均線が私たちに送っている
シグナルをキチンと理解しましょう。

# 第3章

# プロが注目する移動平均線で本当に分かること

## 3-1

移動平均線とは、「終値を何日分か合計して、その間の日数で割った数字を毎日プロットしていき、線でつないだもの」を意味しています。

**移動平均の計算式**

**5日間の単純移動平均の場合＝（C＋C1＋C2＋C3＋C4）÷5**

**C＝当日の終値、C1＝前日の終値、C2＝2日前の終値、C3＝3日前の終値、C4＝4日前の終値。**

移動平均線は、それが何であるかを説明するのが面倒に感じるくらい、一般によく知られたテクニカル指標だと言えるでしょう。ただし、移動平均線の本当の意味を理解している人は多くありません。この章では、移動平均線の本当の意味を明らかにした上で、移動平均線をどのように使えばよいのか、細かく解説していくことにします。

まず、移動平均線についてプロが注目するポイントは何かと言うと、次のような点を挙げることができます。

**1．マーケットはなぜ動くのかを考える**

**2．移動平均線の本当の意味は？**

**3．移動平均線は、トレンドをフォローするものである**

**4．長期の移動平均線の向きをしっかり捉える**

**5．移動平均線が収束しているかどうかを見る**

皆さんの考えている移動平均線の見方とは随分違うかもしれません。3-2以降で、プロの移動平均線の見方のポイントを挙げていきたいと思います。

## 「ゴールデンクロスは買い」と「デッドクロスは売り」がいつでも通用するわけではない

その前に、「移動平均線のゴールデンクロスとデッドクロス」について少し触れておきましょう。

移動平均線の一般的な利用方法としてよく知られているものに、長期の移動平均線と短期の移動平均線を使って、ゴールデンクロスしたら買い、デッドクロスしたら売りと判断する方法があります。

**ゴールデンクロス**

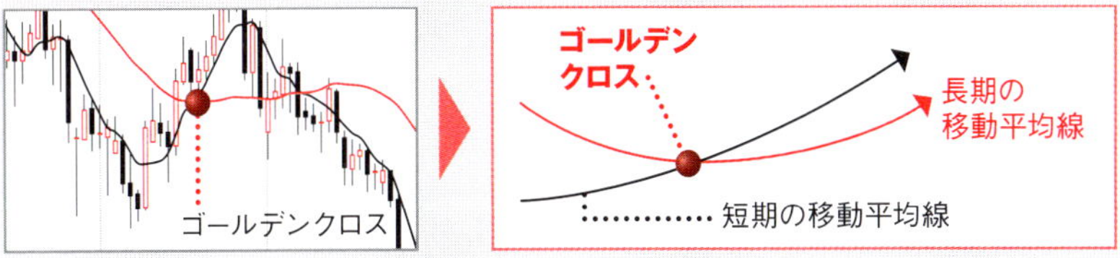


短期の移動平均線が長期の移動平均線を下から上へ突き抜ける形でクロスする

**▶上昇のサインといわれる**

**デッドクロス**

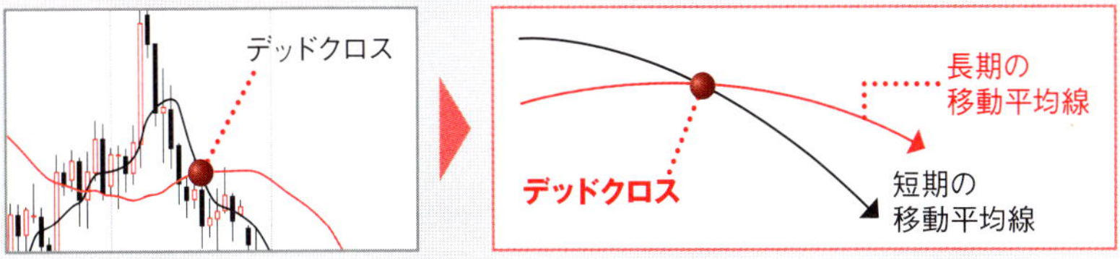


短期の移動平均線が長期の移動平均線を上から下へ突き抜ける形でクロスする

**▶下落のサインといわれる**

(注) この図では長期の移動平均線を赤色で、短期の移動平均線を黒色で示しています。長・中・短期の3本の線で説明している3-8以降とは色の区分が異なります。

しかし、ローソク足のところでお話ししましたように、この考え方は正しくありません。買われやすい・売られやすいという話をする際には、過去のデータを検証し、確率や統計を基に議論をすべきなのです。ですので、**常に移動平均線のゴールデンクロスを見て買い、デッドクロスを見て売ることで勝てるわけではない**という点を覚えておいてください。(もちろん、ゴールデンクロスで買い・デッドクロスで売りという形のトレードを行うことで、継続的に収益を上げることができるマーケットもあります。)

また、何日の移動平均線を使うのがよいのですか？　という質問もよく受けますが、こうした質問は、テクニカル指標の正しい活用法を理解していないために生じるように思います。移動平均線に限らず、テクニカル指標というのは、最適なパラメータ（設定）が存在するものではなく、それを自分自身のトレードに役立てるために使うものなのです。

もちろん、ある時期、ある通貨ペアにはこのパラメータが有効であったという話の展開はあり得るわけですが、だからといって将来もそのパラメータが有効である保証はどこにもありません。

私たちがテクニカル分析を行いチャートを見るのは、「相場観を立てるため」という大きな目的があります。相場観を立てたら、そのとおりにトレードを行うのです。

相場観を立てるために移動平均線やＭＡＣＤ、ストキャスティクスといったテクニカル指標があるわけです。端的に言うと、これらの指標は、私たちがまだ行けると思ったときに「ええ、そのとおりですよ」と言って背中を押してくれたり、時には「いや、そろそろ利食った方がいいのでは？」と警告を発してくれたりするものなのです。いわば、テクニカル指標というのは、自動車に喩えれば各種のメータのようなものです。スピードメータやエンジンの回転計を見て私たちがアクセルやブレーキを踏み、自動車の進み具合を調整するのと同様に、テクニカル指標を見ながら売買するかどうかを決めるのです。もちろん、決定するのは私たちです。

# 移動平均線の理解のために マーケットはなぜ動くのかを 考えてみよう

3-2

移動平均線の話に入る前に、「マーケットが動く理由」について、どうしても皆さんにお伝えしておかなければいけません。

皆さんは、マーケットはなぜ動くと思いますか？

**＜解答1＞**

**買い注文が多ければ買われて、売り注文が多ければ売られる**

これは正しくありません。買いの指値注文がいくらたくさんあっても、より高い値段で買いたい人が出てこない限り、値段は上がりません。逆に、売りの指値注文がいくらたくさんあっても、より安い値段で売りたい人が出てこない限り、値段は下がらないからです。注文の数そのものでは、マーケットは動かないのです。

**＜解答2＞**

**買っている人が多いと買われ、売っている人が多いと売られる**

これも正しくありません。なぜなら、マーケットで値段が付くときというのは、売り手と買い手の人数が同じ（あるいは人数が違っていても、注文の総量という意味では同じ）だからです。仮に全員が同じ取引量で売買しているのであれば、売っている人数も買っている人数も常に同じです。

では、なぜマーケットは動くのでしょうか？

マーケットが動くということは、つまり、

- **直近の値段より高い値段を承知で買いたい人がいて、その人が実際に高い値段を買いにいく**
- **直近の値段より安い値段を承知で売りたい人がいて、その人が実際に安い値段を売りにいく**

といった行動を誰かが起こしたときに起きる現象なのです。

では、「高い値段を買う」「安い値段を売る」という行動は、どういうときに起きるのでしょうか？

どういうときに人は、高い値段を買ったり、安い値段を売ったりするのでしょうか？

突き詰めて考えると、私は、「**実需などの『価格を度外視してもどうしても売買しなくてはいけない参加者』の存在に加え、評価損が膨らんだポジションを保有している参加者が、評価損増大のリスクから逃れようとして、ロスカット（損切り）注文をマーケットに出すことによってマーケットが動く**」と考えています。

通常、マーケットは綱引きのようなもので、売り手と買い手のバランスが取れています。値段が上がるにつれて売りたい人が増え、買いたい人が減ることである一定以上値段が上がらなくなり、値段が下がるにつれて買いたい人が増え、売りたい人が減ることである一定以上値段が下がらなくなるからです。こうした状況では、ロスカット注文を出す参加者は多くはありません。思惑で高い値段を買ったり安い値段を売ったりする人がいても、追随がなければ勢いはすぐになくなりますので、容易なことではバランスは崩れないのです。

## マーケットのバランスが取れていない状況が「トレンド」を生み出す

ところが、ときとして相場の神様は慈悲のないことをします。売り買いのバランスが取れている状態で、何かのきっかけ（例えば、実需の大口取引が持ち込まれた）で仮にマーケットが大きく買われたとしましょう。通常であれば売りたい人が増え、買いたい人が減るという理由で値段はある一定の値段より上には上がらなくなるのですが、これはバランスが取れているからこその話、まれにマーケットは「バランスが取れていない」状況を迎えます。「バランスが取れていない状況」というのは、この場合であれば、売り方が評価損に耐え切れなくなって、高い値段を承知で買い戻さざるを得ない状況という意味です。最終的に、売り方は成り行きの買い注文（ロスカットの注文）を入れることになります。

こうした状況下では、普段とは逆に、値段が上がれば上がるほど買わなければいけない人（ロスカットの成り行きの買い注文を入れざるを得ない人という意味です）が増えるという状況を迎えます。

大きく下げたときは、これと逆の状況が起こります。つまり、買い手が評価損に耐えられなくなり、成り行きの売り注文（ロスカットの注文）を入れ

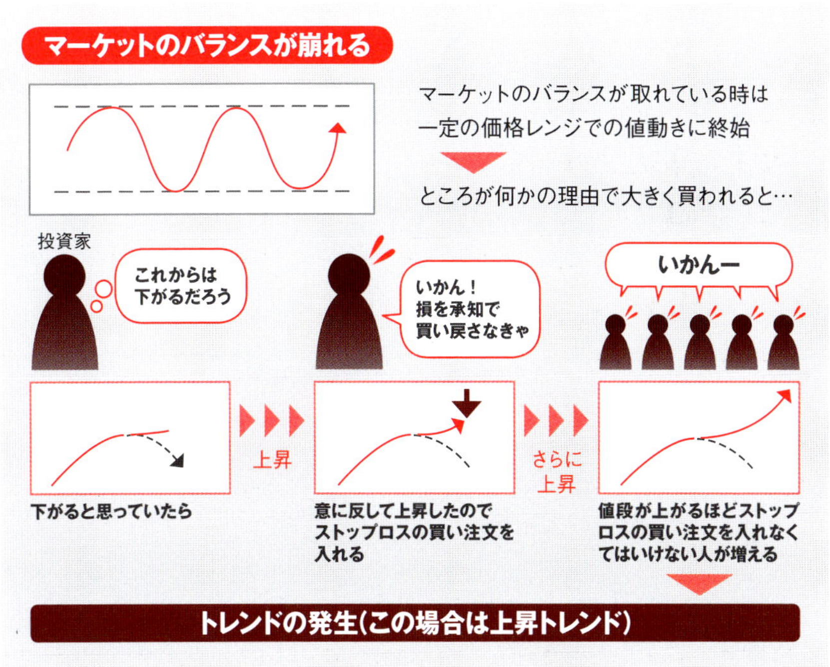
マーケットのバランスが崩れる
マーケットのバランスが取れている時は
一定の価格レンジでの値動きに終始
ところが何かの理由で大きく買われると…
投資家
これからは
下がるだろう
いかん！
損を承知で
買い戻さなきゃ
いかんー
上昇
さらに
上昇
下がると思っていたら
意に反して上昇したので
ストップロスの買い注文を
入れる
値段が上がるほどストップ
ロスの買い注文を入れなく
てはいけない人が増える
トレンドの発生（この場合は上昇トレンド）

ることになり、値段が下がれば下がるほど売らなければいけない人（ロスカットの成り行きの売り注文を入れざるを得ない人という意味です）が増えるという状況を迎えます。

こうした連鎖が「トレンド」を発生させるのではないかと私は考えています。

通常、マーケットは参加者が冷静に対処しますから落ち着いた動きを見せますが、トレンドがあるマーケットでは評価損が膨らんだポジションを保有している参加者がロスカットの注文を入れるため、オーバーシュートしてしまうのです。このオーバーシュートこそがトレンド発生の源泉になります。

マーケットは、一度トレンドが発生すると、しばらくの期間、ずっとその方向に動き続けます。こういった、**トレンドの発生の芽を見つけて、タイミングよくリスクを取り、トレンドの方向にポジションを持ち続けるのが、最も効率よく収益を上げる方法**なのです。

テクニカル分析を行う目的はマーケットで勝つことですが、そのためには、トレンドを見つけることが重要です。そういう意味では、トレンドの有無を判別できるかどうかが勝負の分かれ道と言えるでしょう。

マーケットが動く理由は、「評価損が膨らんだポジションを保有している参加者が、評価損増大のリスクから逃れようとして、ロスカット（損切り）注文をマーケットに出すから」でした。このことは、移動平均線を見るに当たって、決定的に重要な考え方となります。次の３-３以降は、私が説明した「マーケットが動く理由」をしっかりと理解した上で読み進めることを是非お勧めします。

**ポイント**

1. ロスカット注文がマーケットを動かす
2. ロスカットがトレンドを発生させる
3. トレンドの発見がテクニカル分析の大きな目的の1つである
4. トレンドに乗るトレードを行うのが最も効率のよいトレード方法である

# マーケット全体の平均コストを表すから移動平均線が重要なのだ

3-3

移動平均線は、ある一定期間の終値の平均値を意味しますが、移動平均線には、これ以外に大変奥深く興味深い意味があります。

ローソク足のところで「終値が大事」という話をしました。これは、終値の上昇・下落が日計りディーラーのポジションを全部外して考えた場合の実需の動きを表していますので当然と言えば当然のことです。そして、移動平均線が終値の平均であるということは、実は、

**移動平均線は、その期間のマーケット全体の売り買いの平均コストを表している**

ということになるのです。

つまり、マーケット参加者全員に保有ポジションとロットを聞いて回るのは大変なこと(というよりも、実行不可能でしょう)ですが、移動平均線を見れば、マーケット参加者全員の売り買いの平均コストが分かるのです。

例えば、「5日移動平均線」は、「過去5日間にそのマーケットで売買した人全員の売り買いの平均コスト」を意味しています。

移動平均の計算式を再掲しますと、

**5日間の単純移動平均の場合=(C+C1+C2+C3+C4)÷5**
**C=当日の終値、C1=前日の終値、C2=2日前の終値、C3=3日前の終値、C4=4日前の終値。**

これは、実はものすごく重要な意味を持っているのです。

3-2で「マーケットが動く理由は、評価損が膨らんだポジションを保有している参加者が、評価損増大のリスクから逃れようとして、ロスカット（損切り）注文をマーケットに出すから」と解説しましたが、移動平均線を見れば、「そうした参加者がいるかどうか」が瞬時に分かるのです。

つまり、仮に今、現在のマーケット水準が移動平均線よりも上にあるとします。そうすると、マーケットには買いポジションを持っている人と売りポジションを持っている人がいるのですが、総合的に見て、買いポジションを持っている人は評価益を持っていて、売りポジションを持っている人は評価損を抱えていることになります。

**マーケットの水準が移動平均線よりも上の場合は……**

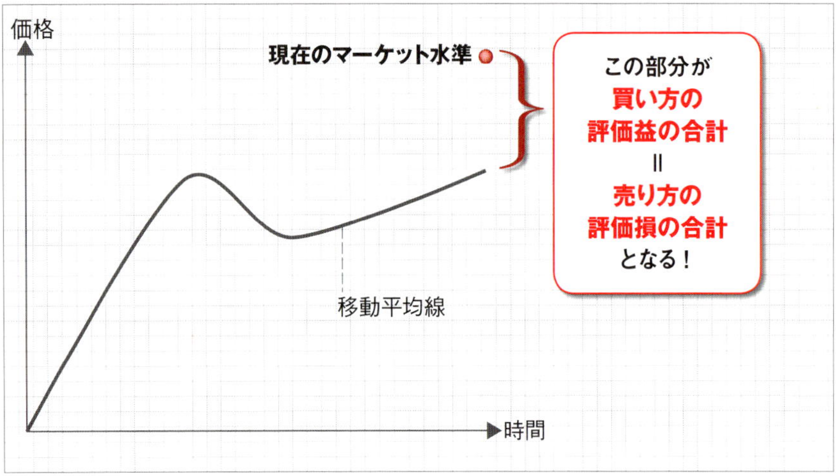

価格
現在のマーケット水準
この部分が
買い方の
評価益の合計
=
売り方の
評価損の合計
となる！
移動平均線
時間

つまり、**移動平均線よりもマーケット水準が上にあるときは、買い方が評価益を抱え、売り方は評価損を抱えています**。精神的な状況としては、買い方が有利、売り方が不利です。**移動平均線よりもマーケット水準が下にあるときは、買い方が評価損を抱え、売り方は評価益を抱えています**。精神的な状況としては、買い方が不利、売り方が有利です。

上図のように移動平均線よりもマーケット水準が上にあるときは、買い方は評価益を持っていますから精神的には楽で、「もっと買われてくれないかなぁ」と期待していることでしょう。ところが、売り方は評価損を抱えていて、「早く下がってくれないかなぁ、これ以上買われてしまうと、ロスカットしないといけないかも…」と、不安な気持ちでマーケットを見ているはずです。

ここでマーケットが上昇し始めると、売り方のロスカットの買い注文が入ってきます。高い値段を承知で成り行きの買い注文を入れるわけです。こうして買いトレンドが始まります。

**買いトレンドの形成へ**

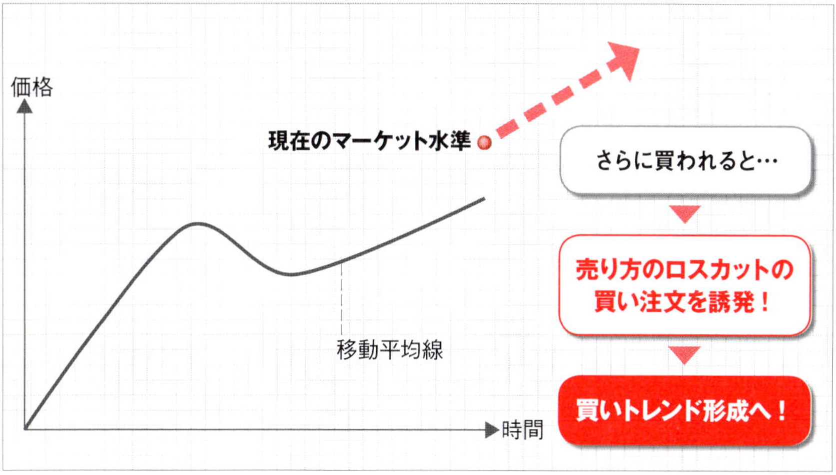
価格
現在のマーケット水準
移動平均線
時間
さらに買われると…
売り方のロスカットの
買い注文を誘発！
買いトレンド形成へ！

移動平均線よりもマーケット水準が下にあるときは、全く逆の考え方をします。買い方は評価損を抱えていて、「早く戻ってくれないかなぁ、これ以上売られてしまうと、ロスカットしないといけないかも…」と不安な気持ちでマーケットを見ている一方、売り方は評価益を持っていますので精神的には楽チンで、「もっと売られてくれないかなぁ」と期待していることでしょう。

ここでマーケットが下落し始めると、買い方のロスカットの売り注文が入ってきます。安い値段を承知で成り行きの売り注文を入れるわけです。こうして売りトレンドが始まります。

**売りトレンドの形成へ**

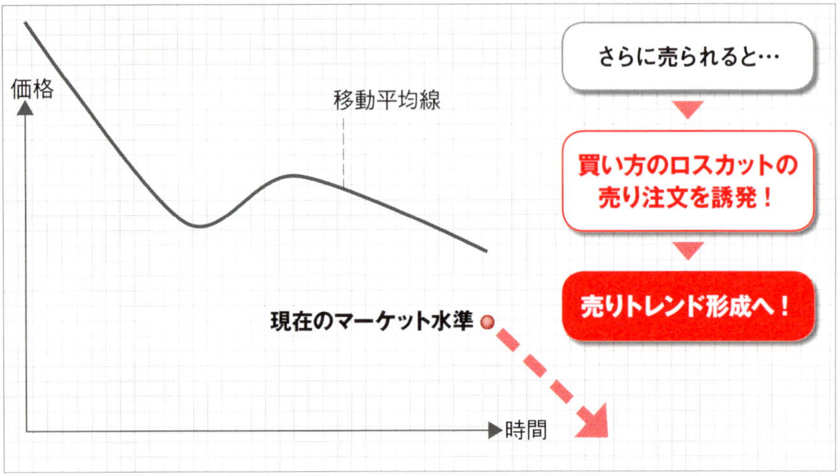

価格
移動平均線
現在のマーケット水準
時間
さらに売られると…
買い方のロスカットの
売り注文を誘発！
売りトレンド形成へ！

以上が、移動平均線の本当の意味です。移動平均線がマーケットの売買の平均コストであるということから評価損が膨らんだポジションを保有している参加者を簡単に探し出すことが可能で、しかもトレンド発生の大きなヒントとなるツールであるという意味で、移動平均線は大変重要なテクニカルツールだと言えるでしょう。

**ポイント**

1．移動平均線は、その期間のマーケット全体の売り買いの平均コストを表している

2．移動平均線よりもマーケット水準が上にあるときは、「買い方有利・売り方不利」

3．移動平均線よりもマーケット水準が下にあるときは、「買い方不利・売り方有利」

# 勝ち組投資家が実行している移動平均線を用いた有利なトレード戦略

## 3-4

3-3までで、だいたい移動平均線がどういうものかという点をご理解頂けたのではないかと思います。そして、移動平均線の本当の意味が分かると、移動平均線を使った有利な戦略が編み出されます。編み出されると大げさな言い方をしましたが、この方法はどなたにも簡単に使うことができますので、是非利用してみてください。

まず、3-3の復習になりますが、

**①移動平均線より現在のマーケット水準が上**
**▶買い方有利、売り方不利**
**②移動平均線より現在のマーケット水準が下**
**▶買い方不利、売り方有利**

という点は大丈夫でしょうか？

そうすると、仮に今、①の移動平均線より現在のマーケット水準が上という状況だとしますと、形勢としては売り方が不利な状況ですから、

**マーケットが売られたら買い戻しの注文**
**マーケットが買われたらロスカットの買い戻しの注文**

が入ってくると考えます。

つまり、買われても売られても、売り方の買い注文がマーケットに寄せら

れるということになるのです。

買い方も同じような行動に出そうな感じもしますが、精神的に売り方よりも有利な状態にありますので、

**マーケットが売られてもまだもう少し耐えられる**

**マーケットが買われたら、そろそろ利食いの売り注文を入れようかな**

くらいの心理状況でしょう。

つまり、売り方の追い詰められた状況とは比べものにならないくらい、ゆったりとした気持ちでマーケットを眺めることができるのです。

売り方と買い方に生じるこの精神的な余裕の違いが、売り方と買い方の行動そのものに影響を与えます。つまり、売られた場合であっても買われた場合であっても、この場合、結論的には、**「買い方よりも売り方の方が先に動く」**と言えるのです。

売り方と買い方のどちらが先に動くかというのが、実は大変重要です。なぜなら、先に動いた方にマーケットが動くからです。マーケットが上に動くと、売り方の不利な状況が加速されます。これがトレンドの形成に重要な役割を提供しているのです。

そして、売り方が買い方よりも先に動くということは、全体の状況としては、「買われやすい」と言えるのです。

もちろん、移動平均線より現在のマーケット水準が下の場合には、以上と全く逆の論理の組み立てにより、買い方が売り方よりも先に動くことになりますので、全体の状況として「売られやすい」ということになります。

**ポイント……………………………………**

**1．移動平均線より現在のマーケット水準が上→買われやすい**

**2．移動平均線より現在のマーケット水準が下→売られやすい**

ここまでの話が理解できたら、「移動平均線を使った有利な戦略」は、もう、

皆さんのモノですね。

**移動平均線を使った有利な戦略 ・・・・・・・・・・・・・・・・・・・・・・**

**1．移動平均線より現在のマーケット水準が上→買いから入る**

**2．移動平均線より現在のマーケット水準が下→売りから入る**

非常に単純なことですが、これを守るだけでも皆さんのトレードの収益状況は格段によくなるはずです。

「ポジションメイクは必ず順張りで行わなければならない」という重要なポイントについては後ほど詳しく説明しますが、この２つのルールを守ると、ポジションメイクを基本的には順張りで行うことになります。これが、マーケットでトレードをするにあたって、実は何よりも重要なことなのですが、負け組投資家（多くの場合、それは個人投資家だと言われています）の多くが、この重要なポイントを無視してトレードを行っているのです。

私には、負け組投資家の多くは、トレードの本質的な部分を理解しようとしないで、負けるべくして負けているようにしか思えません。

下落相場の途中の戻りを買いで取りに行ったり、上昇相場の途中の下げを売りで取りに行ったりというトレードは、かなり高度なテクニックを要するもので、プロといえども容易に売買益をあげるのは難しいのです。読者のみなさんには、こうした高度なトレードをマスターする前に、移動平均線よりもマーケット水準が上にある時は買いから入るトレード、移動平均線よりもマーケット水準が下にある時は売りから入るトレード、つまり、トレンドに沿ったトレードを行うようにして頂きたいと思います。

# 移動平均線の向きの変化をしっかり確認できればトレンドの発生が分かる

3-5

次に、移動平均線を使った別の考え方をご紹介しましょう。それは、長期の移動平均線の反転をしっかり捉えるということです。

筆者は、短期（5日）、中期（20日）、長期（75日）と3本の移動平均線を使っていますが、この中でも特に**長期の移動平均線が重要**です。というのも、短期・中期の移動平均線は目先の大きな動きの影響を受けやすいのですが、**長期の移動平均線は目先の動きの影響を最小限に留め、一方で実需の動きを忠実に反映してくれる**からです。

長期と言うだけあって動きが鈍く、マーケットの反転を感じ取って方向転換するまで時間が必要なのがデメリットとして挙げられますが、それでもなお、長期の移動平均線はマーケットのトレンドを判断するために有用だと思います。

ここで、「移動平均線の向きの変化をしっかり捉える」というのはどういうことでしょうか。

トレンドが発生すると、マーケットはしばらくトレンドに沿った動きを続けますが、やがてトレンドにも終焉が訪れます。トレンドが終わると、しばらくもみ合いに入り、また新たなトレンド発生を待つという流れになるのですが、この場合、長期の移動平均線の趨勢を見ることによって、新たなトレンド発生のヒントをつかむことができるケースがあります。

このように書くと難しそうですが、実に簡単なことです、長期の移動平均線の反転そのものに注意を払えばよいのです。

例えば、次の図のように、長期の移動平均線が下向きから横ばい、そして

**長期の移動平均線の向きの変化**

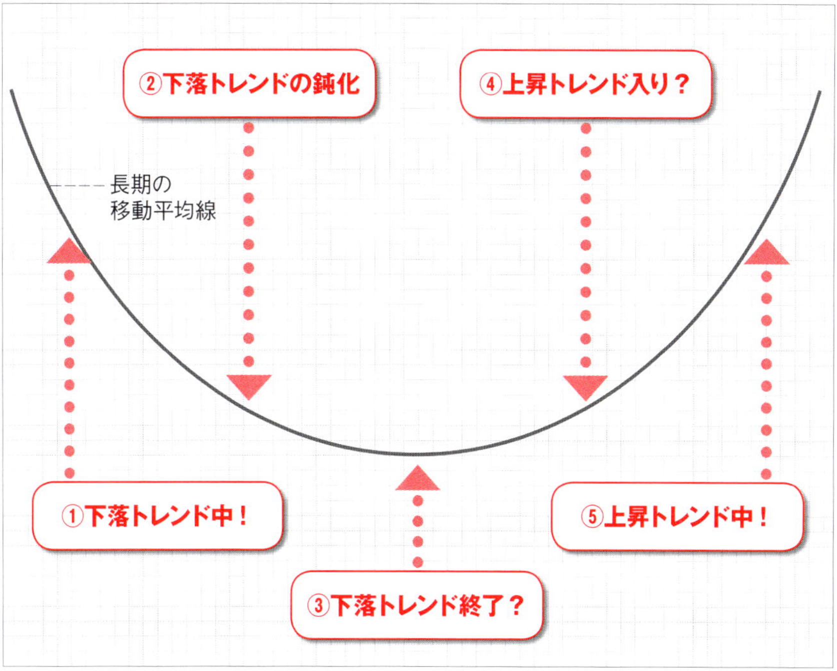


上向きへと転じたとしましょう。その時々に応じて、今のマーケットの状況は、トレンド形成中なのか、トレンドが終了したのか、トレンドが始まったのか、という予想を立てます。（この予想を立てる動きこそが「チャートリーディング」です。1-6で説明したように、移動平均線は相場の方向性を見るのに適したテクニカルツールです。）基本的に、トレードはこの予想の元に行うようにするのです。（予想の結果、導かれる判断のことを「相場観」と言います。）

上の図を見て頂くと、下落トレンド→下落トレンド終了→上昇トレンド入りという流れになっています。長期の移動平均線が象徴的にこの流れを感じ取り、下落→横ばい→上昇という形を示していますね。

ここで、左から順に、つまり時間の経過と共に私たちが移動平均線を見て感じることを書いていくと、それぞれ数字のところに書いたコメントのようになると思います。

**①移動平均線は下向きに推移しているから、下落トレンド中！**

**②移動平均線はまだ下向きに推移しているが、トレンドは弱まっている**

**③移動平均線が横ばいになったので、下落トレンドは終了したかも？**

**④移動平均線がやや上昇気味に推移しているので、上昇トレンド入り？**

**⑤移動平均線が上向きに推移しているので、上昇トレンド中！**

①→②→③→④→⑤と推移するにつれ、チャートを見ている人の感覚が徐々に変わっていく様子がお分かりになるでしょうか？

このように、**長期の移動平均線は直近のマーケットの動きの影響をあまり受けずに、大まかな方向性を示唆してくれる**のです。長期の移動平均線には、こうした性質があるということを理解した上で、長期の移動平均線の反転をしっかり捉えることが重要と言えるでしょう。

# 長期の移動平均線を使った相場観の組み立て方を考えてみよう

## 3-6

3-5で使用した長期の移動平均線に再度登場してもらいましょう。

**長期の移動平均線の向きの変化**

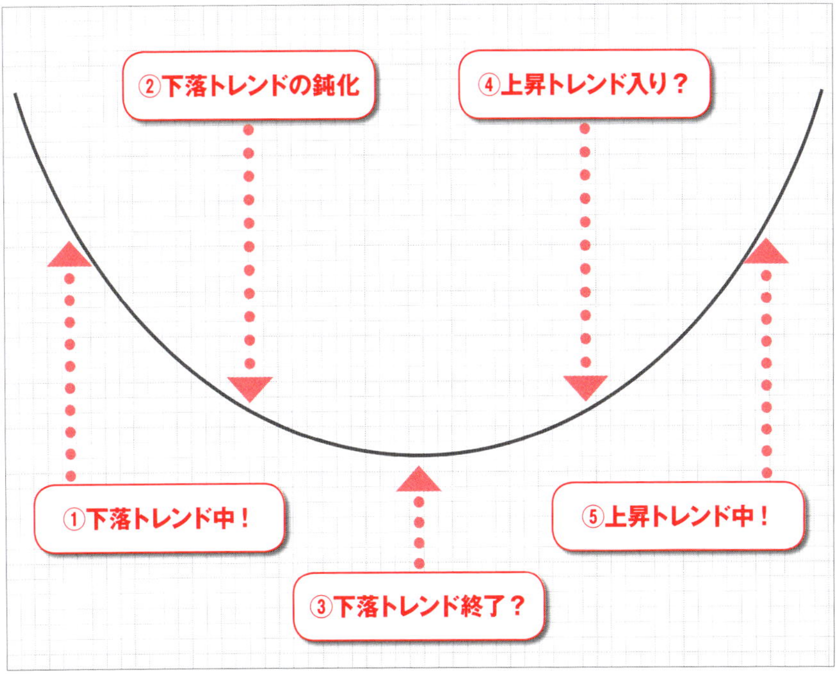


復習になりますが、皆さんは、この長期の移動平均線の動きを見て、それぞれのタイミングでどのように考えますか？

私なら、次のように考えます。

①の段階では、移動平均線が確実に下向きに推移しているから、かなり自信を持って下落トレンド中！と判断する。

②も①と同じような判断で多分大丈夫だろう。

③は、移動平均線が横ばい推移に転じたことで、下落トレンドが終了したかもしれない…と、あまり自信はないものの、ひょっとしたら終了かも？と疑問を感じる。

④は、③よりも移動平均線が上昇気味になってきているため、少し自信を持って上昇トレンド入りかな？　と予想する。

⑤は、明らかに移動平均線が上向き推移に転じていることから、自信を持って上昇トレンド中！　と判断する。

そして、それぞれのコメントの最後に「！」や「？」が付いていますが、これも実は重要なポイントなのです。つまり、これらは、予想の確度を示しているのです。

**！▶ 多分間違いなさそう！**

**？▶ 自信ないけど、多分こんな感じかな？**

といったところでしょうか。

この、**「！」や「？」で表される自信の強さが、いわゆる「相場観の強さ」**です。

一般的に相場観といった場合には、「予想する相場の動き（上か下か）」を意味しますが、相場観には強弱（予想の確度という意味）もあります。つまり、相場観と予想の強弱を考えると、今後の予想は、

- **すごく強い**
- **やや強い**
- **横ばい（強くも弱くもない、あるいは分からない）**
- **やや弱い**
- **すごく弱い**

という風に、最低でも５通りのバリエーションが考えられることになります。

長期の移動平均線を使っただけでも、相場観を立てることは十分に可能なのです。

# 直近の動きに影響されにくい移動平均線の長所は短所にもなる

## 3-7

移動平均線についていろいろ考えてきましたが、これまでの話は移動平均線のセールスポイント（利点）についてでした。ここでは、移動平均線のウィークポイント（弱点）について見てみましょう。

まず、**直近の動きの影響を受けにくいため、「後追い」の傾向が強い**という点を確認しておく必要があります。

この点は移動平均線のセールスポイントでもあります。マーケットのトレンドは異常に長く続くことがありますので、そういう場合には多少後追いであっても、トレンドの発生をしっかりと教えてくれるテクニカル指標として移動平均線は大変有効ということになります。

しかし、常にトレンドが長く続く保証はどこにもありません。従って、移動平均線は後追いの指標であることから、あくまでトレンドをフォローするものであって、将来を確実に予想するものではないという点を認識しておく必要があるでしょう。

**また、後追いの指標であることから、いわゆる「ダマシ」の発生が多くなります**。「移動平均線のゴールデンクロスは買い・デッドクロスは売りという単純な発想はダメですよ」という指摘は既にしましたが、実はパラメータの設定によってはゴールデンクロスで売ってデッドクロスで買うというトレードで相当な収益が上がるケースもあるのです。

また、トレンドフォローの指標であることから、トレンドが出ているときは良好に機能しますが、**トレンドレス（もみ合い）の相場では厳しいという点も弱点として挙げることができます**。

## 移動平均線は相場の状況を知らせるツールと理解したい

直観的には、もみ合い相場では、ローソク足が移動平均線に絡み合うような感じになります。ローソク足と移動平均線が収束するような形の時は、トレンドの発生への期待よりも、どちらかと言うともみ合い相場を予想した方がよいかもしれません。

さらに、「最適化」にほとんど意味がないという点を挙げることができます。「最適化」というのはやや難しい言葉ですが、簡単に言うと、どのパラメータが最適かを調べる作業のことです。

システムトレードを作る場合には、最後に最適化を行うことが多いのです。例えば、20日移動平均線を使うよりも21日移動平均線を使った方がパフォーマンスが良いような場合には、あえて21日移動平均線を使うこともあるでしょう。ただし、移動平均線を通常利用する場合において最適化を行う意味はほとんどないと筆者は考えています。

移動平均線は、あくまで「相場の状況（上向き？　下向き？　横ばい？）」を自分に知らせてくれるテクニカル指標として利用すべきではないでしょうか。

**ポイント**

1. 移動平均線は後追いの指標である
2. 移動平均線は、確実に将来の予想をするものではなく、あくまでトレンドをフォローするものである
3. 移動平均線はトレンドフォローの指標であるが故に、トレンドのない相場では厳しい
4. 移動平均線の最適化には意味はない

# 短期・中期・長期の移動平均線を使った効果的なトレード戦略

## 3-8

いよいよ、移動平均線の応用的な話に入っていきましょう。

単独の移動平均線の動きの判断方法については、3-7で解説しました。では、複数の移動平均線を効果的に使うにはどうすればよいでしょうか。

これまで、何度となく移動平均線のゴールデンクロスで買い、デッドクロスで売るという手法は常にワークするわけではありませんよという話をしてきましたが、では、私の場合、なぜ3本の移動平均線を見ることにしているのでしょうか。

その答えは、やはり移動平均線の意味そのものにあります。つまり、**短期・中期・長期それぞれの動向を総合的な判断材料**にするのです。

最も信頼できるのは長期の移動平均線なのですが、とはいえ長期の移動平均線の動きを待っていてはトレンドに乗り遅れることも数多くあります。従って、長期の移動平均線の動きが鈍くても、短期・中期の移動平均線を頼りに売買判断を行うことも多いです。その際の判断方法は、先ほどご紹介した長期の移動平均線の判断方法と全く同じです。**移動平均線がどちらを向いているのか、トレンドの形成中かどうかといった点を見ていきます**。

以下、感覚的ではありますが、信頼度の順にパターン化してみました。

### ①最も信頼できるパターン ▶ トレンド中

マーケットにトレンドがある場合には、次ページのチャート9のようにローソク足と短期・中期・長期の移動平均線がキレイに並ぶ形になります。つまり、買いトレンドの場合、上からローソク足＞短期＞中期＞長期という

## チャート9　上昇トレンド中

形になるのです。

こうしたチャートの場合、基本的には安心して買いから入ることができると思います。ロスカットについては章を改めて説明しますが、過去の安値を探れば適当なポイントがいくらでも見つかりますから、ロスカット水準の設定も行いやすくなります。チャート９の続きは、以下のような感じです。中期の移動平均線を大きく割り込んで上昇トレンドは終わりを迎えました。

## チャート10　上昇トレンドの終わり

下落トレンドでは、上から長期＞中期＞短期＞ローソク足の順になります。

## チャート11　下落トレンド中

先ほどのチャートと同様に、こうしたチャートでは安心して売りから入ることができると思います。ロスカット水準の設定も容易に行うことが可能です。このチャートの続きは、以下のような感じです。短期の移動平均線が長期の移動平均線の上に抜け、下落トレンドの終了が読みとれます。

## チャート12　下落トレンドの終わり

## ②やや信頼できるパターン ▶ トレンドの発端

トレンドのスタート地点では、短期・中期・長期のそれぞれの移動平均線が「拡散」する形になります。当然、短期が最もマーケットに対する反応が強く、中期・長期の順に反応が鈍くなりますので、中期・長期の移動平均線は、トレンド形成がはっきりしている状況であってもまだ動きが鈍いケースも十分考えられます。

**チャート13　長期・中期の移動平均線の動きが鈍いケース**

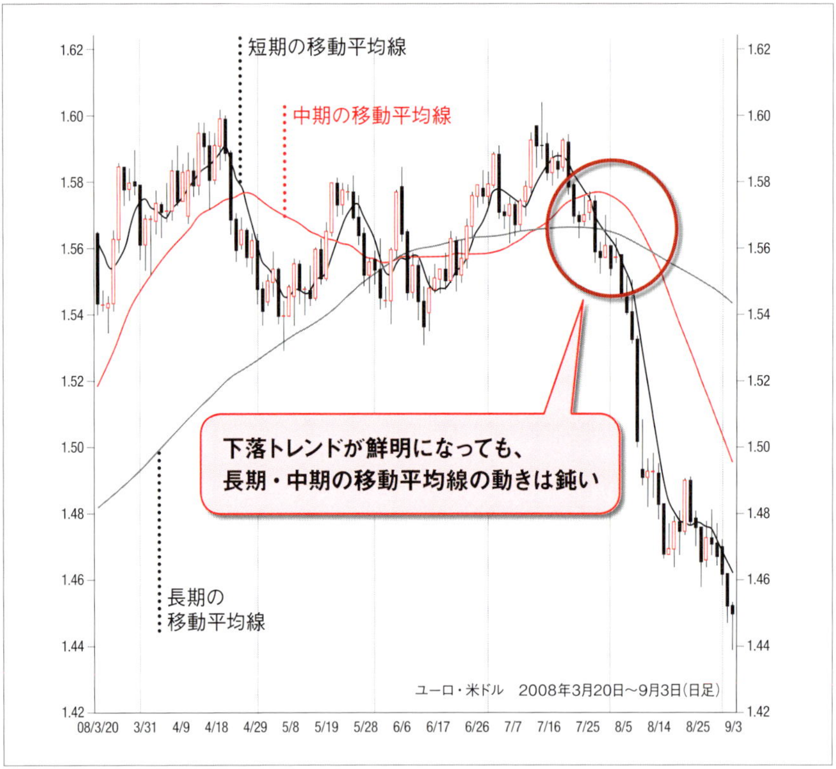


このチャートが明らかにトレンド入りを確認すると、チャート14のようになります。長期の移動平均線がしっかりと右下がりになっている点に注目してください。

**チャート14　長期の移動平均線に注目**

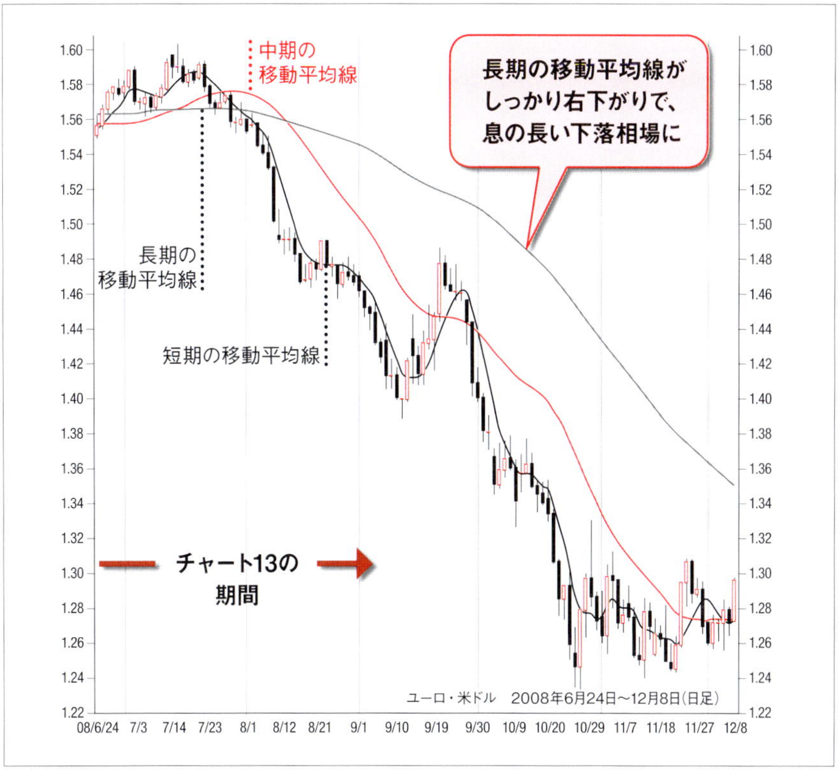


### ③あまり信頼できないパターン ▶ もみ合い相場

先ほども指摘しましたが、移動平均線はトレンドフォローの指標ですので、トレンドがない相場、つまりもみ合い相場にはどうしても弱いのです。ただし、考え方としては、トレンドフォローの指標である点を逆手に取って利用します。つまり、**短期・中期・長期のそれぞれの移動平均線が絡み合う動きを見せているときは、トレンドはないものと判断、移動平均線を積極的な判断指標に利用しない**ということです。

例えば、次ページのチャート15を見てください。

**チャート15　もみ合い相場**

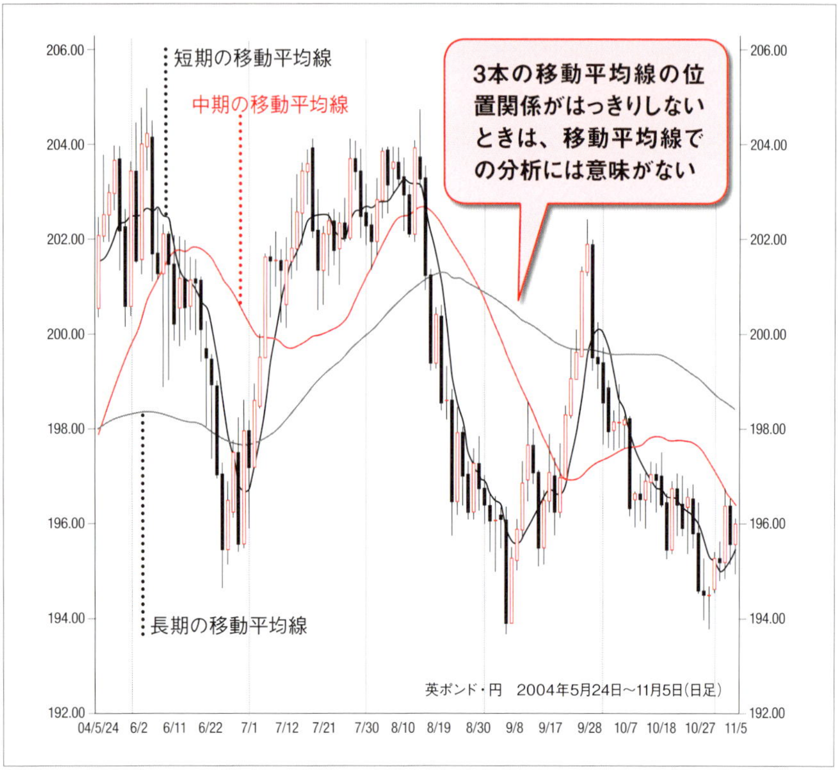


このチャートからは、どうみても方向性が感じられない動きが続いているという判断しかできません。３本の移動平均線は縄のように絡み合っています。こうした局面では移動平均線そのものにあまり信頼性がありませんので、極端な話、移動平均線を見る必要がないと言えるでしょう。

以上、「プロが見る移動平均線」と言う割に簡単な見方をしているという点に驚かれたのではないでしょうか。チャートは、自分自身の判断の後押しをするものですので、それほど厳密に見る必要はないのです。あくまで、相場観を立てる材料として利用すればよいということを分かって頂きたいと思います。

Column

# この本の筆者はどんな移動平均線を使っているか

皆さんは、何日の移動平均線を使っていますか?

**私は、短期→5日、中期→20日、長期→75日を使っています**。

これらの数字には、一応根拠のようなものがありますのでご紹介しておきます。

「5日」というのは、営業日ベースで考えた場合、「1週間」になります。つまり、移動平均線=その期間の売買の平均コストという考え方に立つと、**5日移動平均線というのは、1週間のマーケット全体の売買の平均コストを意味しているのです**。

同じように、「20日」というのは、営業日ベースで見た場合、「1か月」になります。つまり、**20日移動平均線というのは、1か月のマーケット全体の売買の平均コストを意味**しています。

また、「75日」というのは、営業日ベースで見た場合、「3か月」になります。つまり、75日移動平均線というのは、**3か月のマーケット全体の売買の平均コストを意味している**のです。

昔は、土曜日もマーケットが開いていました。「半ドン」という懐かしい言葉をご存じの方も少なくなってきましたが、その関係もあって当時は「25日移動平均線」を好んで使用していました。

1か月の営業日数は20日と25日の間ではないのか?　というご指摘もごもっともですが、先に説明しましたように、テクニカル分析のパラメータに正解はありません。従って、23日はダメで20日はOKというようなものでもありませんので、皆さんお好きな期間を使われるとよいと思います。ただ、あまり長いのは実用性に欠けるような気がします。例えば、250日が短期で750日が長期だと言われても、あまり受け入れられないような気はします。過ぎたるは及ばざるがごとしということなのでしょう。

移動平均線の進化形

# MACDの効果的な使い方をマスターしよう！

現在の価格が売られすぎなのか買われすぎなのかを
数字で示す指標の代表選手が、MACD（マックディー）。
割と簡単な使い方で人気が高い指標ですが、
為替チャートとの逆行現象（ダイバージェンシー）の意味を
知らないと痛手を負う場合も！

# 第4章

# 勝ち組投資家はMACDのこんなところに注目している

4-1

MACDは、マックディーと読みます。Moving Average Convergence Divergenceの頭文字を取ったテクニカル分析手法です。

MACDはテクニカル分析の第一人者、ジェラルド・アペル氏が開発したもので、移動平均線やローソク足と並んで大変人気のあるテクニカル手法です。MACDを日本語に訳す場合は、「移動平均・収束・かい離トレーディング手法」と言われます。こう言われても何が何だか分かりませんが、その性質は移動平均線と大変よく似ています。

チャート16　MACDの簡単な図解

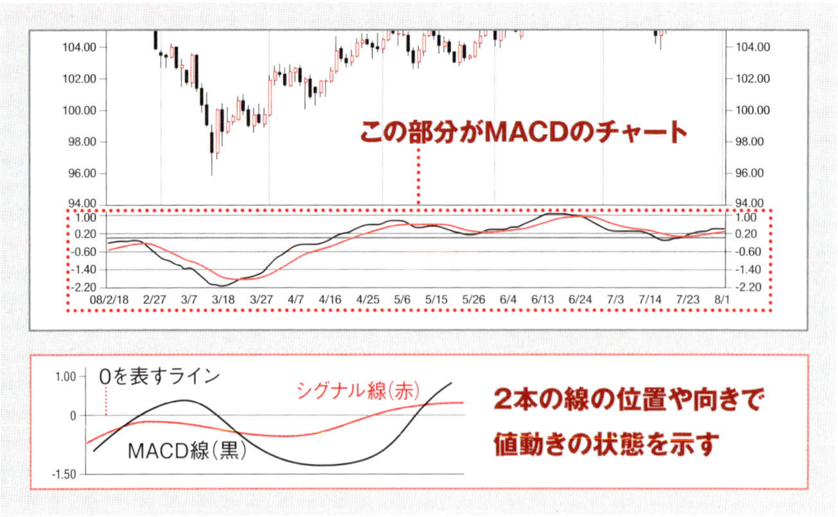

通常私たちが使う移動平均線は「単純移動平均線」と呼ばれるもので、過去のある日数の期間の終値を合計してその日数で割ったものである一方、MACDは、「指数平滑移動平均線」を使ったテクニカル指標なのです。

MACDの見方は後ほど詳しく紹介するとして、MACDと移動平均線の仕組みの違いについて理解しておくことがMACDの正確な利用につながりますので、ここでは是非その違いについてマスターするようにしてください。

その違いというのは、同じ移動平均線であっても、通常の移動平均線が過去の終値を平等に評価するのに対して、MACDは直近の終値ほどより高く評価するという点にあります。

**ポイント**

**移動平均線(単純平均) ▶▶▶ 過去の終値を平等に評価する**

**MACD(指数平滑移動平均) ▶ 直近の終値ほどより高く評価する**

MACDは、２本の指数平滑移動平均線を使った手法で、この２本の指数平滑移動平均線の差を「MACD線」といいます。テクニカル指標の名称であるMACDと全く同じ名称が使われています。もう１本のライン（動きの鈍い方）は「シグナル線」と呼ばれます。これは、MACD線の一定期間の平均値のラインです。

MACDの使い方については後の章で詳しく解説をしますが、実はとても簡単です。見方が簡単なこともあって、MACDは大変人気のあるテクニカル指標となっています。

ただ、見方が簡単というのと、上手く使いこなせるかというのは別次元の問題ですので、しっかりと使い方をマスターして頂きたいと考えます。

## MACDは、移動平均線よりも早めに売買サインが点灯する

さて、ＭＡＣＤの大きな特徴として、**移動平均線よりも早めにサインが点灯する**という点を挙げることができます。これは、先ほど説明しましたように、移動平均線が過去の終値の単純平均である一方、ＭＡＣＤのベースとなっている指数平滑移動平均線は直近の終値の方をより高く評価するという点からも想像は容易にできるでしょう。

言い換えると、移動平均線はずっと前の終値を「引きずる」のに対して、ＭＡＣＤは直前の終値（昔の終値に比べると、これは「より新しい情報」と言えるでしょう）をより高く評価しますので、**マーケットに大きな動きが出たような場合には、ＭＡＣＤの方が移動平均線よりも感応度が高い**のです。従って、**ＭＡＣＤは移動平均線と比較して、トレンドの端緒（発生点）を捉えるのが得意**なチャートだと言えるでしょう。

一方、移動平均線と比べて良い点ばかりではありません。トレンド発生の兆候を捉えるのが得意だということは、トレンドの最中やもみ合い相場ではダマシ（一般的なルールに従うと買いシグナルだと思われるサインが出ても、その後買われなかったり、売りシグナルだと思われるサインが出ても、その後売られなかったりする状況）が発生しやすいということになるのです。

**ポイント**

1. MACDは、トレンドの初期に強い
2. MACDは、トレンドの最中、もみ合い相場に弱い
3. MACDは、移動平均線よりも敏感なテクニカル指標である

Column

# ご参考までに……
# MACDの計算方法

MACDの計算方式は下記のような考え方になります。実際に計算することはないでしょうが、ご参考までに。

## ●指数平滑移動平均の求め方

**＜第1日目＞**
n日間の単純移動平均値＝n日間の終値の合計÷n

**＜第2日目以降＞**
n日間の指数平滑移動平均＝前日の指数平滑移動平均値＋α（当日終値—前日の指数移動平均値）　αは定数で、2÷（n＋1）

## ●MACD、シグナルの求め方

例えば、12日と26日の指数平滑移動平均の差をMACDとすると、以下のようになります。

**①12日指数平滑移動平均を求める**
＝前日の指数移動平均値＋（2÷13）×（当日終値－前日の指数移動平均値）

**②同様に26日指数平滑移動平均値を求める**
＝前日の指数移動平均値＋（2÷27）×（当日終値－前日の指数移動平均値）

**③数値としてのMACDを求める**
＝①の値から②の値を引く

**④シグナルを求める**
＝③で算出したMACDの一定期間の平均値

# MACDなら売買サインの見分け方は実はとってもカンタン！

4-2

ＭＡＣＤの使い方は、大変分かりやすいものとなっています。以下、買いサインと売りサインに分けて解説します。

**1．買いサイン**

**① MACD線がシグナル線を上回った**

**② MACD線がゼロを上回った**

**チャート17　MACDで買いサインが2つ出ている例**

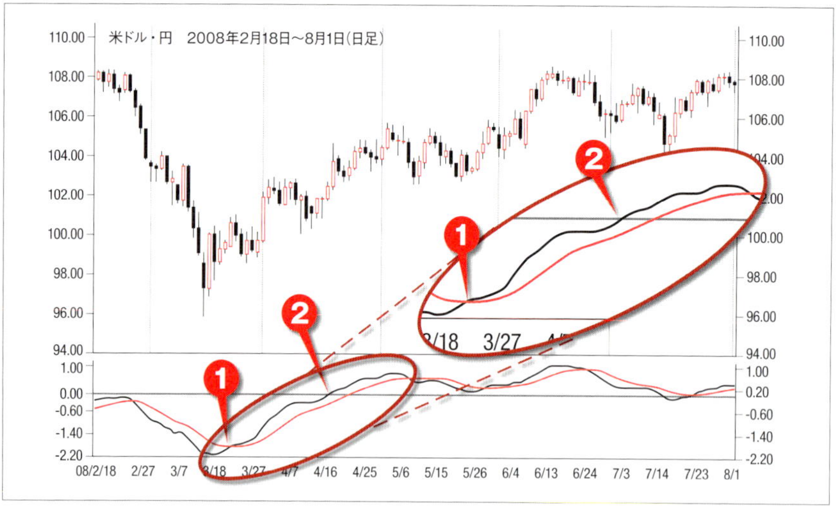


①で第１段階の買いサイン、②で第２段階の買いサインとなります。通常は①→②とサインが出ますので、①で買い、②で更に買う（買い乗せるとい

います）ような形になります。

**2．売りサイン**
**①MACD線がシグナル線を下回った**
**②MACD線がゼロを下回った**

①で第１段階の売りサイン、②で第２段階の売りサインとなります。通常は①→②とサインが出ますので、①で売り、②で更に売る（売り乗せると言います）ような形になります。

**チャート18　MACDで売りサインが2つ出ている例**

以上のように、ＭＡＣＤでの相場判断は、ＭＡＣＤ線とシグナル線の位置関係や、それぞれの現時点での値から導かれます。こう書くと何か難しそうですが、実際には先に示したようなチャートで図式されますので、誰にでも簡単に買いサインや売りサインを見つけることができます。このことからＭＡＣＤはトレードの初心者にも人気を博しています。

# MACDが機能した例と機能しなかった例をチャートで確認する

4-3

ここでは、MACDがうまく機能した例と機能しなかった例をチャートで示すことにします。まず、うまく機能した例を取り上げてみます。

**チャート19　MACDが機能した例**

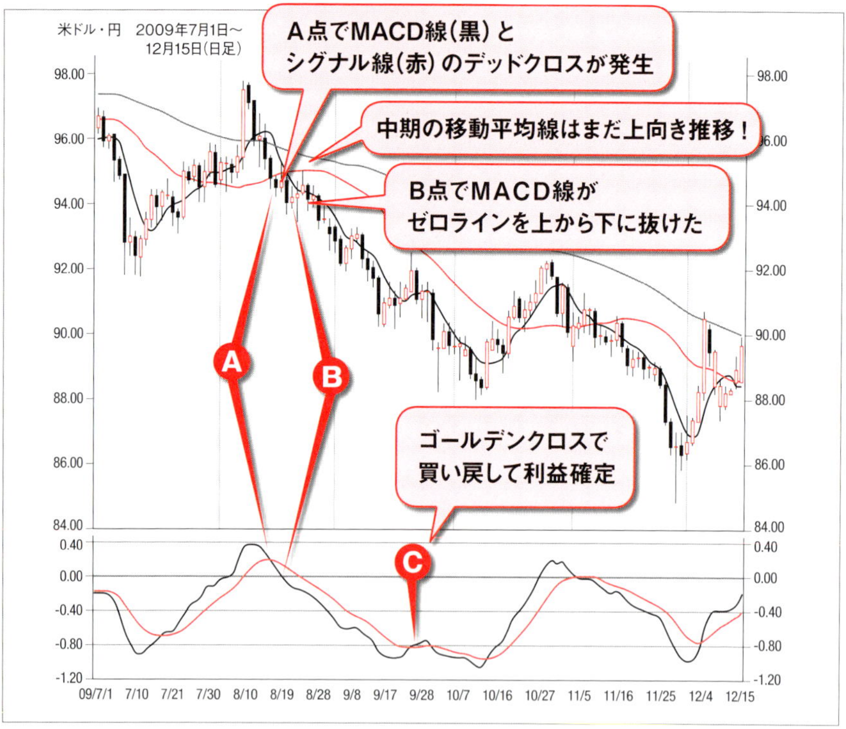


まずA点で売り、さらにB点で売り乗せるという形のトレードを行うと、トレンドの発生地点からスムーズに売りポジションをキープすることができます。

次のゴールデンクロス（C点）で売り持ちのポジションを買い戻すと、ここでは3円以上もの収益を上げることが可能でした。中期の移動平均線はまだ上向きに推移している中にあって、MACDが明確にデッドクロスを示し、ゼロラインを上から下に切っています。MACDが移動平均線よりも敏感な指標であるという点は、こうしたチャートで確認ができることと思います。

次に、MACDがうまく機能しなかった例を取り上げます。

**チャート20　MACDが機能しなかった例1**

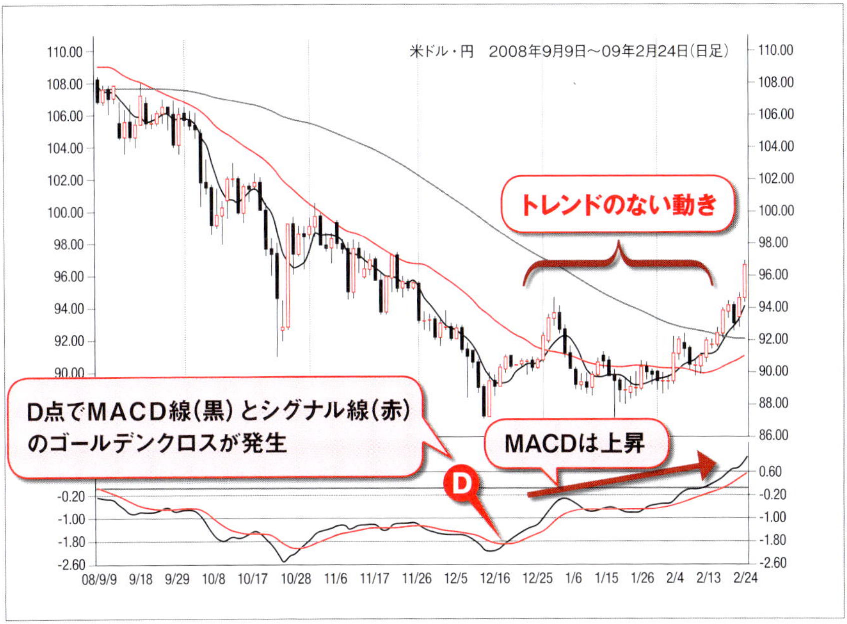


D点でMACD線とシグナル線がゴールデンクロスし、買いサインが点灯したのですが、その後の動きを見ますと、MACD線は徐々に上伸を続けているのに対して、マーケットはダラダラとした動きを続けています。このように、トレンドのない相場にあっては、MACDはうまく機能しないことが多いのです。

もう1つ、上手く機能しなかった例を取り上げましょう。

## チャート21　MACDが機能しなかった例2

E点でMACD線とシグナル線がゴールデンクロスしました。これも買いのサインです。

ところが、ローソク足の形状を見てもらうと誰の目にも明らかなように、この相場はもみ合い相場です。先ほどの例と同様に、もみ合い相場では、MACDの発するサインというのは、どうしても信頼性を欠くものになってしまうのがお分かり頂けるのではないでしょうか。

# 勝ち組投資家が絶対に見逃さないのがダイバージェンシー

4-4

「ダイバージェンシー」については1-6でも軽く触れましたが、ここではMACDのダイバージェンシーについて解説していきましょう。

ダイバージェンシーは、「逆行現象」とか、「逆かい離」と訳されることが多いです。個人的には、もう少しダイバージェンシーを上手く説明する日本語はないものか？　と思わなくもないのですが、これと言ってピッタリの表現が見当たらないのも確かなところです。そこで本書ではあえて日本語に訳さず、ダイバージェンシーと表現することにします。

**ダイバージェンシー**

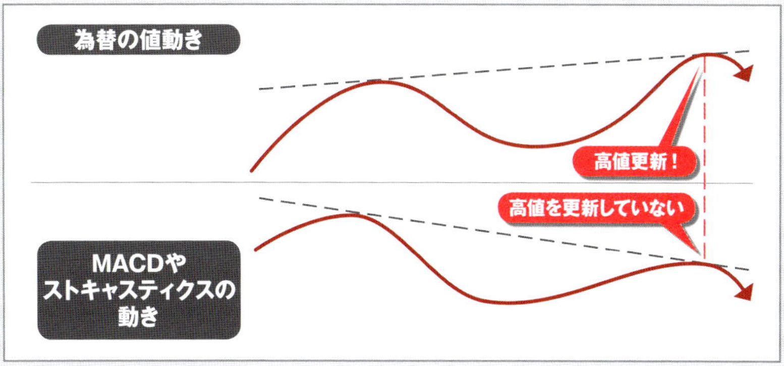


**ダイバージェンシーとは…**「逆行現象」と訳される。実際の値動きが直近の高値を更新（または安値を更新）しているのに、MACDやストキャスが高値（安値）を更新していないというように、値動きと指標との動きがかい離したり逆行することを指す。

さて、1-6では、ダイバージェンシーのことを、

**①買いトレンドにあっては、マーケットが高値を更新しているのにMACD(またはストキャスティクス)の山の高さが更新していない**

**②売りトレンドにあっては、マーケットが安値を更新しているのにMACD(またはストキャスティクス)の谷の深さが更新していない**

ような状況であると解説しました。つまり、ドル円などの市場の動きと、MACDやオシレーター系のチャート（売られすぎ・買われすぎを分析の対象とするもので、ストキャスティクス、RSIなどが該当します）の動きがバラバラである状況のことをダイバージェンシーというのです。

図解すると、以下のような感じになります。

**ダイバージェンシーの例①(買い相場)**

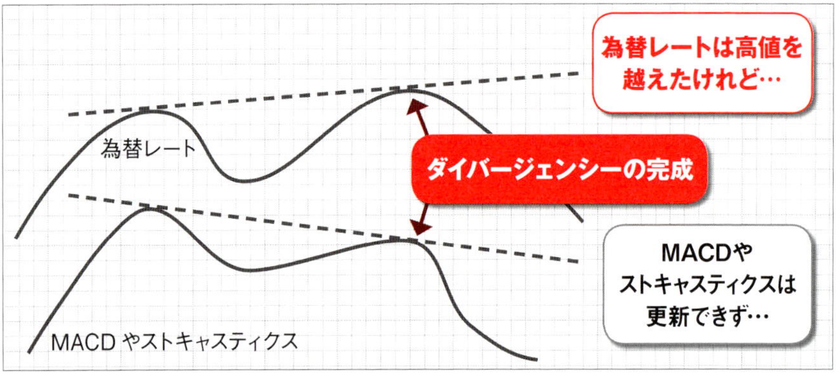
為替レートは高値を越えたけれど…
為替レート
ダイバージェンシーの完成
MACDやストキャスティクスは更新できず…
MACD やストキャスティクス

**ダイバージェンシーの例②(売り相場)**

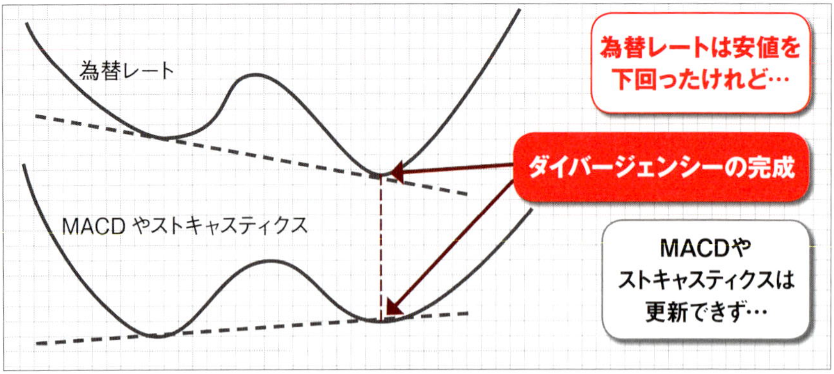
為替レート
為替レートは安値を下回ったけれど…
ダイバージェンシーの完成
MACD やストキャスティクス
MACDやストキャスティクスは更新できず…

買いトレンド（左ページの①）では為替の値は高値を更新し、かなり強いチャートに見えることでしょう。1-6で、「ポジションを作るときは、トレンドの向きに作るのが原則的な考え方である」と説明しました。そうすると、この場合はローソク足が高値を更新しているわけですから、原則的な考え方からすると、「買いから入る」ということになるのです。

しかし、**MACDやストキャスティクスがダイバージェンシーを示しているときは、この原則的なルールを改める必要があります**。つまり、

「為替レートが高値を更新していて、その動きだけを見ると強そうに見えるときであっても、新規に買いポジションを作ってはいけない」

ということになるのです。

大変難しいことを言っているようですが、図に示すと簡単にダイバージェンシーを理解することができます。次のチャート22をご覧になってください。

**チャート22　ダイバージェンシーの発生**

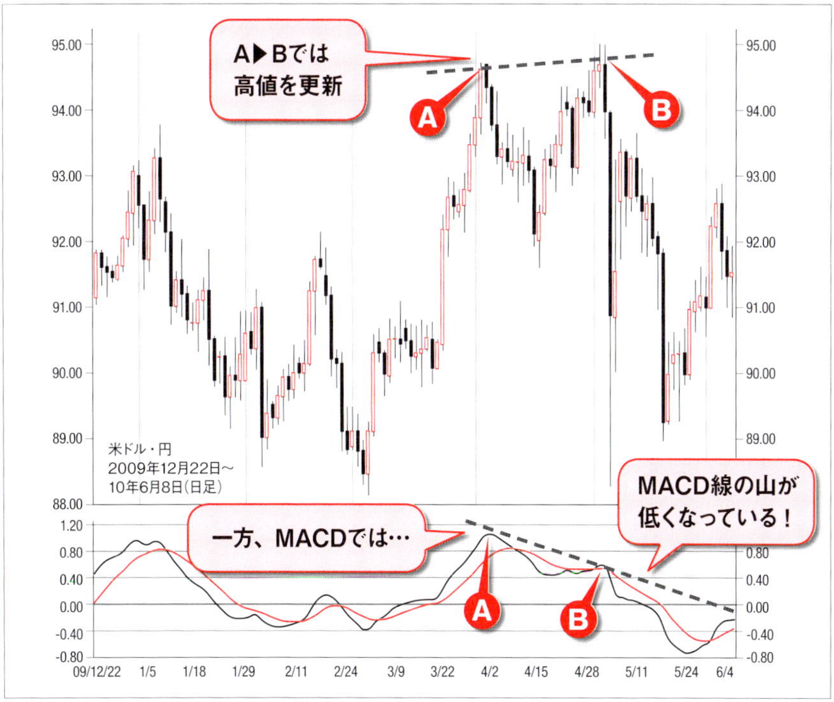

A点とB点を比べると、明らかに高値を更新しているのが分かりますが、一方で、MACDの山の高さが低くなっていることが分かります。これがダイバージェンシーです。B点で**「ダイバージェンシーが完成した」**というような言い方をします。

この場合、B点では、ローソク足だけを見ると大変強そうなチャートに見えますが、新規に買いポジションを作ってはいけないということになるのです。

1-6では、ダイバージェンシーを「利食いのシグナルとして利用してください」と説明しました。この章では「新規に買いポジションを作ってはいけない」と言っています。この2つは矛盾しないのでしょうか？

答えは、「矛盾しない」です。

なぜなら、ポジションを持つときはトレンドの向きに作るという原則的なルールがあるとしたら、ローソク足が高値を更新するような場合には、既に買い持ちのポジションを持っていることが想定されるからです。従って、買いトレンド中にダイバージェンシーが発生したら、買い持ちのポジションを利食い（転売し）、新規に買い持ちのポジションを作ってはいけない、売りトレンド中にダイバージェンシーが発生したら、売り持ちのポジションを利食い（買い戻し）、新規に売り持ちのポジションを作ってはいけない、ということになります。

**ダイバージェンシーの対処方法**

1. 買い持ちのポジションがあって、買いトレンドでダイバージェンシーが発生したら、
   - 買い持ちのポジションがあれば利食う(転売する)
   - 新規で買い持ちのポジションは作らない
2. 売り持ちのポジションがあって、売りトレンドでダイバージェンシーが発生したら、
   - 売り持ちのポジションがあれば利食う(買い戻す)
   - 新規で売り持ちのポジションは作らない

# ダイバージェンシーが発生したからといってトレンドが転換する保証はない

セミナーなどで出席者からよく受ける質問に、

（1）買いトレンドでダイバージェンシーが発生したら、新規で売ってはいけないのか？

（2）売りトレンドでダイバージェンシーが発生したら、新規で買ってはいけないのか？

というものがあります。さて、どうなのでしょうか？

結論から言いますと、いずれもダメです。その理由は、ダイバージェンシーが発生したからと言って、トレンドが反転する保証はないからです。

**チャート23　ダイバージェンシーは完成したが…**

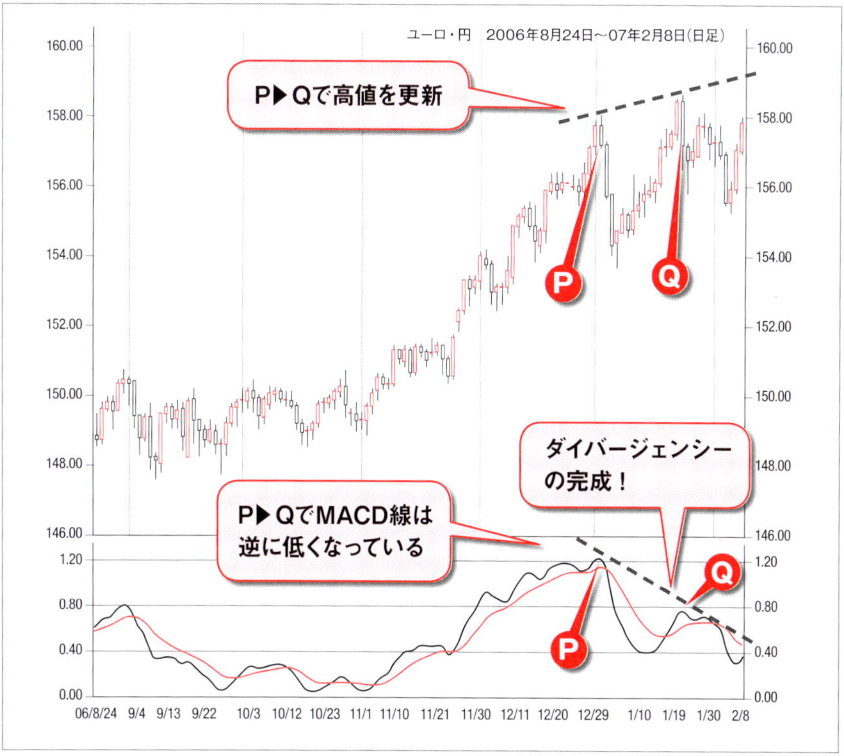

前ページのチャート23を見てください。

P点とQ点を結んだ直線で高値を更新している一方、MACD線の山の高さが更新できていませんので、明確にQ点でダイバージェンシーが発生しています。

ここで新規の売りポジションを作ると、どうなるでしょうか？

Q点以降の続きをみてみましょう。

**チャート24　ダイバージェンシー完成後も…**

このチャートを見て頂けるとお分かりのように、ダイバージェンシーが発生した後もマーケットは買われ続けています。このように、**ダイバージェンシーが発生したからといって、トレンドが反転するかどうかは分からない**のです。従って、買いトレンドのダイバージェンシーで新規で売りポジションを作ってはいけない、また、売りトレンドのダイバージェンシーで新規で買いポジションを作ってはいけないということになります。

ただし、利食いは違います。新規でポジションを作るということは、その後のマーケットの動きに自分のポジションのリスクをさらすことを意味しますが、利食いはその後のマーケットの動きから自分のポジションリスクを落とすことを意味するからです。

ダイバージェンシーの発生は、

「強そうに（または弱そうに）見える相場が反転するかもしれないから、一度利食って（ポジションリスクを落として）様子を見てはいかがですか？」

という点を私たちに示唆してくれているのです。

強そうな相場で買い持ちのポジションを手仕舞う（転売して利食う）のは、ある意味勇気が要ることです。逆も真なりで、弱そうな相場で売り持ちのポジションを手仕舞う（買い戻して利食う）のも、ある意味勇気が要ることなのです。ダイバージェンシーは、**トレンドの最中にあって、いったんポジションを落としてスクェアに戻してはどうですか？　という冷静な提案を私たちにしてくれる、数少ない貴重なテクニカル分析と言える**のです。

**ポイント**

1. ダイバージェンシーは利食いを示唆するもの
2. ダイバージェンシーで新規のポジションを持ってはいけない

# MACDは売り買いのポジションを作るときこそ活用したい

## 4-5

移動平均線とＭＡＣＤを考えた場合、

移動平均線＝終値の単純平均

ＭＡＣＤ ＝終値の指数平滑移動平均を使用

であることは説明してきました。

実は、これらは、「終値の後追いの指標」なのです。

「終値の後追い」ということは、「トレンドフォロー」であることを意味しています。であれば、トレンドが出ているときは良好に作用するものの、もみ合い相場ではダマシが現れやすいという弱点があるわけですから、買いサイン・売りサインそのものはトレンドを追随するような形（つまり、ポジションを作る場合）に用いるべきなのです。ただし、繰り返しになりますが、ダイバージェンシーは利食いのサインとして使うことを忘れないようにしてください。

繰り返しになりますが、テクニカル指標の利用方法を間違わないようにして下さい。

つまり、ＭＡＣＤを使う場合には、

①マーケットに入る場合→順張り→ＭＡＣＤ線とシグナル線の動きに従う

②利食う場合　　　　　→逆張り→ダイバージェンシーに従う

という点をしっかり押さえておいて頂きたいのです。

セミナー受講者などから寄せられる質問の多くが、

①ＭＡＣＤで最も適したパラメーターはどんな数字ですか？

②ダイバージェンシーでマーケットに入ってはいけませんか？

といったものです。

これらの質問は、テクニカル指標の利用方法をしっかり理解していないことから発生します。もし、この２つの質問がテクニカル指標の利用において的を射ていないことが理解できない方は、本書を最初から読み返すことをお勧めします。

**MACDの正しい使い方**

**1．新規の買いサイン**

**（１）MACD線がシグナル線を上回った▶新規の買いポジションを作る**

**（２）MACD線がゼロを上回った▶買い乗せる**

**2．新規の売りサイン**

**（１）MACD線がシグナル線を下回った▶新規の売りポジションを作る**

**（２）MACD線がゼロを下回った▶売り乗せる**

**3．利食いのサイン**

**（１）上昇相場のダイバージェンシーの出現▶利食い（転売）のチャンス**

**（２）下落相場のダイバージェンシーの出現▶利食い（買戻し）のチャンス**

順張りでも逆張りでも使える

# 便利なストキャスティクスの正しい活用法

MACDと並んで人気の高い
オシレーター系指標であるストキャスティクスは、
実は順張りでも逆張りでも使えます。
かといって、どんな場面でもOKというわけではありません。
どんなときにどう使うのかを丁寧に解説していきます。

第5章

# 売られすぎや買われすぎが ひと目で分かる ストキャスティクス

5-1

ストキャスティクスは、米国のチャート分析家、ジョージ・レーン氏が開発したテクニカル指標です。

為替レートや株価は、その時々で上に行ったり下に行ったりします。この上下のぶれ幅に注目して今の状態を数字で示すテクニカル指標が、いわゆるオシレーター系と呼ばれるものですが、ストキャスティクスはそのオシレーター系の代表的な指標です。

**ストキャスティクスの簡単な図解**

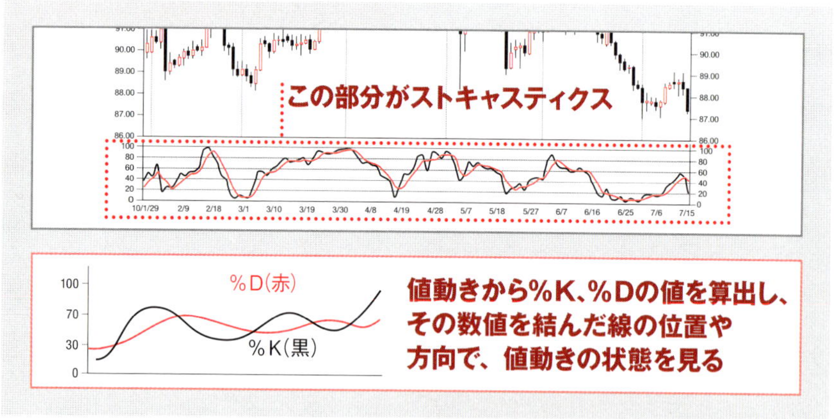


ストキャスティクスは、その時々の値動きから%K（パーセントケイ）と%D（パーセントディー）、あるいは%DS（パーセントディーエス）という数値を算出します。売り時や買い時は、そうした数値や、数値を繋げて線

にした場合のそれぞれの位置関係から判定します。%K、%D、%DSの計算式は以下のとおりです。

**<ストキャスティクスの計算式>**

**%K＝(直近の終値ー過去X日間の最安値)÷(過去X日間の最高値ー過去X日間の最安値)**

**%D＝%KのY日間の平均値**

**%DS＝%DのZ日間の平均値　　　※X、Y、Zは任意の数**

なお、ストキャスティクスには%Kと%Dを用いるファスト・ストキャスティクスと、%Dと%DSを用いるスロー・ストキャスティクスの2種類がありますが、今回はファスト・ストキャスティクスに絞ってお話しします。

## 「売られすぎ」は「新規買いのサイン」と同じではない

ストキャスティクスは、表現そのものが大変分かりやすく、MACDとともに一般の投資家の方に大変人気のあるテクニカル手法だと言えるでしょう。

ただし、その使い方については、誤って伝えられているケースが多いようです。特に、**「買われすぎ」が売りのサインではなく、「売られすぎ」が買いのサインではない**という点には十分注意が必要です。

「買われすぎ」がなぜ単純に「売り」ではないのか、「売られすぎ」がなぜ単純に「買い」ではないのかという点については、これから順々に説明していきます。

まず、ストキャスティクスの説明に入る前に、マーケットの動きは3種類しかないという点を再確認しましょう。

**①買われている**

**②売られている**

**③動いていない**

これとは別に、マーケットには、物理でいうところの「慣性の法則」が働いているのではないかと思うくらい、それまでの傾向が続くという性質があります。つまり、

**①買われているものは買われ続ける**

**②売られているものは売られ続ける**

**③動いていないものは動かない**

という傾向があるのです。

皆さんも、ある日いきなり大きく動き出した相場が、動き出した方向にしばらく動き続ける、あるいは、動かない相場はずっと動かないという経験則のようなものをお持ちのことでしょう。マーケットには、このように、それまでの状態が継続するという性質があるという点をまず理解しましょう。

ここで、「買われすぎ」というのは、どういう状態でしょうか？

これは、文字どおり「買われてきた」からこそ、「買われすぎ」であるわけです。ということは、マーケットの状態としては「継続して買われてきた」という事実があるわけですから、このマーケットはその後も買われる可能性が高いのです。

同じように、「売られすぎ」というのはどう状態でしょうか？

これは、文字どおり「売られてきた」からこそ「売られすぎ」であるわけです。ということは、マーケットの状態としては「継続して売られてきた」という事実があるわけですから、このマーケットはその後も売られる可能性が高いのです。

トレンドはいつか必ず終わりを迎えますが、その転換点を正確に予測することは大変難しいことです。これに対して、トレンドが続くことを予想することは大変容易なことと言えます。それは、マーケットには、上述のような性質（これまでの傾向が続きやすいという性質）があるからなのです。

つまり、「買われすぎ」ということは、これまでの価格帯における位置という観点で考えると「買われすぎ」であるが、今後の動きとしては「買われ続

ける」可能性が高いのです。また、「売られすぎ」ということは、これまでの価格帯における位置という観点で考えると「売られすぎ」であるが、今後の動きとしては「売られ続ける」可能性が高いのです。

ここまでの話でお分かりのとおり、「買われすぎ」が今後も買われ続ける可能性が高いのであれば、「買われすぎ」は「売り」ではありません。同様に、「売られすぎ」が今後も売られ続ける可能性が高いのであれば、「売られすぎ」は「買い」ではないのです。

## ポジションを作る時ではなく利益を確定する時にこそ使いたい指標だ

では、ストキャスティクスでの「買われすぎ」「売られすぎ」といった表現は、どのように考えたらよいのでしょうか？

これは、ポジションメイクとポジションの利食いの考え方に直結するところです。つまり、ポジションを作るときは、まさにこれからリスクを取りに行くわけですから、トレンドに沿ったような形の売買をしなければならないのですが、一方でポジションを利食うときは利食った後はポジションがなくなる（リスクがなくなる）わけですから、トレンドに沿った形の売買をする必要は必ずしもありません。そうです、「買われすぎ」や「売られすぎ」のシグナルを利食い指標として利用すればよいのです。言い換えると、「買われすぎ」の場合は買い持ちのポジションがあれば転売を、「売られすぎ」の場合は売り持ちのポジションがあれば買い戻しを、それぞれ検討すべきなのです。

**ポイント**

**買われすぎ▶ 買い持ちのポジションを利食う検討材料とする**
**売られすぎ▶ 売り持ちのポジションを利食う検討材料とする**

# ％Ｋと％Ｄとではどちらが重要なのか知っていますか？

## 5-2

さて、ストキャスティクスのチャートを見ると、％Ｋという動きの速い線と、％Ｄという動きの遅い線の２種類があることが分かります。これら２本の線では、どちらがより重要なのでしょうか？　これは、実は**動きの遅い％Ｄの方が重要とされています**。どちらが重要か迷ったら、とにかく「遅い方」に注目するようにしてください。

下に、ストキャスティクスの概略図を示しました。

**ストキャスティクスの概略図**

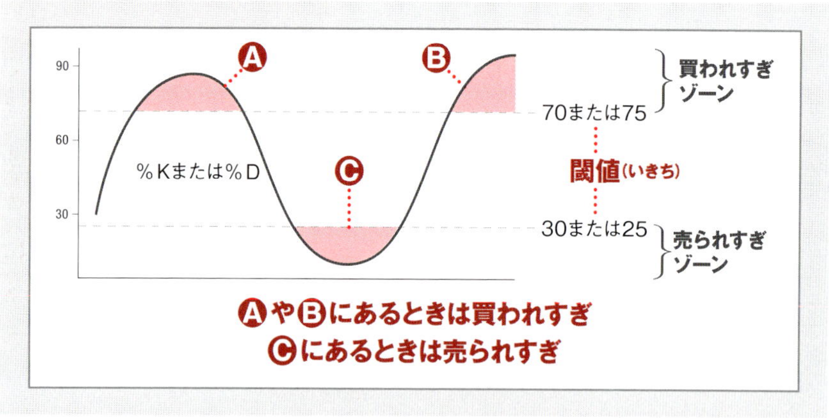


実際のチャートを見ると、％Ｋと％Ｄが上下に行ったり来たりしています。ここで、ストキャスティクスの特徴である「買われすぎ」「売られすぎ」を判断する「ライン」を設定する必要があります。これは「閾値（いきち）」と呼ば

れます。何やら難しい言葉が出てきましたが、大丈夫、全く恐れるに値しません。「買われすぎ」「売られすぎ」を判断するラインは、一般的に25と75あるいは30と70のラインをセットに考えることが多いのですが、単にこれらのラインのことを「閾値」と呼ぶんだというくらいの理解で結構です。

「25－75のセットか30－70のセットか、どちらがよいのですか？」

という質問も頻繁に受けますが、この質問にもあまり意味はありません。なぜなら、チャートリーディングの目的の１つが「相場観を立てる判断材料にする」ということだからです。私たちは、ストキャスティクスというチャートを見て、相場観の判断材料にすることができれば、それで十分なわけです。**25－75でなければならない必然性はありませんし、30－70の方が望ましいという理由もない**のです。

25－75のセットであろうと30－70のセットであろうと、そろそろ利食った方がいいかな…とか、少し買ってみようか？　といったような形で、私たちが相場観を形成する際にストキャスティクスが参考になれば、それで十分なのです。

**ポイント**……………………………………………

1. **ストキャスティクスの閾値は、一般に「25－75」や「30－70」のセットが使われるが、どちらが優れているというわけではない**
2. **パラメータについても、どの数値を選ぶかという点よりも、利用方法の理解に注力すべきである**

# ストキャスティクスは順張りと逆張りとでは利用の仕方が異なる

5-3

ここでは、ストキャスティクスの具体的な使い方について説明していきましょう。（ここでは、２種類の閾値を「上の閾値」「下の閾値」という表現で解説します。）

ストキャスティクスの動きを見ると、

**売られすぎゾーン▶下の閾値を下から上へ移動し、ニュートラルゾーンへ▶上の閾値を越え、買われすぎゾーンへ▶上の閾値を下回り、再びニュートラルゾーンへ**

という動きを繰り返しています。

**チャート25　ストキャスティクス**

こうした動きを相場観に反映させるためには、どのように考えたらよいのでしょうか。その前に、1つ考えておかないといけない点があります。それは、「ストキャスティクスは順張りに適したチャートなのか、それとも逆張りに適したチャートなのか」という点です。私が長年見てきた経験からストキャスティクスを評価するなら、「**ストキャスティクスは、逆張りでも順張りでも使えるチャート**である」と私は考えています。ただし、その利用方法に誤りがあってはなりません。

「順張り」は、マーケットの流れに沿った動きの売買を行うということになりますので、ポジションを利食う時のスタンスには向いていません。そう、**「順張り」は、「新規のポジションメイク」に向いている**のです。これに対して、「逆張り」は、マーケットの流れに逆らった動きの売買を行うということになりますので、新規でポジションを作る時のスタンスには向いていません。そう、**「逆張り」は、「利食い」に向いている**のです。

5-1では、

**売られすぎ＝利食い（買い戻し）の検討**

**買われすぎ＝利食い（転売）の検討**

と解説しました。つまり、上の閾値を越えて買われすぎゾーンに入ったり、下の閾値を割って売られすぎゾーンに入ってきたような場合には、それぞれ利食いの検討をすべき材料とすべきなのです。以上は、ストキャスティクスを逆張りで使う際の考え方です。

**ポイント**

1. **ストキャスティクスが閾値を越えて買われすぎゾーンに入ってきたら、買い持ちのポジションの利食い（転売）を検討する**
2. **ストキャスティクスが閾値を割って売られすぎゾーンに入ってきたら、売り持ちのポジションの利食い（買い戻し）を検討する**

## 移動平均線と同じく ゴールデンクロスやデッドクロスも参考に

ここまでの解説は、ストキャスティクスを逆張りで利用する場合の考え方です。それとは別に、ストキャスティクスには、順張りの利用方法があります。

それは、「売られすぎゾーンから下の閾値を越えてきたら、下落トレンドが終焉を迎え、上昇トレンド入りの可能性もある」「買われすぎゾーンから上の閾値を割ってきたら、上昇トレンドが終焉を迎え、下落トレンド入りの可能性もある」というものです。

つまり、下の閾値を下から上に越えた場合に新規の買い、上の閾値を上から下に割った場合に新規の売りを検討できるということなのです。

その際に、**%Kと%Dのデッドクロス・ゴールデンクロスを伴っていると、より強いシグナルだとされます**。

次ページ上のチャートが、％Kと％Dのデッドクロスを伴ったものです。デッドクロス出現後に上の閾値を割り込むところから、下落トレンド入りしていることが分かります。

次ページ下のチャートは、％Kと％Dのゴールデンクロスを伴ったものです。ゴールデンクロス出現後に下の閾値を越えたところから、上昇トレンド入りしていることが分かります。

もちろん、％Kと％Dのデッドクロスの後に上の閾値を割り込んだからといって、必ず下落トレンド入りする保証はありません。同様に、％Kと％Dのゴールデンクロスの後に下の閾値を越えてきたからと言って、必ず上昇トレンド入りする保証はありません。チャートには、必ず「ダマシ」がありますので、常にこうだと言い切ることはできないのです。何だ、ダマシがあるのなら使えないじゃないか！　などと言わないでください。そうした批判に対しては、やはりテクニカル分析やチャートリーディングの目的が相場観を

## チャート26　ストキャスティクスのデッドクロス

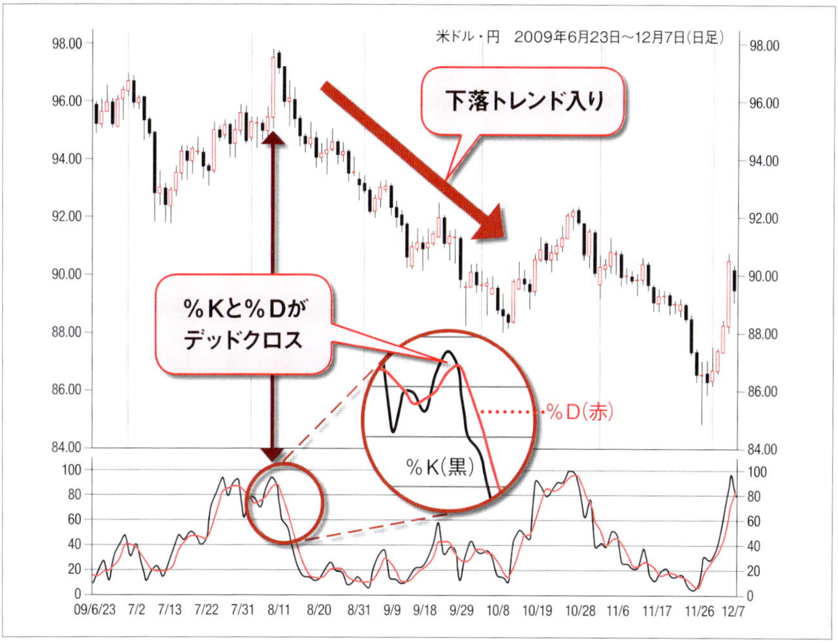


## チャート27　ストキャスティクスのゴールデンクロス

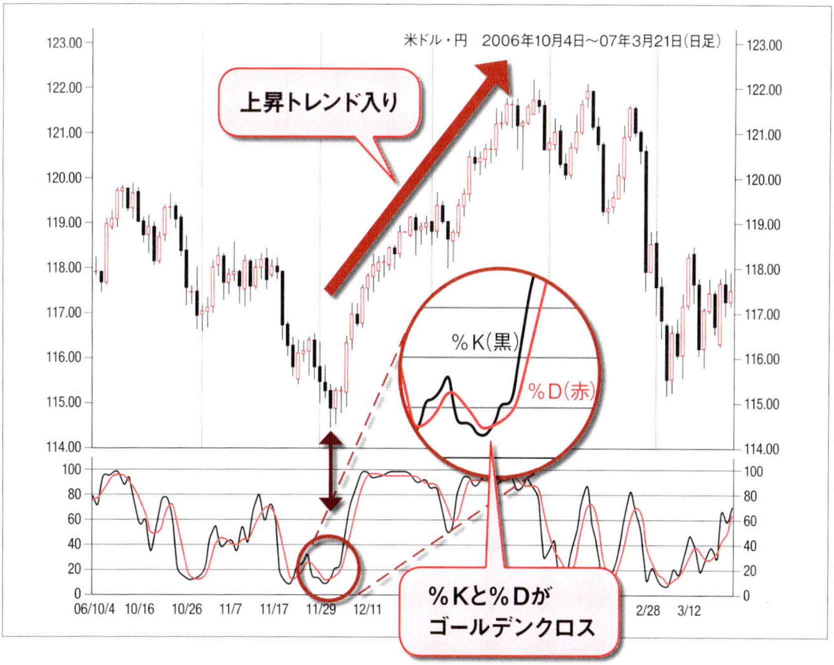

立てる判断材料にすることであることを思い出す必要があると思います。

少し話が複雑になりましたので、ストキャスティクスの利用方法をまとめておきます。

**①順張りで利用する場合**

**・下の閾値を上へ突き抜けた場合 ▶ 新規買い**

**・上の閾値を下へ割り込んだ場合 ▶ 新規売り**

**②逆張りで利用する場合**

**・下の閾値を下回り、売られすぎゾーンに入ってきた場合**

**▶ 売りポジションを利食う（買い戻す）**

**・上の閾値を越え、買われすぎゾーンに入ってきた場合**

**▶ 買いポジションを利食う（転売する）**

くれぐれもこれらを逆に利用しないようにしてください。分からなくなったら、「買われすぎ」「売られすぎ」の意味をしっかり考えてみるようにしましょう。

蛇足ながら、個人的には、ストキャスティクスは、どちらかと言うと順張り（ポジションメイク）としての利用価値よりも逆張り（利食いの判断材料）としての利用価値の方が大きいかなと感じています。第１章のそれぞれのチャートの得意・不得意を示した表（1-6参照）の中で、ストキャスティクスは「利食いの判断に使える」→◎としておいたのは、そういう理由からです。次の5-4で解説する「ストキャスティクスのダイバージェンシー」も、私は利食いを判断するに十分的確な指標だと判断しています。そうした点も、ストキャスティクスはどちらかと言うと逆張りの利用価値が高いという判断を補完するものとなっています。

# ストキャスティクスでもダイバージェンシーは利食いの重要なサイン

5-4

4－4でMACDのダイバージェンシーを絶対に見逃さないよう解説しましたが、ストキャスティクスのダイバージェンシーはどうでしょうか？

実は、ストキャスティクスのダイバージェンシーについても、MACDのダイバージェンシーと同様に、重要な利食いの場を提供してくれていると考えるのが妥当だと私は考えています。ストキャスティクスのダイバージェンシーの見方は、MACDのダイバージェンシーの見方と全く同じです。つまり、

**①買いトレンドにあっては、マーケットが高値を更新しているのにストキャスティクスの山の高さが更新していない**

**②売りトレンドにあっては、マーケットが安値を更新しているのにストキャスティクスの谷の深さが更新していない**

という状況です。

チャートで確認してみましょう。

次ページのチャート28では、相場が高値を更新しているのに、ストキャスティクスの右の山（高値に対応したところ）の高さが左の山よりも低くなっています。この時点でダイバージェンシーが完成しています。

ストキャスティクスにおけるダイバージェンシーが発生した場合の対処方法は、MACDの場合と全く同じです。

## チャート28　ストキャスティクスにおけるダイバージェンシー

**ダイバージェンシーの対処方法**

1．買い持ちのポジションがあって、買いトレンドでダイバージェンシーが発生したら、

(ア) 買い持ちのポジションを利食う(転売する)

(イ) 新規で売り持ちのポジションを作らない

2．売り持ちのポジションがあって、売りトレンドでダイバージェンシーが発生したら、

(ア) 売り持ちのポジションを利食う(買い戻す)

(イ) 新規で買い持ちのポジションを作らない

**ポイント**

1．ストキャスティクスのダイバージェンシーは、MACDのダイバージェンシーと同じ見方でよい

2．ダイバージェンシーは、利食いを示唆するものである

3．ダイバージェンシーで新規のポジションを持ってはいけない

ローソク足と一緒に表示される

# ボリンジャーバンドのここに注目！

ローソク足を上下3本の線で取り囲むように
表示するのがボリンジャーバンド。
この章では、ポジションを作る場合、
利食いをする場合でどのように使うのかなど、
ボリンジャーバンドの具体的な用法にこだわって解説します。

# 第6章

# 見た目はやや複雑だが使い方はごくカンタンなボリンジャーバンド

## 6-1

ボリンジャーバンドは、ジョン・ボリンジャー氏が開発したテクニカル手法で、標準偏差を応用して相場の位置を探ろうとする独特なテクニカル手法です。ボリンジャーバンドというのは、ローソク足のチャートの上下に存在する「帯」のことで、この帯の中をマーケットが上下に動いているような感覚を見ている者に与えます。開発されてからそれほど時間が経っているわけではありませんが、買われすぎ・売られすぎを定量的に示す点で優れているとされ、視覚に訴えるという意味では、最も特徴的なテクニカル手法かもしれません。

**チャート29　ボリンジャーバンド**

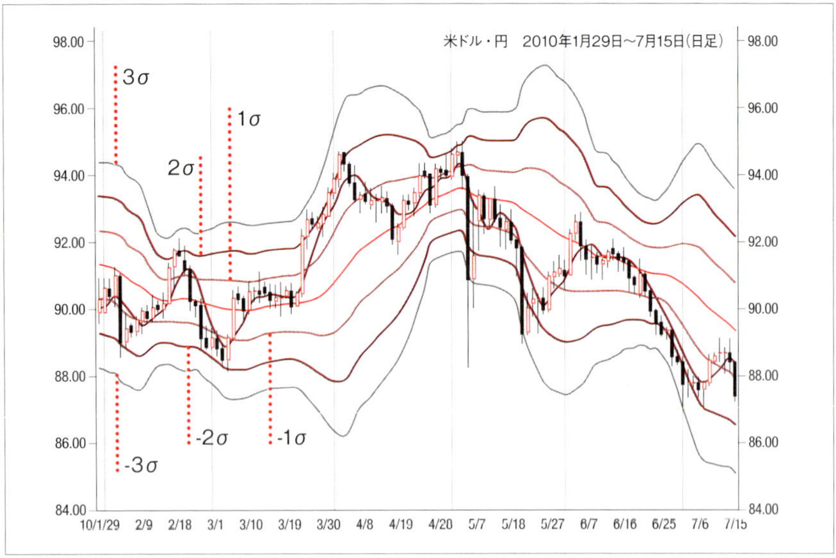

考え方としては、1σ（シグマ）と－1σに収まる確率が約68.3％、2σと－2σの間に収まる確率が約95.5％であることを利用します。

±1σは約68％と、やや中途半端ですが、±2σの方は約95.5％ですから、かなり信頼度の高い数値と言えるでしょう。売買シグナル2σ（標準偏差の2倍）を使うことが多いのはこのためです。

また、移動平均線の上下3σに収まる確率は約99.7％とされ、ほとんどこの範囲に収まるということになりますので、**この3σが問題になることは滅多にありませんが、ごく稀に、この3σを突っ切るような動きが見られることがあります**。こうした場合は、相場に何か重大な変化が生じている可能性があり、極めて特徴的なチャートが出現しますので、この章の最後で、実際のチャートを使って説明したいと思います。

## ポジション作りに使うか、利益確定で使うかで使い方は正反対となる

さて、先ほど、相場の動きは±2σの範囲内に約95％の確率で収まるという話をしましたが、ここで皆さんに考えて頂かなければいけないことがあります。

1つ質問を出しますので、是非考えてみてください。次の2つの考えのうち、皆さんはどちらを支持しますか？

**質問：±2σに接近したら？**

**考え①：約95％の確率で収まるのだから、きっとそれ以上大きな動きにつながる可能性は低く、バンドの内側に戻る可能性が高いのではないか**

**考え②：約95％の確率で収まるということは、ほとんど起きないことが起きようとしているわけだ。ということは、バンドの外側に外れる可能性が高いのではないか**

この質問の解答は、「どちらも正解」です。

なぜなら、ポジションを新規で作る場合は順張り、ポジションを利食う場合は逆張りという風に、トレード方法が根本的に異なるからです。

先の質問での考え①は、ボリンジャーバンドに接近したところで相場の流れと反対の向きに行うトレードを促します。具体的には、+2σでは買われすぎと判断して売り、−2σでは売られすぎと判断して買うことになります。これは、逆張り（マーケットの流れに逆らった動き）に他なりません。従って、考え①のトレードは、「利食い」に利用すべきなのです。

逆に、先ほどの質問の考え②は、ボリンジャーバンドを突破したところを追撃するトレードを促します。具体的には、+2σを上抜けしたところで買い、−2σを下抜けしたところで売ることになります。これは、順張り（マーケットの流れに沿った動き）に他なりません。従って、考え②のトレードは「ポジションメイク」に利用すべきなのです。

ポジションを作る場合と利食う場合では、考え方が全く異なる点に注意してください。この点を混同すると、ボリンジャーバンドを使った逆張りのポジションメイクが肯定化されてしまいます。考え方としては、ボリンジャーバンドを使った逆張りのトレードがダメなのではなく、逆張りのポジションメイク自体がダメであるという点を理解するようにしてください。

# 利食う場合は逆張りで ポジション作りは順張りで これが原則

## 6-2

6-1では、ボリンジャーバンドの具体的な2つの手法について解説しました。大変重要な考え方ですので、再掲しておきます。

**ポイント**

**①利食う場合 ▶+2σで転売、－2σで買い戻し**

**②ポジションを作る場合 ▶+2σ越えで新規買い、－2σ割れで新規売り**

ここで、利食う場合とポジションを作る場合に分けて、それぞれの考え方をまとめておくことにします。

### (1)利食う場合は逆張り手法で

ポジションを持っていて、利食うタイミングを図るのにボリンジャーバンドを使う考え方は、大変理にかなったものと言えるでしょう。それは、6-1で説明したように、相場の動きは±2σの範囲に約95％の確率で収まるからです。**この考え方は、「2σの外側での相場の滞在期間は長くない」という考え方に立ったもの**だと言えます。短期的な行きすぎを示す点で、納得性もあります。

人間は誰しも欲が深く、いったん評価益を伴うポジションを持つと、評価益がどこまでも増え続けるのではないかという妄想にかられます。もちろん、評価益を伸ばす工夫をしないと収益状況の改善にはつながりませんので、相場の流れに沿ったポジションを持ち続けるのは考え方としては正しいのですが、とは言え、トレードは実現益を出すことが最終目的である以上、利食いのための「目安」が必要になります。

トレードで利食いの目標を設定する方法はいくつかあるのですが、その中でもボリンジャーバンドを使う方法は広く使われています。考え方の基に統計を利用している点も説得力があると思います。

**チャート30　ボリンジャーバンドを利用した利食いの一例**

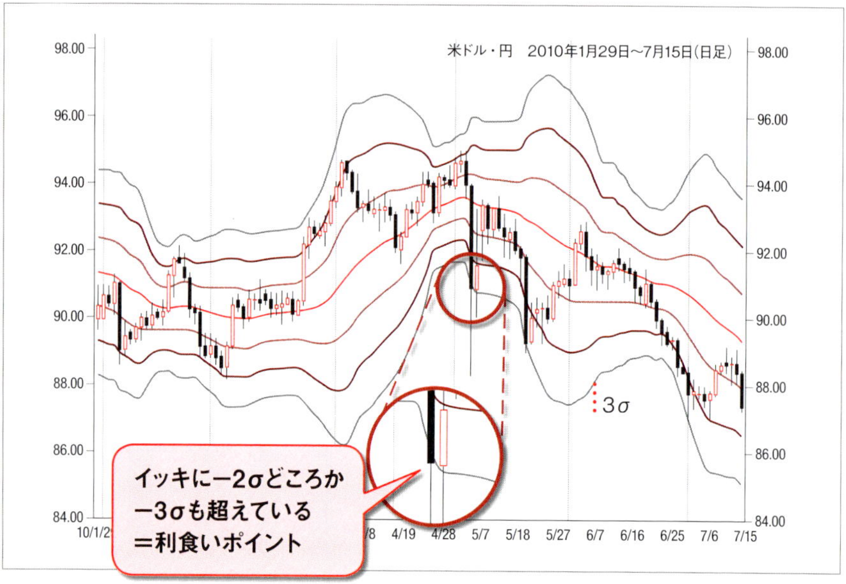


吹き出しで示した箇所は、－２σどころか、－３σをも突っ切っています。こうした箇所では、「行きすぎ感」がボリンジャーバンドに現れることから、利食いの目安として利用することが可能と言えるでしょう。

## （２）ポジションを作る場合は順張り手法で

ポジションを作る場合、マーケットの流れに沿った形でトレードするのが原則的な考え方です。そうした考え方から言うと、＋２σを上抜けたところを買う、－２σを下抜けたところを売るという考え方は理にかなっています。

**±２σを越えるということは通常マーケットであまり起こらない（確率的には約5%）状況が発生している**わけで、今後その方向にマーケットがトレンドを伴って動き続けるという予想は間違っていないでしょう。

（２）は、（１）と同じタイミングで（１）と全く逆のトレードを行うことになりますが、

「利食う」　　　　　＝マーケットから出る

「ポジションを作る」＝マーケットに入る

と、（１）と（２）では、そもそも考え方が全く異なりますので、これらはどちらも正しいのです。

## チャート31　ボリンジャーバンドを利用したポジション作りの一例

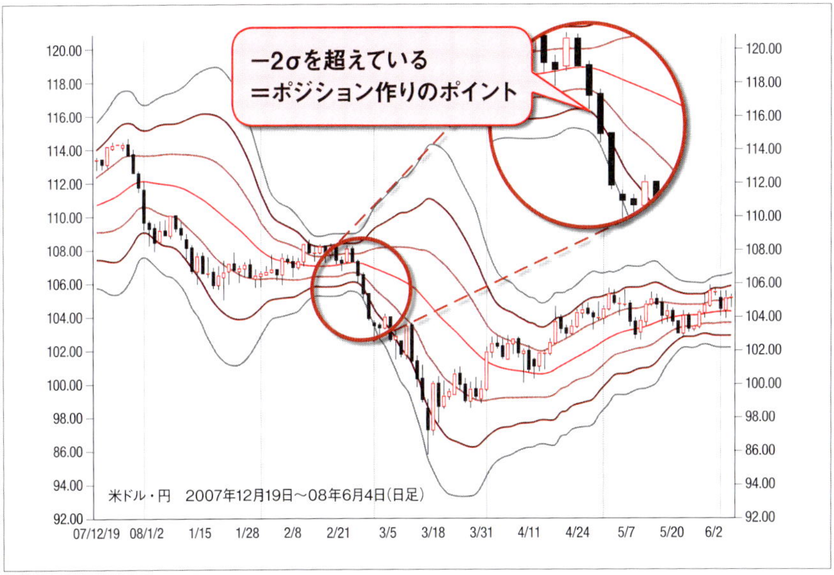


このチャート31では、２月28日に前日の安値を下回り、一気に－２σを下回っています。このポイントは、先の（１）の考え方では「利食いポイント」となりますが、レンジ相場が続きボリンジャーバンドの幅が極端に狭くなった後、広がり始めたケースでは、ボリンジャーバンドをポジションメイクに利用することが可能です。

# ボリンジャーバンドが<br>いちばん有効に使えるのは<br>もみ合い相場からの脱出時

6-3

よく「歴史は繰り返す」と言いますが、過去のチャートを見ると、マーケットでは明らかに常に集団心理が働いていることが分かります。しかも、他のテクニカル指標以上に、このボリンジャーバンドは過去のチャートの分析が有用であるように私は考えています。

6－2では、ボリンジャーバンドの２種類の利用方法を詳しく解説しました。このチャプターでは、さらに深くボリンジャーバンドを考え、最も効果的なボリンジャーバンドの使い方を示します。

それは、「**長く続いたもみ合い相場から、一気に大きく動き出す瞬間を捉える**」というものです。下のチャート32をご覧ください。

**チャート32　もみ合い相場とボリンジャーバンド**

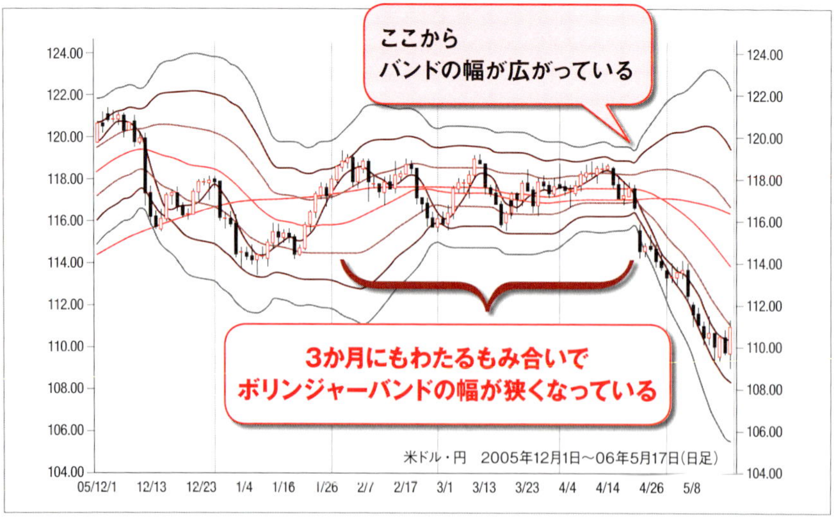

ボリンジャーバンドが相場のボラティリティを表すということは解説しましたが、では、ボラティリティというのはいったい何なのでしょうか？

私は、**ボラティリティとは、人間の不安だ**と考えています。

ボラティリティが高いということは、翌日どのように動くか分からない、と参加者が予想していることから、評価損を抱えた人間がロスカット注文を執行する動きが頻繁に出るため、マーケットには、動いた方にさらに動きやすいという性質があります。

逆に、**ボラティリティが低いということは、翌日もだいたい同じようなレンジ相場だろう、と参加者が予想していることから、「上がれば売り、下がれば買い」といった逆張りのトレードが多く見られ、マーケットには、元に戻りやすいという性質があります**。

さて、ここで、前ページのチャートに戻りますが、「長く続いたもみ合い相場から、一気に大きく動き出す瞬間を捉える」ということは、何を意味しているのでしょうか。

通常、もみ合い相場のボラティリティは低く、参加者に安心感（上がれば下がるだろう、下がれば上がるだろうという安易な考え）を与えます。そして、こうした相場が長く続くと、参加者が「マーケットは動かないものだ。動いたらきっとまた戻ってくる」という錯覚に陥ります。また、そういった安心感と相まって、多くの参加者が売りか買いか、どちらかのポジションを持ってしまうのです。

ここで、参加者のほとんど全員が売り買いどちらかのポジションを持ってしまったら、どういうことになるでしょうか？

不思議なことに、マーケットはさらに動かなくなります。その理由は簡単で、ほとんどの参加者がポジションを持ってしまったために、これ以上売買をする人がいなくなってしまうからです。相撲で言えば、「両力士がガップリ四つ」というような状態になります。

この状態で**何か材料が出てマーケットが突然大きく動き出すと、それまでのボラティリティの低いマーケットの動きに慣れている参加者が上手く速い**

**流れに付いていくことができず、特に評価損を抱えた参加者はパニックに陥ります**。

パニックに陥った参加者は、我先にロスカット注文の執行を入れることから、更に大きなマーケットの動きを作り出します。こうして、それまで動きのなかったマーケットが一気に動き出すのです。

## バンドの幅が一気に広くなった瞬間に順張り投資を！

ここで、「長く続いたもみ合い相場から、一気に大きく動き出す瞬間を捉える」ためには、私たちはチャートをどのように見ればよいのでしょうか。

そのためには、まず、ボリンジャーバンドのバンドの幅が極端に狭い期間が長く続くことが必要です。参加者が「マーケットは当分の間、動かないに違いない」という錯覚を持つほど長くもみ合い相場が続く必要があります。

次に、**ボリンジャーバンドの幅が一気に広くなった瞬間を思い切って順張りでマーケットの動いた方にポジションを取るという勇気のある行動が必要**です。

また、他のテクニカル指標も、同時にシグナルを発することが多いです。特にＭＡＣＤとボリンジャーバンドが同調することが多いように思いますので、このトレードパターンを利用する際には、**ＭＡＣＤの確認も怠らないようにするとよい**でしょう。

先ほど挙げたようなチャートパターンは、実はいくつも見られます。「ボリンジャーバンドの幅が極端に狭い期間」としては、少なくとも２か月くらいは欲しいところです。チャート32では、ボリンジャーバンドの幅が極端に狭い期間が、実に３か月にわたっています。

過去のチャートを遡ってみていくと、どの為替マーケットにおいても同じような動きが繰り返されていることに気付くはずです。チャートリーディングの本来的な意味は、将来のチャートを予想することでしたが、このように過去のチャートを見て現在のチャートに当てはめてみることも、実は大変有用であることが分かると思います。

**ポイント**

1. ボリンジャーバンドを使った最も効率的なトレード方法は、「長く続いたもみ合い相場から、一気に大きく動き出す瞬間を捉える」である
2. そのために、過去のチャートをしっかりと見て、ボリンジャーバンドの幅が極端に狭い箇所から一気に広がるパターンを読み込む必要がある
3. ボリンジャーバンドの幅が一気に広がるところを、思い切って順張りでポジションを取るようにする
4. この際、チャートパターンとしてはMACDと同調することが多いため、MACDを必ず確認するとよい

# 為替レートが±3σ超えになったら様子見に徹すべし！

## 6-4

ここでは、6-1で触れた±3σの話を説明します。

±3σにマーケットの変動が収まる確率は、約99.7%です。ということは、ほとんどの確率で元に戻ると考えるのが妥当な考えであるということになります。

しかし、経験的には、マーケットではこうした考え方は通用しません。と言いますのは、±3σを越えるということは、実はほとんど起こらないことが起きているということなのです。

また、「±3σ越えの局面」というのは、確率的にはほとんど起きないはずなのですが、実際には、「それほど起こらないわけでもない」というくらいの確率で発生します。

矛盾した論理かもしれませんが、これもマーケットの動きは人間の集団行動の結果であるという点から導き出される結果なのかもしれません。例えば、日本は昭和から平成にかけて猛烈な「バブルの崩壊」を経験しました。欧米各国から強烈な批判を受け、今なお日本は立ち直れていないようにも思えます。

バブルの崩壊による株価の下落、長期金利の低下は、まさしくこの「±3σ越え」の動きだったと思います。こうした時期に株の押し目をいくら拾っても、全く報われなかった（あるいは、今なお報われていない）という点は、読者の方も納得されることでしょう。

そして、この「±3σ越え」の代表選手であるバブルの崩壊は、一度起きたらその後はしばらく起きないと考えるのが普通です。私たちは考える動物ですから、学習効果も働き、余計にこうした事態は起きないだろうと考えるのが普通でしょう。

ところが、その後現在に至るまで、地球上では数々のバブルの崩壊が発生しています。大きなものではサブプライム問題とリーマンショックが挙げられますが、これらは、日本のバブルの崩壊後たった20数年の間に起こっているのです。

### チャート33　日経平均暴落時の−3σ超え

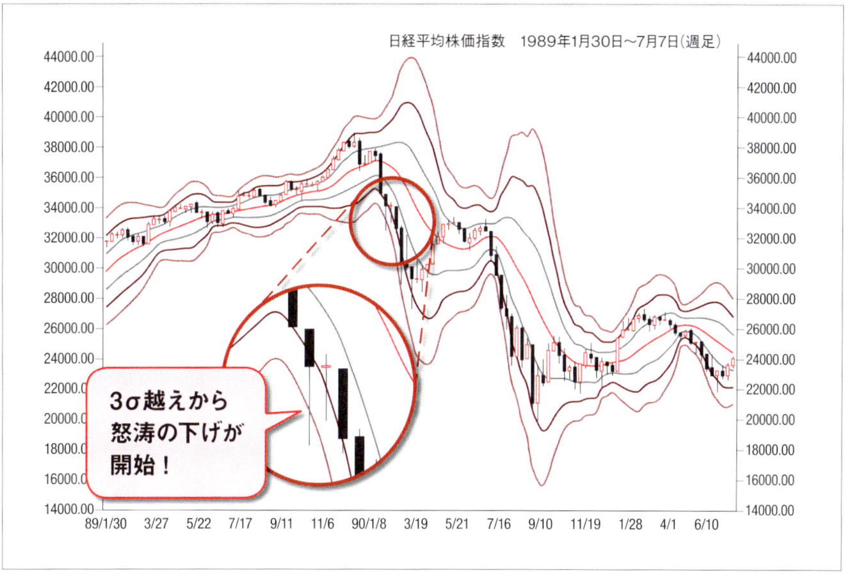


私は、±3σ越えの状況が、マーケットでは確率以上に発生しているのではないかと思っています。それは、やはりマーケットが人間の集団行動を反映しているものだからというのが理由だと考えています。引き金さえ引かれたら、一方向へ大きく動く要素をマーケットは内包していると考えなければ、±３σ越えの状況がこんなに頻繁に発生する理由は、説明がつかないのではないでしょうか。

では、±３σ越えの状況を見つけた場合、私たちはどのように対処すればよいのでしょうか。

これは、はっきり言って**「様子見」に徹するべき**だと思っています。

マーケットは、いわば鉄火場のような状況です。あまりにも熱く、ボラティリティが最も高い状況ですので、理由なく上下の動きが発生するはずですので、こうした局面ではリスクを極力落とすべきではないかと私は考えています。

特に、±３σ越えの逆張りは、相場の動きに逆らった行為です。ダマシも多く大変危険です。

以下に、－３σ越えのチャート34を掲げておきます。±３σを越えたところでの逆張りトレードがいかに危険なものであるかという点を、しっかり確認して欲しいと思います。

**チャート34　−3σ超えをきっかけに急落**

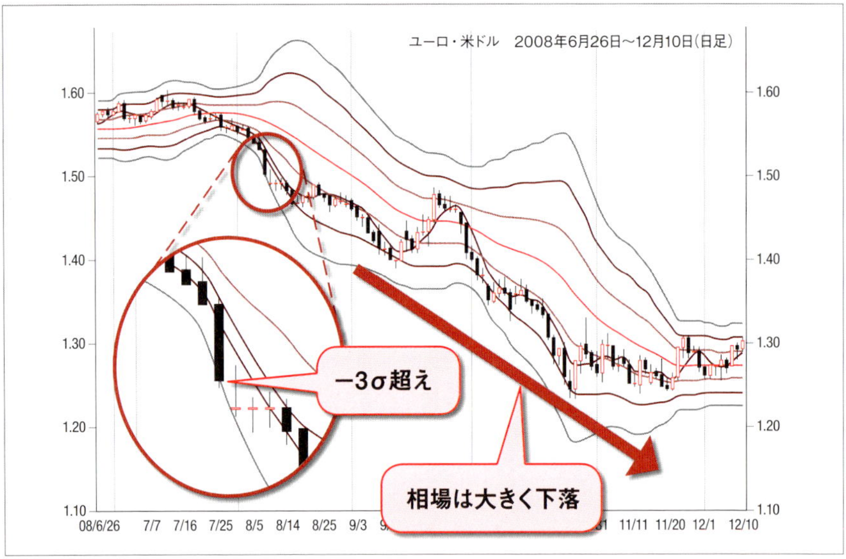


**ポイント**

1. ±3σ越えの状況が発生したら、とにかくリスクを落とすように心がける。
2. ±3σ越えの状況での逆張りは相場の動きに逆らった行為であり、厳禁。

順張りか逆張りか、注文方法をどうするか etc.

# プロのトレード戦術のキモをマスターする

この章からは、勝ち組投資家のトレード戦術に具体的に迫ります。

さて、突然ですが質問です。

あなたはポジションを作るとき次のどれを選びますか？

①「逆張り＋指値」

②「順張り＋成行」

③「逆張り＋成行」

④「順張り＋指値」

正解はこの章の中で！

第7章

# 順張りと逆張り 2つの投資スタイルの違いを再確認しておこう

7-1

トレードは、「順張り」と「逆張り」という2種類の方法に大きく分けることができます。前章までの記述で「順張り」「逆張り」という言葉を自然に使っていましたが、ここでその2つの違いを明確にしておきましょう。

## リスクが小さい順張り 逆張りはハイリスク・ハイリターン

まず、「順張り」は、「順」という言葉が意味しているように、「**相場の流れに沿った**」ということを意味しています。単純に言うと、買われている相場であれば買うこと、売られている相場であれば売ることを意味します。一方、「逆張り」は、「逆」という言葉が意味しているように、「**相場の流れに逆らった**」ということを意味しています。単純に言うと、買われている相場であれば売ること、売られている相場であれば買うことを意味します。

順張りの特徴としては、まず、**逆張りに比べてリスクが小さい**ということを挙げることができます。なぜなら、順張りは相場の流れに乗っていますので、すぐに反対売買が可能ですし、たとえ相場が逆に動いたとしても傷が浅いことが多いからです。また、相場が順張りに対応した動きを見せる期間は一般的に長いことからも、逆張りに比較するとリスクは小さいと言えるでしょう。「息の長いトレンドのある相場」を読者の皆さんは一度くらいご覧になったことがあると思いますが、こうした相場は順張りでないとなかなか対応できません。また、**順張りで対応することができれば、トレンドそのもの**

**順張りと逆張りのイメージ**

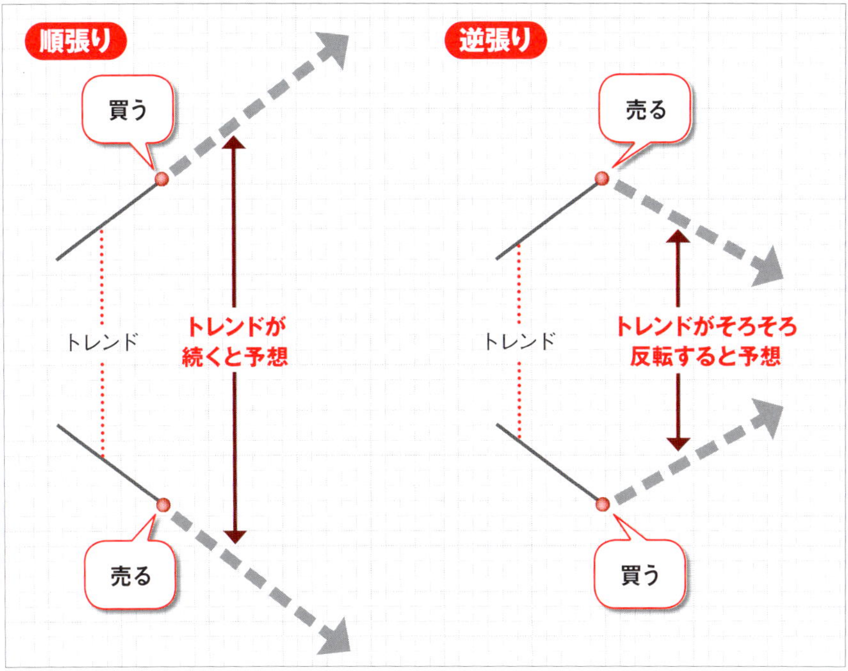


**を取りに行くことが可能**です。

これに対して、**逆張りは、ハイリスク・ハイリターン**と言えるでしょう。特に、新規のポジションを逆張りで取りに行くような場合には、相場の流れに逆らった形でポジションを作ることになりますので、失敗すると致命傷につながる可能性があります。フシ目を抜かれたところから大きく相場が伸びるような現象は、ストップロスオーダーが連続して入っていることが多いのですが、こうしたところで逆張りのトレードで新規のポジションを持ってしまうと、取り返しのつかないことになる可能性もあります。

本当に大きな動きを見せる相場では、極端な話、反対売買をしようとしても売り物・買い物がないような状況になりかねません。従って、**逆張りは、ポジションを作る時の売買手法としては、適切とは言えない**のです。裏を返せば、ポジションを作る時の売買手法としては、順張りでなければならないということが言えるのです。

# ポジションを作るときは順張り+成行注文でいくべきだ

## 7-2

7-1で、「ポジションを作るときの売買手法は順張りで！」ということを説明しました。「ポジションを作る＝これからリスクを取りに行く」わけですから、これは当然と言えば当然のことなのです。

では、順張りでポジションを作る場合、具体的にどのような形で売買を行えばよいのでしょうか。この答えが「**成行（なりゆき）注文**」です。

次節で、トレードを行う上での考え方を説明しますが、ポジションを作るためには相場観が必要です。相場観というのは、「この相場、強そうだな」「ちょっと売られそうだな」といった、個人的な相場の先行きに関する予想のことです。相場観がないとポジションを作ることはできませんので、相場観をどのように形成するかという点はもちろん重要なのですが、仮に相場観があったとしても、売買の方法が間違っていては儲かるトレードを行うことはできません。

仮に、ここで「相場は強い（買われる可能性が高い）」という相場観があるとしましょう。

そうすると、次に取る行動は「買う」というトレードを実行することなのですが、ここで注意しなければいけないことがあります。それは、**「買うという行為」に対して、「現在より安い値段で買いたい」という気持ちを持たないことが大切**なのです。

例えば、仮に今、1米ドル＝100円だとしましょう。近い将来102円程度まで買われるという相場観があったとして、99円で買いたいという気持ちがあるとするなら、その人の注文は「99円の指値（さしね）の買い注文」になります。

**99円の指値の買い注文は…**

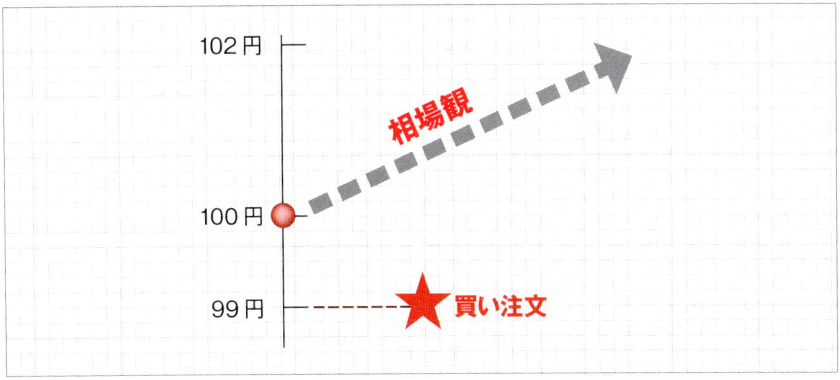


ところが、この場合、「99円まで下がって、そこから買われる」という予想ではないわけですから、そもそも相場観どおりのトレードができていないことになります。また、注文どおり99円まで相場が売られたとしても、この買い注文が約定した瞬間は、相場の向きは下向きですので、この指値の買い注文は逆張り以外の何物でもないということになるのです。

**逆張り以外の何物でもなかった**

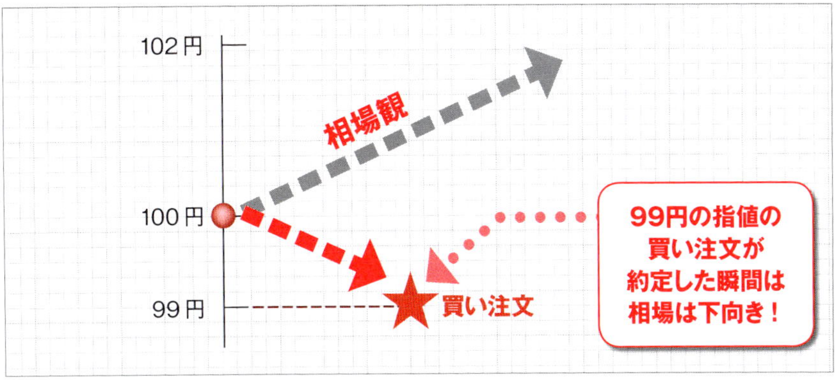


つまり、相場が買われるという相場観（これを「強気の相場観」といいます）があるときに、安い値段に指値の買い注文を入れるという行動は、正しい選択ではないのです。

では、正しい選択は何でしょうか？

その答えが、**「ポジションを作るときの売買手法は成行注文！」**なのです。

「強いという相場観→その時点で順張りで相場に入る→成行の買い注文」

これが、強気の相場観を実現させるポジションの作り方です。

もちろん、弱気の相場観の場合は、全く逆の論理が成り立ちますので、「弱いという相場観→その時点で順張りで相場に入る→成行の売り注文」という形になります。

**ポジション作りは成行注文で！**

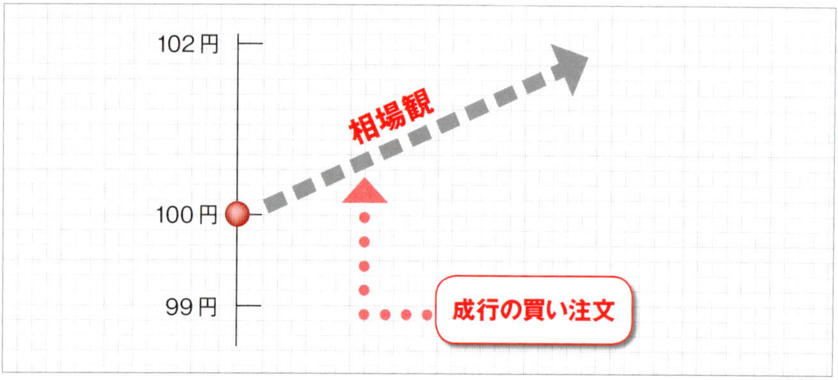


## 「安くなったら買いたい」そんな発想は勝ち組＝プロにはない

パソコンにずっと張り付いているわけではないので、常に成行注文なんて出せない！　という人もいると思いますが、そういう人の場合は、成行注文と同じような形の注文方法を利用するとよいでしょう。例えば、「逆指値」です。チャート上のレジスタンスを抜けたら、そこから買いトレンドが始まるという相場観があるのであれば、「この値段が付いたら買う」という意味で、逆指値注文を有効に使うとよいでしょう。

大事なことは、**「強いと思っているのに買わない、弱いと思っているのに売らない」というのは正しい判断ではないということを理解する**ことです。

## 逆指値注文とは？

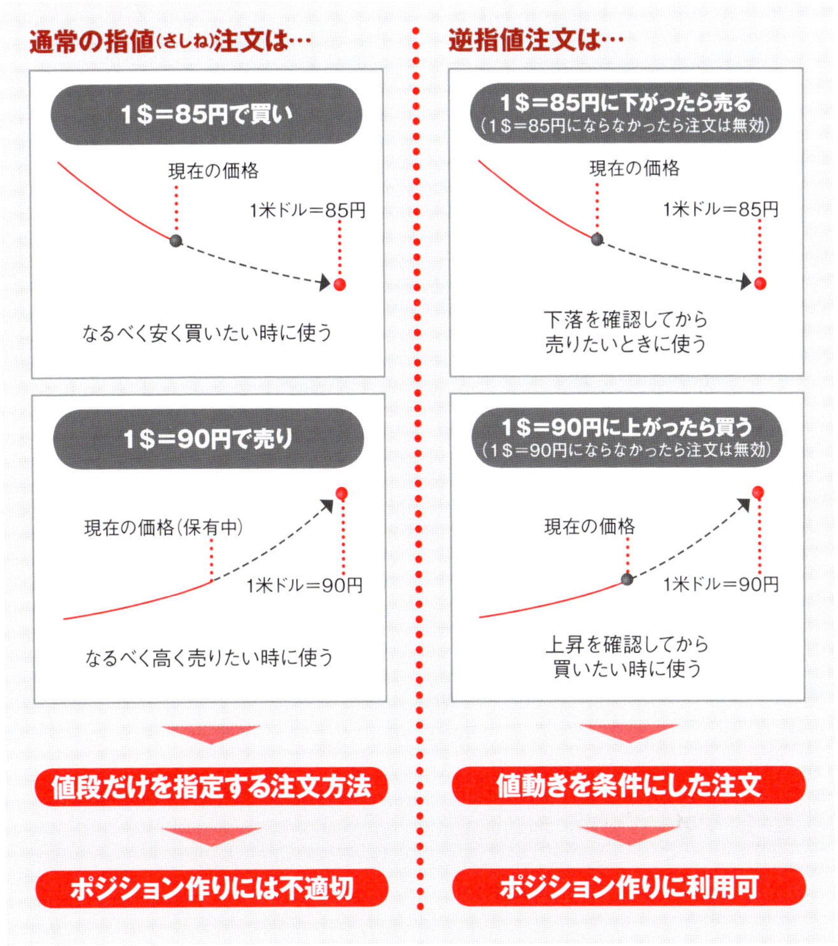
通常の指値(さしね)注文は…
1$=85円で買い
現在の価格
1米ドル=85円
なるべく安く買いたい時に使う
1$=90円で売り
現在の価格(保有中)
1米ドル=90円
なるべく高く売りたい時に使う
値段だけを指定する注文方法
ポジション作りには不適切
逆指値注文は…
1$=85円に下がったら売る
(1$=85円にならなかったら注文は無効)
現在の価格
1米ドル=85円
下落を確認してから
売りたいときに使う
1$=90円に上がったら買う
(1$=90円にならなかったら注文は無効)
現在の価格
1米ドル=90円
上昇を確認してから
買いたい時に使う
値動きを条件にした注文
ポジション作りに利用可

また、指値の注文をマーケットに出すということは、その注文が約定する瞬間においては、まさに逆張りという形になりますので、ポジションを作るときは指値の注文は行わないようにしましょう。常に勝ち組に属している人(本書では、こういう人を「勝ち組投資家」「勝ち組プロ」あるいは「プロ」と表現しています)は、必ずこのルールを守っているはずです。

私は、今はインターバンクのディーラーを辞めてビジネスとして個人投資家（本書では、便宜的に「素人」と表現します。もちろん、個人投資家全員が素人というわけではありません）の支援を行っていますが、なぜ個人投資家は負けやすいんだろう？　何が違うんだろう？　と考えた場合に、1つの結論に達しました。それは、**「安くなったら買いたい、高くなったら売りたい」という発想は、プロにはない**、ということです。「ポジションを作る際に指値注文を利用しない」という点は、勝ち組投資家に変身するためには、絶対に必要だと著者は考えています。トレード方法を考える上で、極めて重要な考え方ですので、必ずマスターするようにしてください。

**ポイント**

1. ポジションは、成行注文（あるいは、それに近い注文）で作る！
2. ポジションは、絶対に指値注文で作らない！

Column

# なぜ指値でポジションを作ってはいけないのか？

なぜ指値でポジションを作ってはいけないのか、もう少し掘り下げて説明しましょう。まずは、下の図をご覧になってください。

6月から9月に至るもみ合い相場で、あるトレーダーが相場を分析しています。「少しでも安く買いたい」という気持ちから色々と分析を行い、1ドル＝102円50銭くらいで買いたいという意向を固め、その値段に指値の買い注文を入れました。

その後、9月に入っていよいよ102円50銭の買い注文が約定しましたが、チャートの吹き出しにあるように、指値注文が約定する瞬間は、相場の流れに逆っていることになります。

そして、その買い注文が約定になった後は、一度もその値段に戻ることなく、下落相場が続いてしまいます。頭を抱えて、どうしたらいいだろう…。皆さんも、このような経験はありませんか？

**「下がったところを買う」「上がったところを売る」という行為は、常に相場の流れに逆らった形のポジションメイクになりますので、大変危険なトレードと言える**でしょう。

人間は、それほど優秀な動物ではありませんから、相場の天底を当てることはできません。相場の神様からすると、せめて、**「買われている」「売られている」といったトレンドの有無を判断し、トレンドの向きにポジションを持つことを心がける**ようにしなさい、と言っているように私には思えます。

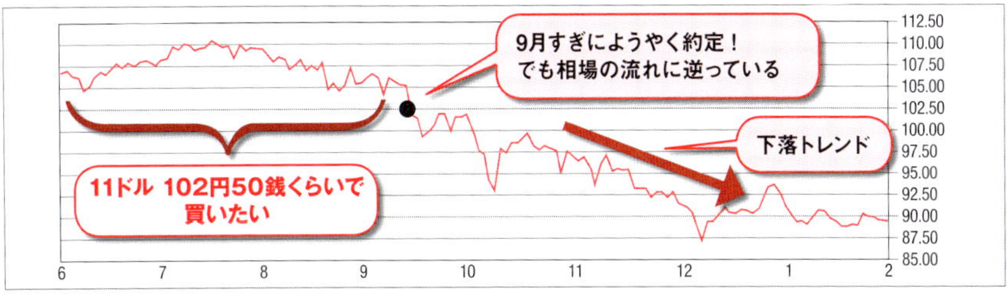

# 利益を確定するときは逆張りでもよい注文は指値でOK

## 7-3

7-2では、ポジションメイクを行う方法について話を展開してきました。ここでは、「利食いの方法」について考えてみましょう。

利食いとポジションメイクは、マーケットでトレードを行うという点では同じですが、考え方は全く異なります。なぜなら、ポジションメイクはポジションを作ってリスクを取りに行こうとする行為であり、利食いはポジションを閉じてリスクをなくす行為だからです。つまりリスクに対する姿勢が全く異なるのです。

ポジションメイクの正しい売買手法は成行注文ですが、利食いの売買手法は正反対です。つまり、**利食いは「指値注文」でかまわない**のです。チャートポイントをターゲットにするのであれば、その手前で利食うようにするとよいと思います。

例えば、買い持ちのポジションがあって、これを利食う場合には、115円というターゲットがあるのであればその手前、つまり、114円90銭とか114円95銭に指値注文を入れるような形になります。

相場に沿った形での成り行き注文が「順張り」だとすると、指値注文は「逆張り」になりますが、利食う場合の売買手法が指値注文でよいということは、利食いは逆張りでもかまわないということを意味しています。

ここが、ポジションメイクと利食いの決定的な違いです。

「利食い千人力」という言葉もあるように、評価益を実現益に換えて初めて収益だという考え方も忘れないようにしましょう。

## 利食いは指値注文でOK

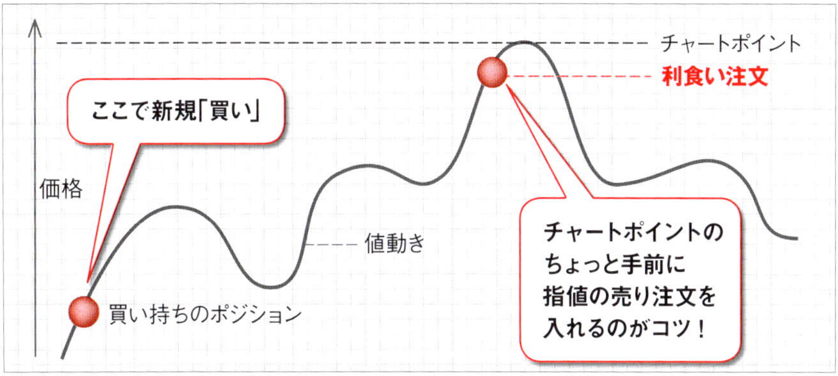


ある程度相場の経験を積んできますと、ロスカットはできるようになります（と言うか、ロスカットができないと相場ではまず勝つことはできません）が、逆に「利食いは難しい」という境地に達します。利食いは、もっと稼げるかもしれないというチャンスの芽（評価益のあるポジションという意味です）を自らの手で摘んでしまう行為に他なりませんので、上達したトレーダーほど「利食いは難しいなぁ」という感覚を持っていると思います。

ただし、ポジションメイク→利食いという過程を経て初めて実現益が得られるわけですから、やはりその考え方はしっかりマスターしておかなければいけません。

また、チャートポイントの手前に指値注文を入れるという点については、仮にそのチャートポイントを抜けてさらに強気の予想だったら、また買い直せばよいということを意味しています。「腹八分」という言葉もあるように、利食いのタイミングとしては、「急ぐ必要はないが、利食うのがもったいないくらい」がちょうどよいと思います。

**ポイント**

**1．ポジションメイクは成行注文で！**

**2．利食いは指値注文で！**

7-4

# 最良の利食いポイントを実際のチャート上で大公開！

ここでは、実際のチャートを使って、利食いのタイミングを考えてみましょう。1つ目の例は、2010年4月～7月の米ドル・円のチャート35です。

**チャート35　利食いのタイミング1**

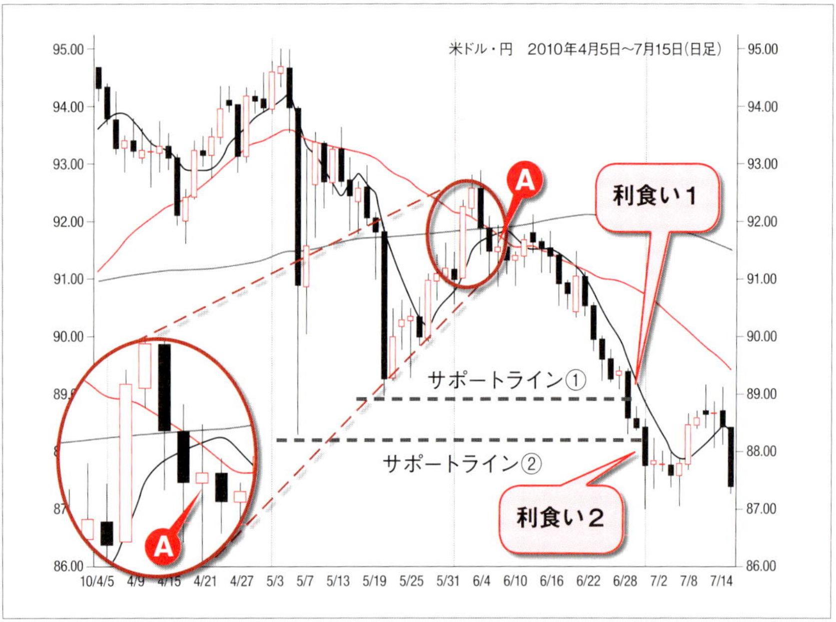


チャート内のAを見てください。陽線が2本続いた後、陰線が2本連続して出現し、上昇分を打ち消すような形になっていますので、「上値は重く下値トライの可能性が高い」と判断し、Aの部分で売りポジションを持ったとしましょう（「ポジションを作る場合」ですので、ここは成行注文です）。移

動平均線の下側での推移も続いていますし、こうしたポイントで売りポジションを持てば、売られれば売られるほど買い方の投げが出やすくなると容易に想像できます。

その後、徐々に下値トライの展開となり、利食いを考えるタイミングが来ました。どこに利食いの注文を入れるかと言いますと、まずは５月20日の下ヒゲで形成されるサポートライン①（89円00銭付近）が挙げられます。指値の買い戻しの注文は、その手前の89円05銭とか89円10銭に入れるような形になります。次は、5月6日の長い下ヒゲの先端が88円26銭にありますので、88円30銭付近をサポートラインと考え、その手前の88円35銭とか88円40銭に入れるような形になります。「利食い１」も「利食い２」も、陰線が連なって出現し、買い方の投げが出ていることが分かるチャートです。そう、**利食いは成行の損切り注文が出ているような局面で静かに指値で行うのが最も効率のよいトレードになる**のです。

## ロスカットだけでなく<br>利食いがうまくなければ勝ち組にはなれない

次ページのチャート36は、2008年３月～2008年９月のユーロ・円のチャートです。Aの部分を見てください。7月21日の戻り高値を超えることができず反落、しかも、直近の下ヒゲの安値を下回ってきたことから、「今後買い方の投げ売りが出る」ことを予想、成行の売り注文を入れて売りポジションを持ちました。先ほどの例と同じく、ローソク足が移動平均線の下側に位置していますので、買い方の投げが出る予想という点では同じ発想です。

この場合の利食いポイントとしては、6月4日の下ヒゲの先端（161円72銭）が意識されます。指値の買い戻しの注文を161円80銭とか、161円75銭に入れるような形になるでしょう。チャートには、次の利食いポイントも示しておきました。過去の上昇の基点やサポートラインを下落の局面の利食いポイントとしてうまく利用している点を参考にしてください。

## チャート36　利食いのタイミング2

以上、２つ例を挙げましたが、利食いは随分適当に決めているなぁという印象をお持ちになったのではないでしょうか。そうです、**利食いは自分の納得するところで行えばいい**のです。なぜなら、売り持ちのポジションを買い戻して、その後さらに弱いと思えば、また売り直せばよいからです。強い相場なら買い持ちのポジションを転売して、その後さらに強いと思えば、また買い直せばよいのです。

利食いの考え方としては、**評価損が膨らんだポジションを保有している投資家のロスカットの成行注文に指値でぶつけるような形がベスト**です。

なかなか例で取り上げたような形にはいきませんが、経験を積み重ねると徐々に利食いも上手くなってきます。上手く利食いが決まるようになると、安定した収益計上ができるようになりますので、ある程度トータルで勝てるようになります。つまり、勝ち組投資家の仲間入りをするためには、ロスカットだけでなく、利食いが上手くなる必要もあるのです。

# ロスカットの売買は実にシンプルどんな場合でも成行で！

## 7-5

ここでは、ロスカットの売買手法を取り上げます。これは、至って簡単です。つまり、「どんな場合であっても成行で行う」これに尽きるからです。

ロスカットをかける理由はただ1つです。それは、「マーケットから退場処分を受けることを避けるため」です。誰しも損を出したくないのに、どうしてロスカットをしなければいけないのか、その答えが退場処分の回避ということになります。ロスカットは、損失が致命的なものになることを防ぐために行うわけですから、注文の執行は「成行」で行うことになります。

**「どんな場合でも成行ですか？」という質問もよく受けますが、その答えは「はい」です**。

成行で執行した注文が約定した値段が、マーケットにおける最も良い条件の約定であることは言うまでもないからです。また、ロスカットルールを執行する理由を考えてみても、「どんな場合であっても成行でロスカットを行う」という点について、論理的な誤りは含まれていないでしょう。

成行で注文すると、予想以上に悪い価格で約定してしまう可能性があるから、ロスカットは指値注文でやった方がよいという意見もあるようですが、これは間違いです。成行注文によって「予想以上に悪い価格」で約定したとしたら、その価格よりももっと悪い価格の方に相場が動く可能性もあるからです。以上のような理由から、ロスカット注文は「必ず」成行で執行する必要があります。これは、相場の習熟度を問わず、どんなに優秀なトレーダーであっても、百戦錬磨のベテランであっても同じです。

## 勝っているプロでも
## 2回に1回はロスカットをしている

経験を積んだトレーダーでも、勝率はだいたい5割程度です。言い換えると、どんなに上手いトレーダーでも、2回に1回くらいはロスカットをかけることになります。この話をすると、本当？　と疑問に感じられる方が多くいらっしゃいます。

トレーダーの中には、「本当に売買が上手な人」もいて、著者の知り合いにも、日計り（ひばかり、オーバーナイトポジションを持たずに、必ず決済して帰宅するトレードを言います）だけで勝率が9割以上の人がいます。この人は、1日の収益がほとんどマイナスになることはなく、本当に安定した収益を継続して上げていました。ただ、こういう人はごく稀な存在であって、私からすると、「動物的な勘」を持っているように感じます。多くの勝ち組に属しているトレーダーは、皆さんと同じ人間で、2回に1回くらいはロスカットを執行しているはずです。もちろん、私が現役のトレーダーだった頃もそうでしたし、今も2回に1回くらいはロスカットにかかっています。

このように、ロスカットをかける頻度が多い（2回に1回を「多い」と表現しましたが、決して多すぎるという意味ではないという点を汲み取ってくださいね）からと言って、それは自分自身がマーケットから退場処分を受けることを避けるためであって、何も恥ずかしがることではないのです。

これは、トレードがプロ野球のような勝率を競うゲームではなく、トータルポイントを競うゲームであることからも明らかです。つまり、**99勝1敗であってもその1敗が大きすぎるとトータルでは大敗ですが、極端な話、1勝99敗でもトータルが大勝なら、それはそれでOKという世界**だからです。

# 値幅によるロスカットは1回のトレードで獲得した最も大きな収益を目安に

ただし、ロスカットの考え方には注意が必要です。

基本的な考え方は、「思っていたのと違う動きだ」と感じたときにロスカットをかけます。

なぜなら、相場は、方向性に賭けてリスクを取るゲームだからです。ポジションを持つ際にはチャートを見て売買をするわけですが、自分がポジションを持った時点からマーケットが動き、チャートが自分の思っていたのと違う形状を見せたような場合には、それは相場観と違う動きをマーケットが見せているわけですから、その時点でポジションを閉じる（売買損が生じる場合、これはロスカットとなり、売買益が生じる場合には、これは利食いの注文となります）ことになります。

こうした行動（マーケットの状況を見て、自分の思っていたのと違う動きをしていると感じた瞬間にポジションを閉じること）ができない人は、次善策を考えます。それが、「**値幅によるロスカット**」です。

値幅によるロスカットルールをどれくらいに設定したらよいかというのは、実にアタマの痛い問題です。平均的なポジションの保有期間が人によって違いますし、どれくらいの勝率が見込める状態でポジションを持ったのか、あるいは、そのポジションの保有期間が超短期なのか長期なのかによっても変わってくるからです。

ただ、勝率が5割だと仮定した場合には、見込まれる収益よりも幅の広いロスカットルールは、あまり合理的ではありません。例えば、50銭を取りに行っているのにロスカットルールが1円であったり、1円を取りに行っているのにロスカットルールが2円であったりという設定は、トータルするとやはり収支がマイナスになる確率が高いと思いますので、あまりお勧めできません。

かと言って、ロスカットルールが狭ければよいのか？　と言うと、そうでもありません。目先の50銭を取りに行く一方、ロスカットルールが20銭では、やはりこれもロスカットにかかってばかりの可能性があるでしょう。

では、どのように考えたらよいのでしょうか。

私は、**「１回のトレードで獲得したことがある最大収益」を目安にロスカットルールを設定することをお勧めしています**。

人によってトレードのロットやポジションの保有期間は異なりますが、「１トレードで取ったことのある最大収益」をロスカットルールの目安にすることは、実は大変合理性があるのです。

例えば、１万通貨単位で米ドル・円で１円幅を取ると１万円という収益を上げることができます。ある人の過去の「１トレードで取ったことのある最大収益」が１万円だった場合、１万通貨単位でドル円を売買する際のロスカットルールは、「１円以内」に設定すべきです。

これは、「１トレードで取ったことのある最大収益」にロスカットルールを設定すれば、たとえ仮に今回ロスカットルールにかかったとしても、次回のトレードで取り返せる可能性があるということを意味しています。**「１チャンス」で取り返せない水準にロスカットルールを設定すると、いったんロスカットルールに引っかかってしまうと、その負けを取り返すのに大変な時間と労力が必要になってしまいます**。

人間は弱い動物ですので、大きな売買損を出してしまうと、その損失の金額そのものに根負けしてしまう可能性が高いのです。

## いったん設定したロスカットルールは<br>むやみに変更しない！

もう１つ、ロスカットについて重要なポイントを指摘しておきます。それは、「**いったん設定したロスカットルールを変更しない**」ということです。何のためにロスカットルールを設定するのかということを考えると、もう少し我慢すれば戻るのではないか……といった甘い考えは、百害あって一利なしであることは言うまでもありません。

だいたい、それなりの考えがあって保有したポジションであることから、自分の持ったポジションに対する「期待感」を誰しも持っています。これが、評価損を抱えたポジションであっても妙な期待感につながり、悪い材料にも目をつぶりがちになり、戻りを待ち、それが原因で傷が余計に深くなる……というのが、一般的なロスカットの遅れによる売買損の拡大要因です。**底かもしれない、天井かもしれないと思っても、目をつぶって成行で損切る、これが原則的なルール**だと思ってください。

厳しい言い方かもしれませんが、損切りラインに頼っているようでは上達しないのです。やはり、危ないと思ったら、その時点で成行で損切るというのが基本的なロスカットの考え方です。下落相場で言えば、「この辺で勘弁してください……」と土下座した瞬間から売られ始めるような動きになりますし、相場にはオーバーシュートが付きものです。先ほどの利食いの話にあったように、オーバーシュートの部分で利食いを入れないといけないのに、そういう局面でロスカットしていては、あるいはロスカットの執行が遅れていては、収益状況が改善しないのは当然ですよね。

繰り返しになりますが、危ないと思ったら即座に成行でロスカットをするのが原則です。反転の兆しが見えたら、また買い直す、売り直すという行動に出ればよいのですから。

一度冷静になってからの方が相場がよく見えますし、大きな評価損を抱えたままだと本当の相場の方向も見失いがちです。最悪、健康を害することもありますし、自分自身も見えなくなります。状況を見て買い直す、売り直すという行動を通じて、結果的に売買コストが悪くなったとしても、結局全体的なリスクは小さいと私は思います。

**ポイント**

1. ロスカットは、「相場の動きが自分の想定と違うな」と感じた瞬間に行うのが原則
2. 危ないと思ったら成り行きで損切る
3. 上記の1.ができない人は、値幅でロスカットルールを設定する
4. ロスカットルールは、ロスカットが甘くなる方向へは変更しない

Column

## 評価損

ずっと以前のことになりますが、セミナー会場で受講者の方から受けた相談をご紹介します。その方は、英ポンド・円を１年ほど延々売り上がって、評価損が8000万円になってしまったとのことでした。相談内容は、「そろそろ買い戻した方がよいでしょうか？」というものでした。

相場は本人の責任において行うものですので、評価損が大きいからといって買い戻した方がよいというアドバイスは適切ではないと私は思いますが、この人に対しては、「そうですね、いったん買い戻された方がよいかもしれませんね」とお伝えしました。

8000万円という金額以上に、「相場は、時として人を惑わすものだ」という意識を強く持ちました。特に理由がなくても、負けを認めたくないという人間の心理に相場が付け込むと、こうした悲劇が起こるのです。

# 勝ち組と負け組を決定づけるのは「意思決定までのプロセス」

## 7-6

この節では、売買の意思決定までのプロセスを見てみましょう。これは、勝ち組トレーダーと負け組トレーダーの決定的な違いと言ってもよいくらい重要な考え方です。皆さんも、このチャプターを参考に、是非自分の意思決定までのプロセスが正しいものかどうかを確認するようにしてください。まずは、次の図を見てください。

**売買の意思決定までのプロセス**

**❶ チャートを見る**
- トレンドがあるかないかの判断
- 移動平均線の向き、現在値との位置関係の確認

▼

**❷ 相場観を立てる**
- 「強い」のか「弱い」のか、どれくらい強いのか弱いのか
- 「分からない」可能性も視野に入れる

▼

**❸ ポジションを作る**
- 成行又はそれに近い形でポジションを持つ
- ロスカットルールの策定

▼

**❹ 相場観の修正**
- 常にチャートと相談

これが、通常の意思決定までのプロセスです。**常に「チャートを見る」ところから始まる**点を確認してください。

チャートを見たら、強いのか弱いのか、よく分からないのか、自分の相場に対する考え方をまとめます。これが「相場観を立てる」という行為です。

相場観が定まったら、相場観どおりにポジションを作ります。相場の流れに逆らわず、順張りで成行に近い形でポジションを作ります。それとともに、ロスカットルールも策定するとよいでしょう。

あとは、相場の流れを見ながら、常に相場観の修正を行います。相場観が中立（ニュートラル）になったらポジションを外すべきですし、強気なら買い持ち、弱気なら売り持ちにします。

❶→❷→❸→❹→❶という流れを繰り返すことになります。

**気をつけてほしいのは、「ファンダメンタルズ分析」がどこにも出てこないという点です**。ファンダメンタルズは、長期的に相場を動かす要因になるのですが、短期的な相場の分析に対しては、ほとんど役に立たないと言っても過言ではないでしょう。私たちが取り組む相場は、短期的な上下を取りに行くものです。ファンダメンタルズと正反対に動く相場を、ファンダメンタルズ分析で説明できない以上は、ファンダメンタルズを重視するわけにはいかないのではないでしょうか。

## ポジションを作りたい<br>そんな気持ちから始まれば失敗へと突き進むだけ

経験的にも、相場が先に動き、「材料は後から付いてくる」ことが多いように感じますので、トレードをする際には、「ある程度の参考」としてファンダメンタルズを見るくらいに留めておいた方がよいのではないかというのが私の考えです。

以上が、売買の意思決定までのプロセスです。では、逆に、「やってはいけないプロセス」はどのようなものでしょうか。次ページの図を見てください。

## やってはいけないプロセス

**❶ ポジションを作る**

・ネットのコメントを参考に…
・スワップポイントはプラスの方がよい

▼

**❷ 相場観を立てる**

・有名なストラテジストのコメントは心強い…
・よく分からない…

▼

**❸ チャートを見る**

・よく分からない…

▼

**❹ 相場観の修正**

・ま、いいか…

このように、チャートを見るところから始まらないプロセスは、相場観が定まりませんので、常にインターネットや有名なストラテジストのコメントを参考にすることになります。チャートの知識も乏しく、元々何かを学ぶことは面倒なのでそういう努力も怠っていますので、結果的にロスカットルールも曖昧……これでは、無意味な損失を積み重ねるだけになってしまうのも当然と言えるかもしれません。

これら２つのプロセスを比較して頂くと、「チャートを見て相場観を立てる」ということが、どれだけ重要かということが理解できるのではないでしょうか。

# 個人投資家が勝ちやすいのはデイトレードではなくオーバーナイト取引だ

7-7

オーバーナイトポジション（単に「オーバーナイト」と呼ぶことも多い）は、ポジション（建玉）を翌日に持ち越すことを意味します。

これに対して、先にも述べましたが、オーバーナイトポジションを持たず、日中に建玉を全て決済する取引手法を「日計りトレード」と呼びます。単に「日計り」と呼ぶことも多いです。

この２つの取引手法を比較すると、それだけで１冊の本が書けそうなくらい奥行きが深いテーマなのですが、実際のところ、個人投資家の取引手法として、どちらが有用なのでしょうか。

**私は、「オーバーナイト取引」だと思っています。その理由は、「日計り取引は競争相手が多すぎる」からです**。

目の前にマーケットがあり、今やパソコンでマウスをクリックするだけで、地球上のどこに居てもＦＸができるという状況です。恐らく、流動性の高い通貨ペアだと、何千万人ものトレーダーが参加しているのではないでしょうか。

いくらビッド＝オファーのスプレッドが狭くなったとしても、最も簡単にマーケットに参加できてリスクが小さく見えるような商品は、それだけ競争相手が多いのではないかと思うのです。

次ページに、簡単にオーバーナイトと日計り取引の違いをまとめておきました。

実は、私自身、インターバンクのディーラーになった際、最初は日計り取引を好んでやっていましたが、やはりなかなか勝てなくて、そのうち自然と

## オーバーナイト取引と日計り取引

| 比較項目＼取引 | オーバーナイト取引 | 日計り取引 |
|---|---|---|
| 価格の上下動 | 大きい | 小さい |
| 期待収益 | 大きい | 小さい |
| 競争相手 | 少ない | 多い |
| 取引コスト | 比較的少額 | 取引量が多くなると多額 |

オーバーナイト取引へと移行していきました。もっとも、日計りトレードを全くやらないというわけではないのですが、リスクをメインで取るのはオーバーナイトポジションということになります（何か月もポジションを引っ張ったこともあります）。

確固たる根拠はないのですが、オーバーナイトポジションを取るトレーダーは、日計りトレードだけをやっているトレーダーよりも少ないと思いますし、競争相手の少ないマーケットの方が勝てるのではないかと個人的にも考えています。

もちろん、リスクを翌日まで持ち越すわけですから種々のリスクは発生しますが、先に紹介した逆指値注文（ストップロスオーダー）を入れておけばとりあえずは安心ですし、大きく動くと言っても、損失が出る方ばかりではなく、収益が上がる方にも大きく動く可能性があるわけですから、それほどオーバーナイトポジションのリスクが日計りトレードに比べて格段に大きいと感じたことはありません。（オーバーナイトのリスクが大きいと感じる方は、取引のロット＝サイズを小さくするとよいでしょう。）

現実問題として、個人でＦＸをされている方はサラリーマンの方も多いと思います。昼休みに携帯でデイトレという取引も考えられなくはありませんが、やはりお勧めは、じっくりポジションを持って、ゆったり引っ張ってみるというような形です。チャートを見て相場観を立てて、相場観どおりのトレードを行うという、本当の意味のＦＸにチャレンジするには、オーバーナイト取引がピッタリだと思います。

## 今のポジションが自分の相場観に合っているかどうかそちらのほうが大切

また、経験の浅い投資家へのアドバイスとしては、オーバーナイトポジションを持つかどうかという判断については、評価益の出ているポジションだけを持ち越すとか、そういう方法も一考です。

評価損の出ているポジションは、当初ポジションを作った時と比べて思惑と反対に動いているわけですし、評価損を抱えたポジションを持ったまま寝るのも、何だか気持ち悪いかもしれません。そういう場合は、評価益の出ているポジションだけを持ち越して、他のポジションは決済してしまうのです。

トレードは結果が全てですので、「正しいかどうか」は分からないことが多いのですが、「評価損の出ているポジションはオーバーナイトにしない」という考え方は、意外に納得性がある考え方かもしれません。

ちなみに、プロのオーバーナイトポジションに対する考え方は、「特に意識していない」というのが正解です。つまり、**相場観に合ったポジションであれば、評価損があっても持ち越しますし、相場観に合っていないポジションは落とします**。また、評価益があっても何だか気持ち悪いなというような理由でポジションを落とすこともありますし、ワクワク気分を味わいたくて少しだけポジションをあえて持ったりというようなこともあります。かなり適当な感じもしますが、「相場を楽しむ」というのも、実は相場を長く続ける秘訣なのではないかと思うこともしばしばです。

**ポイント**

1. オーバーナイトポジションをメインに考える
2. もちろん、日計りトレードを否定すべきものでもない
3. 評価益のあるポジションだけをオーバーナイトポジションとする考え方もアリ
4. オーバーナイトのリスクテイクこそが、FXの本当の醍醐味！

# 経済指標の発表などマーケットが動くときに勝ち組投資家はどう動くか？

## 7-8

ここでは、何か経済指標が発表になった際のマーケットの動きと、その後のトレーダーとしての考えについて触れることにします。

私は、7－7でも触れたように、オーバーナイト取引推奨派ですので、あまり経済指標の発表に合わせたリスクテイクをお勧めしません。**指標発表直後は、相場が上下に飛ぶ動きを見せることも多く、理屈で分かりかねる動きをすることも多い**からです。

基本的に、相場はリスクの所在を分かった上でチャレンジすべきではないかと私は考えていますので、理由のない損失計上の可能性が高い経済指標の発表直後のトレードは、あまりお勧めしないのです。

ただ、そうは言っても指標発表後の取引を積極的に行う人も多いと聞きますので、ここでは、そうした局面におけるトレーダーとしての考え方をお知らせします。

まず、**指標発表前から、指標の発表のためにポジションを持つことは止めましょう**。これは、丁半バクチに近いですね。蛇足ながら、相場はバクチなのか？　という質問をよく受けますが、私自身は「バクチではない」と考えています。その理由は、「ずっと勝ち続けている人間がいるから」です。ある一部分の人間が現実に勝ち続けているという点で、相場はバクチではないと私は固く信じて疑いません。

さて、いよいよ指標発表です。

まず、指標発表直前のマーケットの水準を必ず確認します。これは、移動平均線がマーケット全体の売り買いの平均コストであるのと同じように、指標発表直前は、その値段が直近のマーケット参加者の売り買いの平均コストであると考えられるからです。

つまり、**指標発表直前の価格を基準に、それより上側に相場が位置している場合は買い方有利、下側に相場が位置している場合は売り方有利**ということです。

ここで、指標発表後の１つ目の参戦のチャンスは、「行って来い」のパターンではないでしょうか。例えば、**指標の発表後、瞬間的に買われたものの、すぐに反転、発表直前の価格を下回るところを成り行きで売るというトレード**です。これは、上を試したものの戻ってきたということで、ローソク足で言うところの「ヒゲ」が形成されたものと考え、買い方が評価損を抱える水準から下への相場の動きを成り行きで取りに行くトレードと言うことができます。ただし、あくまで超短期の売買ですので、成行の売り注文が約定すると同時に指値の買い注文を入れて買い戻す（場合によっては、成行の買い注文を入れる）くらいの機敏な行動が求められるでしょう。

**指標発表後のチャンス1**

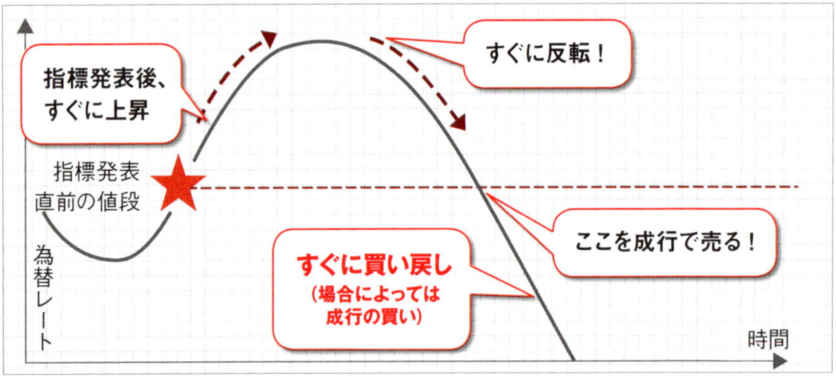


## 発表内容がマーケットに織り込み済みだった場合の高度なテクニック

指標発表後の参戦のチャンスのパターンは、もう１つあります。

例えば、指標が出た直後、その指標なら相場は買われるに違いないという判断の元に成行注文を入れます。この注文が約定になった後の相場の動きを見るのです。

思惑どおりそのまま買われればハッピーですが、止まってしまった（自分以外にほとんど追随が見られない）ような場合は、すぐに成行の売り注文を入れてポジションを決済します。

そして、その後、更に成行の売り注文を入れて、速やかに売りポジションを持ちます。

これは、経済指標の発表が予想と比べてどうかという問題以前に、発表された数字がほとんど相場に織り込まれていたということを意味しますので、相場が逆の方向に動く可能性が高いというポイントを突いたトレード手法です。

## 指標発表後のチャンス2

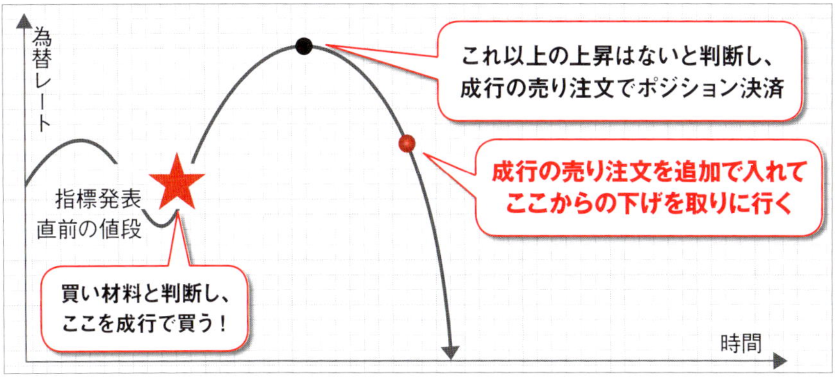
為替レート
これ以上の上昇はないと判断し、
成行の売り注文でポジション決済
成行の売り注文を追加で入れて
ここからの下げを取りに行く
指標発表
直前の値段
買い材料と判断し、
ここを成行で買う！
時間

このトレード手法は、「指標の発表によるマーケットの反応は、指標の発表の後のマーケットの反応を見てみないと分からない」という論理を利用したものです。かなり高度なテクニックですので、慣れない方にはお勧めしませんが、指標発表前後を好んでトレードされるような方には参考になると思います。

# FXで多用される6つの注文方法はTPOに応じて使い分けよう

7-9

ＦＸを行うにあたっては、実に色々な注文方法がありますが、それぞれどういった場合に利用するのがよいのかという点に触れた書物はほとんどないように思います。ここでは、注文方法１つ１つについて整理していきます。なお、取引会社によって、それぞれの注文方法の呼び方が異なる場合があります。ここでは代表的な呼び方でまとめますが、詳細は各取引会社でお確かめください。

## 成行注文はポジション作りとロスカット時に使う スリッページの設定は不要

**成行（なりゆき）注文とは、いくらだったら買いたい、あるいは売りたいという具体的な価格をあらかじめ提示しないで、数量だけを指定してその時の価格で売買する注文で、取引会社によってはマーケット注文、マーケットオーダーなどと呼ばれたりしています。**

**成行注文のイメージ**

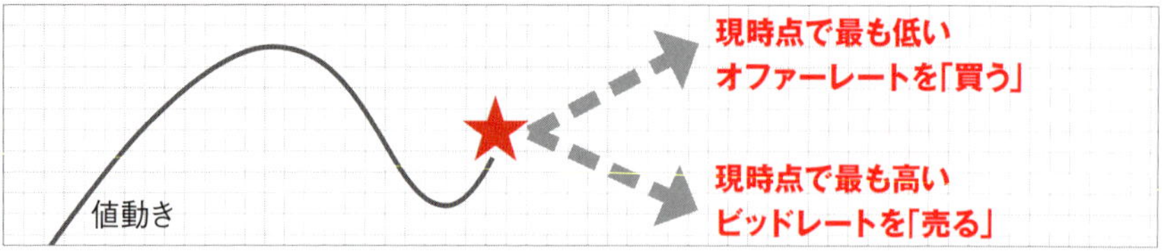
現時点で最も低い
オファーレートを「買う」
現時点で最も高い
ビッドレートを「売る」
値動き

成行注文の場合、価格は文字どおり成行、つまりその時々の相場の実勢

レートで決まります。従って、買いの成行注文の場合は最も安いオファーレート（売り手が提示する値段）で、売りの成行注文の場合は、最も高いビッドレート（買い手が提示する値段）で約定します。ただ、マーケットは常時動いていますので、画面で表示されているレートで常に約定されるとは限りません。そういった事情もあって、多くの取引会社で「スリッページ」を設定できるようになっています。スリッページとは、元々は「提示されたレートと実際に約定したレートとの差額」を指すのですが、ここでは「提示レートと約定レートとの差が一定範囲を超えた場合には約定しないという条件の元で成行注文を出す」といった設定のことを意味します。

ただ、私は、**成行注文時にスリッページを設定する必要はない**と考えています。その理由は、成行注文はポジションを作る時とロスカットを執行する時に使う注文方法だからです。

ポジションを作る時というのは、為替チャートを見て相場観ができ上がり、その相場観を表現するためにポジションを持つわけです。一方、ロスカットを執行する時というのは、これ以上の損失を避けるために損切りをする必要があるときです。どちらも、早急な約定が求められます。タイミングを逃してはいけないのです。成行注文はそういう時に用いるべきものであり、そこにわざわざスリッページを設定してせっかくのタイミングを逃す余地を自分で作ってしまうのは合理的ではないと、私は思います。

もちろん、「現在のレートと離れた値段で約定してしまうのはどうも納得がいかない」という気持ちは理解できますが、よほど大きく動いているマーケットならともかく、たいていの場合スリッページが発生したとしても数銭レベルの話でしょう。デイトレードで大きなポジションをもって数銭の利ざやを稼いでいる人なら別ですが、そうでないトレーダーにとってみればスリッページに神経質になることはないと考えます。

米ドル・円のマーケットで見てみれば、多くの証券会社でビッド＝オファーの差（スプレッド）は5銭未満となっています。私がインターバンクでトレードしていた時代（といっても、それほど昔の話ではありません）には、インターバンクでのスプレッドでさえ、５銭程度はありました。つまり、少し前と比べると、インターバンクのディーラーよりも有利な条件で売買可能な環境を個人投資家が手に入れたということなのです。こうした環境にあって、個人投資家がスリッページにこだわる理由は、基本的にはないはずです。よほど動いているマーケットなら別ですが、普通は米ドル・円で５銭も余裕を見ておけば約定が可能であるというのも、スリッページを利用する必要がないという根拠になっています。

## 指値注文を使ってよいのは利食いの時だけ！<br>新規のポジションを作る時に用いてはいけない！

**指値（さしね）注文とは、値段を指定して、その値段で買いたい・売りたいという意思表示を行う注文方法です。取引会社によってはリミット注文と呼ばれる場合もあります。**

**指値注文のイメージ**

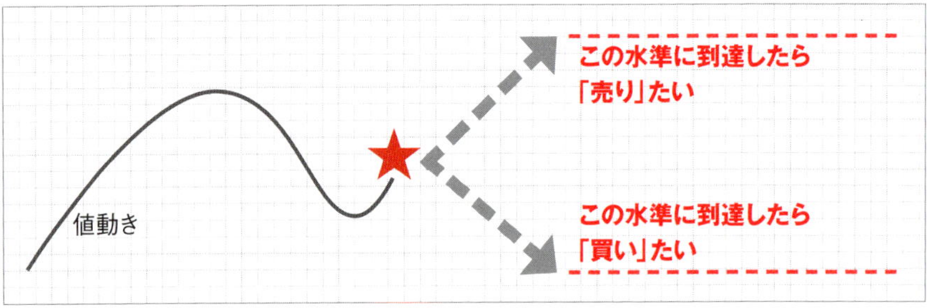
値動き
この水準に到達したら
「売り」たい
この水準に到達したら
「買い」たい

7－3で「利食いは指値で！」という風に説明しました。指値注文を新規のポジションメイクに使ってはならないというのは、勝ち組投資家の仲間入りをするために大変重要なポイントですので、しっかりマスターしてください。

**指値注文は基本的に利食いの場合のみに利用します。指値注文は相場の動きに逆らった形の注文になりますので、新規のポジションメイクには全く向いていない**のです。

# トレンドを取りに行く<br>逆指値注文を覚えるのが勝ち組への重要ステップ

**逆指値（ぎゃくさしね）注文は、「価格が下がったら売る、あるいは価格が上がったら買う」という具合に、指値注文とは逆の注文を出す方法です。取引会社によっては、その主な使用法からストップ注文とかストップロス注文と呼ばれたりします。**注文の方法としてはやや応用的なものですが、これも是非マスターして頂きたい手法です。

## 逆指値で新規のポジションを作る場合

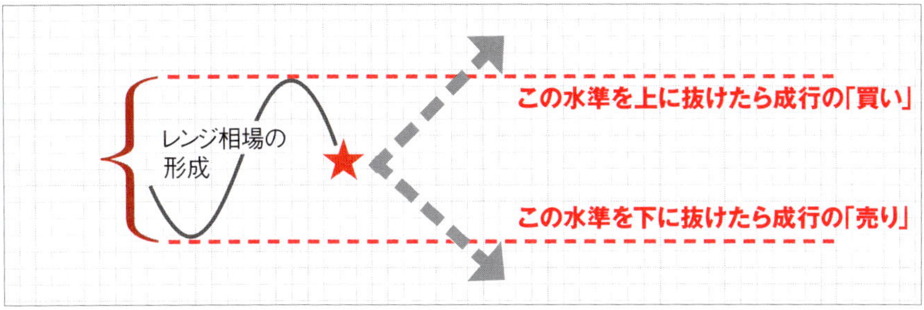
この水準を上に抜けたら成行の「買い」
レンジ相場の
形成
この水準を下に抜けたら成行の「売り」

通常、指値注文と言うと、「ここまで下がったら買いたい」あるいは「ここまで上がったら売りたい」という意思表示を意味しますが、逆指値は全く違った考え方をします。

逆指値注文は、「指定した価格まで上昇したら成行で買う」、もしくは、「指定した価格まで下落したら成行で売る」という注文方法です。

なぜ上昇したら成行で買う、あるいは、下落したら成行で売るのか？という素朴な疑問が出てきそうですね。上昇したところで買うくらいなら先に買っておけばよいのに…あるいは、下落したところで売るくらいなら先に売っておけばよいのに…という風に考えるのが普通ですから。

その答えは、相場の動きそのものにあります。

つまり、もみ合い相場の上限（下限）を越えた（こうした動きを「レンジブレイクアウト」といいます）場合には、ブレイクアウトした時点でブレイクアウトした方向に成行の買い注文（売り注文）を入れることに論理的な説得力があるのです。なぜなら、これまでのもみ合いのレンジを抜けたということは、売り買いのバランスが崩れ、新たな動き（方向性）が生じたと考えられるからです。この場合に逆指値注文を使うとよいのです。

**「逆指値注文は新規の注文に使うことはない」という説明が随所に見られますが、これは厳密には誤り**です。「レンジを抜けた場合には、そこから新たな方向性が生じるのではないか」という考え方は、トレードを行う上で大変重要な考え方だからです。ただし、**「逆指値単体で新規の注文に使う」ことは避けた方がよい**と思います。それは、ロスカット注文とセットになっていないからです。常に自分が見ていないところで約定する可能性のある注文方法は、ロスカット注文とセットになっていなければいけないということを覚えておいてください。そういう意味では、**逆指値は、後に述べる「OCO」とセットで注文するのがよい**と思います。なお、逆指値とＯＣＯをセットにした注文は、後で取り上げるＩＦＯの１つと言えるでしょう。

逆指値は、考え方としては、長いレンジ相場を抜けたところを積極的にレンジブレイクアウトした方へポジションを持つための手法です。これが実行できるようになると、恐らく負け組投資家から勝ち組投資家の仲間入りの第一歩を踏み出したと言ってもよいでしょう。

## 損失を限定させる<br>ロスカットの時に逆指値は大いに役立つ

逆指値には、もう１つ重要な使い方があります。それは、ロスカットです。ロスカットを設定するポイントというのは、トレードする人の考えやトレードの期間によって変わってきますので、正解はありません。ただ、ロスカットをかける際の注文方法として、逆指値は大変便利です。7-5で「ロスカットは成行で！」と述べましたが、一日中マーケットを見ることができない人にとってロスカット注文を成行で執行するのは事実上無理な話でしょう。こうした人にとっては、逆指値が大変利便性のある注文方法となるはずです。

具体的には、「直前のレジスタンスを上回ったり、直前のサポートラインを下回った場合に成行の注文を出す」というルールを作って、逆指値注文を使うことになります。先ほどの例はレンジ相場でしたが、レンジ相場の片側だけを捉えて発注するようなイメージです。

特に、オーバーナイトポジションを持つ場合は、毎日逆指値注文を入れてロスカットの設定を更新するようにするとよいでしょう。なお、この発注方法を応用した方法が「トレイリング」と呼ばれるものです。トレイリングについては、章を改めて説明することにします。

**逆指値で買いのポジションのロスカットを設定する場合**

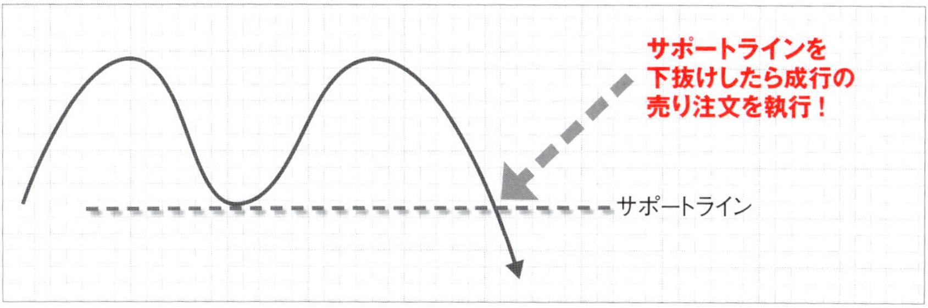
サポートラインを
下抜けしたら成行の
売り注文を執行！
サポートライン

なお、逆指値にもスリッページを設定することが可能ですが、成行注文の場合と同じく、私は、逆指値にスリッページを設定する必要はないと考えます。それは、逆指値注文は、いわば「ある条件の下での成行注文」だからです。レンジブレイクアウトの場合の新規のポジションメイク、あるいはある値段が付いたことをトリガー（引き金）としたロスカット注文には、スリッページの設定は不要ということがお分かり頂けると思います。

## 2段構えの注文方法イフダンは新規のポジション作りに使うべからず

**イフダン（IFD）注文とは、新規注文と、その注文が約定してできたポジションに対する決済注文を同時に出す発注方法**です。決済注文は、新規注文が約定にならないと、有効な注文として取り扱われません。

**イフダン注文のイメージ**

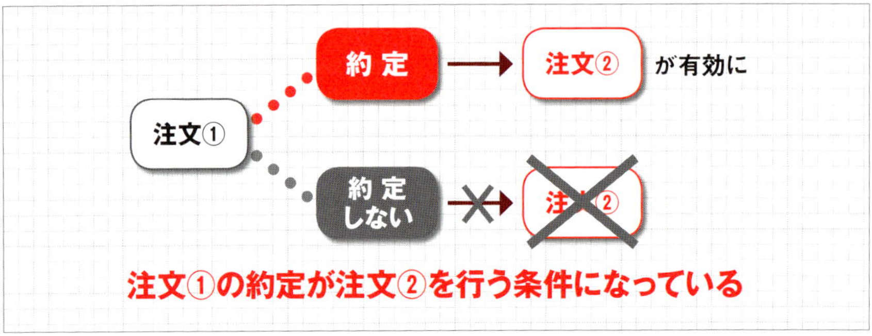


取引会社のサイト等では、「短期的に値下がりするけれど将来的には値上がりを予想するような場合」に、指値の買い注文と、この買い注文が約定になった後の売り注文を入れるような形で紹介されていることが多いです。ただ、この本の多くの読者の方は既に気付いていらっしゃることと思いますが、「新規のポジションメイクは成行で行うべし」という原則がありますので、この考え方で**イフダンを新規のポジションメイクに利用することは全くお勧めしません**。

一方、逆指値注文を使って新規のポジションメイクを行う方法は理にかなっていますが、２つ目の注文が利食い注文である場合には、ロスカット注文が漏れてしまいますので、やはり具合がよくないのです。自分がマーケットを見ることができない時間帯に新規のポジションメイクを行う可能性があるのであれば、同時にロスカット注文も発注できるような注文方法でないといけませんね。

そういった考え方からすると、イフダンは、実は、この次に紹介するOCO（オーシーオー）注文と組み合わせて、ＩＦＯ（アイエフオー）という形で発注すると、大変便利なのです。IFOについては、OCOの後に説明します。私は、イフダンという発注方法を単体で使う場面はほとんどないと考えます。

## 利食いとロスカットを同時に入れることができる優れモノのOCO注文

**OCO（オー・シー・オー）注文は、２つの注文を同時に出し、どちらかが約定になったらもう一方を自動的にキャンセルする注文方法です**。英語では、One Cancel the Other（ワン・キャンセル・ジ・アザー）と言います。

OCO注文のイメージ

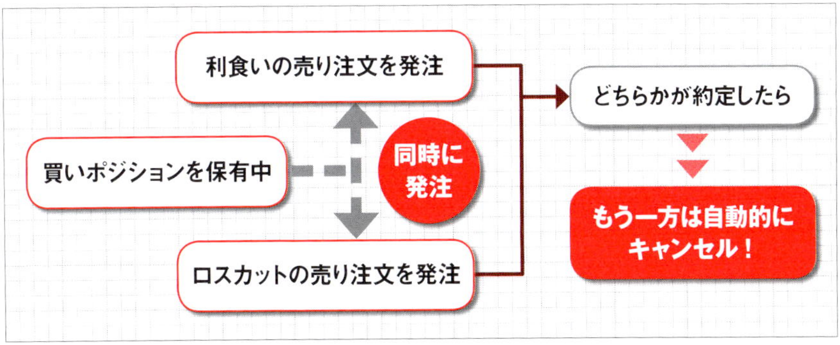
利食いの売り注文を発注
買いポジションを保有中
同時に発注
ロスカットの売り注文を発注
どちらかが約定したら
もう一方は自動的にキャンセル！

この注文方法を利用すると、利食いとロスカットを同時に入れることができますので、使い勝手は大変にいいのです。特に、オーバーナイトポジションを持つ場合には、自分が寝ている時間帯にマーケットが大きく動く可能性があるわけですから、ロスカットの執行は重要課題です。逆指値注文でロスカット注文だけを入れておくのも一考ですが、**OCOを使って利食いとロスカット注文の両方を入れておく方法も絶対にマスターすべき**です。

ＯＣＯは、「２つの注文を同時に出し、どちらかが約定になったらもう一方を自動的にキャンセルする注文方法」ですので、利食いが約定になった場合はロスカット注文が、ロスカット注文が約定になった場合には利食いの注文が、それぞれ自動的にキャンセルになります。

ＯＣＯの性質上、新規のポジションメイクで利用する可能性はまず考えられません。ポジションを保有していて、利食いとロスカットを同時に入れる必要がある場合、つまり、オーバーナイトポジションを保有している場合（あるいは、少し席を外すような場合）に利用するようにしましょう。

## 逆指値と組み合わせて使うと効果的なＩＦＯ注文を覚えよう

**ＩＦＯ（アイエフオー）は、別名イフダンオーシーオーとも呼ばれ、ＩＦＤとOCOを組み合わせた注文**です。難しいことを言っているようですが、それほど複雑ではありませんので、是非マスターしてほしい注文方法です。

この注文方法は、**新規の注文をする「前」に、利食い注文とロスカット注**

IFOのイメージ

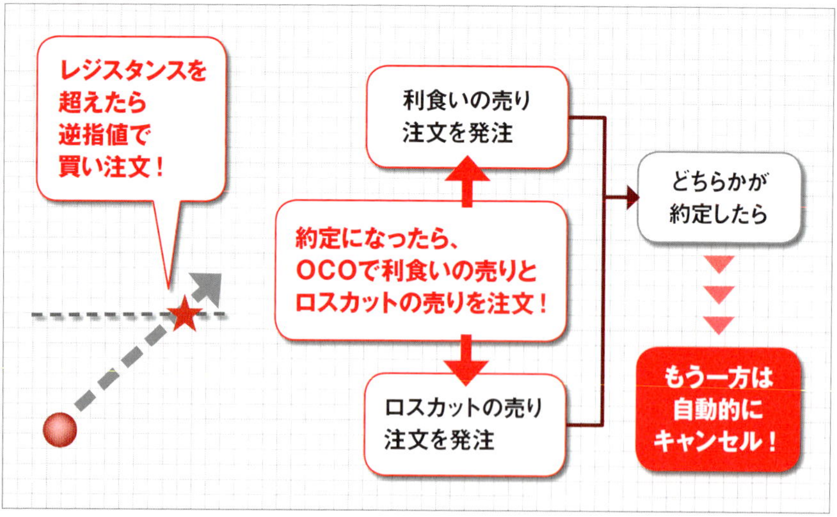

レジスタンスを超えたら逆指値で買い注文！
利食いの売り注文を発注
約定になったら、OCOで利食いの売りとロスカットの売りを注文！
ロスカットの売り注文を発注
どちらかが約定したら
もう一方は自動的にキャンセル！

**文を同時に発注することが可能ですので、大変有用性の高い発注方法と言える**でしょう。

「ポジションメイクは成行で」という原則は、ＩＦＯを使った発注方法においても同様に守らなければなりません。従って、新規の注文は「逆指値」で行うようにします。(新規の注文を成行で行う場合は、自分自身がパソコンの前に居ますので、利食いとロスカットをＯＣＯで入れるような形になります)

逆指値で新規の注文を入れるとともに、利食いとロスカットの注文をＯＣＯで入れるようにしましょう。このようにすることによって、オーバーナイトポジションが自動的に約定になり、同時に発注された利食い注文も約定になり、朝起きてみるとポジションはないのに売買益だけ計上されているということもあります(もちろん、ＯＣＯのロスカットの方が約定になった場合には、ポジションはなく、売買損だけ計上されているという悲しい結果になる可能性もあります)。

ＩＦＯは、レンジブレイクアウトの可能性があるのだけれど、今ひとつ自信がない、ただしここを抜けたら…というような相場観がある場合に利用します。やや応用性が高い方法ですが、マスターできれば役立つ売買手法のひとつになると思います。

## 6種類の注文方法の用途別の向き・不向きをキチンと確認しておこう

次ページの表に、これまで取り上げた注文方法の適した場面をまとめておきました。「場面」は、「ポジションメイク」「利食い」「ロスカット」の3パターンです。

基本的には◎がお勧めの注文方法で、×はやってはいけない注文方法です。この表は、勝ち組投資家の仲間入りのために絶対必要ですので、是非マスターできるようになってください。

## 注文方法の用途別向き・不向き

| 注文方法＼用途 | ポジションメイク | 利食い | ロスカット |
|---|---|---|---|
| 指値 | ×（絶対にダメ） | ◎ | ×（絶対にダメ） |
| 成行 | ◎ | △ | ◎ |
| 逆指値 | ◎（※1） | × | ◎ |
| IFD | △（※5） | × | × |
| OCO | × | ◎（※2） | ◎（※2） |
| IFO | ◎（※3） | ◎（※4） | ◎（※4） |

※1　OCOと必ずセット（両者を合わせてIFOとなる）で注文する
※2　利食いとロスカットをセットで注文する
※3　新規のポジションメイクは逆指値で執行する
※4　利食いとロスカットをセットで注文する
※5　新規の逆指値とロスカットをセットで注文する

他に、「時間指定の成行注文」「トレイリング注文」といった注文方法もありますが、あえてこれらを利用しなければならない局面というのは想定しにくいように思います。他にも証券会社によって独特の注文方法をリリースされているところがあるようですが、私はあまりそれらの必要性を感じていません。奇をてらった注文方法を取り入れるのではなく、ここに挙げた表の◎の注文をマスターすることが先決だと考えています。

# さまざまな注文方法を実際のチャート上で具体的に把握してみよう

## 7-10

ここでは、先ほどのチャプターで取り上げた注文方法の効果的な場面をご紹介しましょう。まずは、注文方法の適した場面を紹介した表を再登場させます。

**注文方法の用途別向き・不向き**

| 用途／注文方法 | ポジションメイク | 利食い | ロスカット |
|---|---|---|---|
| 指値 | ×（絶対にダメ） | ◎ | ×（絶対にダメ） |
| 成行 | ◎ | △ | ◎ |
| 逆指値 | ◎（※1） | × | ◎ |
| IFD | △（※5） | × | × |
| OCO | × | ◎（※2） | ◎（※2） |
| IFO | ◎（※3） | ◎（※4） | ◎（※4） |

※1　OCOと必ずセット（両者を合わせてIFOとなる）で注文する
※2　利食いとロスカットをセットで注文する
※3　新規のポジションメイクは逆指値で執行する
※4　利食いとロスカットをセットで注文する
※5　新規の逆指値とロスカットをセットで注文する

ここでは、◎をつけた中でも頻繁に用いられる「成行のポジションメイク」「逆指値のロスカット」「ＯＣＯ」「ＩＦＯ」の４つについて取り上げてみましょう。

### ①成行のポジションメイク

**チャート37　下落トレンド時の成行の売り注文**

このチャート37は、2009年８月～12月の米ドル・円のチャートです。長期の移動平均線が下向き推移を続けていますので、基調としては下落トレンドと判断できます。

下落モードの戻り局面を経て、サポートラインとして機能している過去の安値を切った場合には、買い方の投げ売りが出てくるだろうという想定の下に成行の売り注文を入れます。実際、このチャートでは、サポートラインを切ったところから相場が大きく下落している様子が窺えます。買い方の投げが相次いだ結果、陰線が連続して出現したのです。

### ②逆指値のロスカット

次のページのチャート38は、2009年４月～７月の英ポンド・円のチャートです。長期の移動平均線が上向き推移を続けていますので、基調としては上昇トレンドと判断できます。

## チャート38　上昇トレンド時の逆指値注文

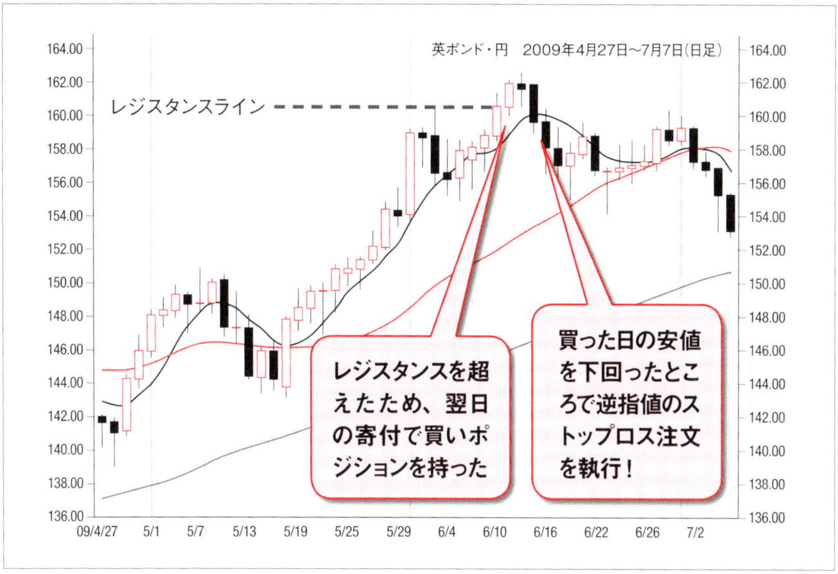


先ほどのチャート37と裏返しで、過去のレジスタンスラインを超えたところで売り方の買戻しが入ることを予想し、買いポジションを持ったものの、意外に伸びが乏しく、翌々日には買いポジションを持った日の安値を下回りました。こういうところでいったん買いポジションに見切りを付けるような場合には、逆指値の注文がピッタリです。自分がマーケットを見ているのであれば、その場で成行注文を執行することが可能ですが、いつもパソコンの画面を見られる人はそんなにいないでしょう。自分がマーケットを見ることができない時間帯については、逆指値のロスカット注文を積極的に利用するようにするとよいでしょう。

### ③OCO

次ページのチャート39は、2009年８月～12月のユーロ・米ドルのチャートです。長期の移動平均線が上向き推移を続けていますので、基調としては上昇トレンドと判断できます。

レジスタンスを超えたところで買いポジションを持ち、利食いとロスカッ

**チャート39　上昇トレンド時のOCO注文**

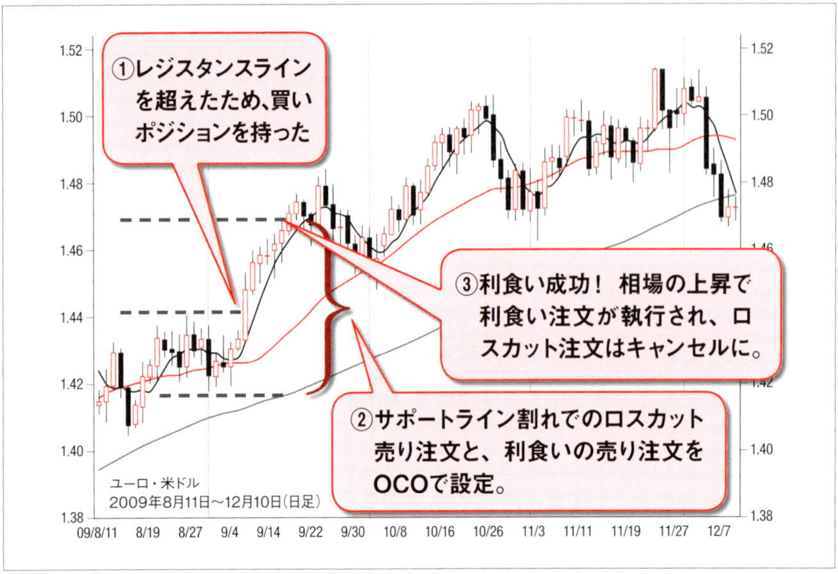
①レジスタンスラインを超えたため、買いポジションを持った
③利食い成功！ 相場の上昇で利食い注文が執行され、ロスカット注文はキャンセルに。
②サポートライン割れでのロスカット売り注文と、利食いの売り注文をOCOで設定。
ユーロ・米ドル
2009年8月11日～12月10日(日足)
1.52
1.50
1.48
1.46
1.44
1.42
1.40
1.38
09/8/11 8/19 8/27 9/4 9/14 9/22 9/30 10/8 10/16 10/26 11/3 11/11 11/19 11/27 12/7

トをＯＣＯで設定しています。このケースでは、ロスカットラインをチャートに見える直前のサポートライン割れに設定、一方の利食いは、買いポジションとロスカットラインまでの距離を少し上回るくらいのレベル（1.47の手前）に設定しています。その後相場が上伸し、利食いラインに到達したため、ＯＣＯで設定されていたロスカット注文は、この時点でキャンセルになります。

## ④ＩＦＯ

最後に取り上げるＩＦＯは、③のＯＣＯとほとんど同じです。違うのは、ＯＣＯがポジションを持った状態で入れる注文である一方、ＩＦＯはポジションを持つ前に入れる注文であるという点です。

このチャート40は、2009年７月～12月の豪ドル・円のチャートです。長期の移動平均線が上向き推移を続けていますので、基調としては上昇トレンドと判断できます。

９月下旬の部分を見てください。長期の移動平均線の上昇角度は緩やかな

**チャート40　上昇トレンド時のIFO注文**

豪ドル・円　2009年7月23日～12月11日(日足)
86.00
84.00
82.00
80.00
78.00
76.00
74.00
09/7/23
7/31
8/10
8/18
8/26
9/3
9/11
9/21
9/29
10/7
10/15
10/23
11/2
11/10
11/18
11/26
12/4
③利食い成功！ ロスカット注文は執行されずキャンセルへ
①レジスタンスラインを超えたら逆指値注文で買う
レジスタンスライン
サポートライン
②逆指値の買い注文が執行されたら、「直前の安値を割り込んだ場合のロスカットの売り注文」と、「利食いの売り注文」を同時に入れておく
長期の移動平均線は緩やかながら上昇

がら、レジスタンスを超えた場合には上昇トレンドを維持する可能性が高いと言えるでしょう。こうした局面で、夜中にレジスタンスラインを一気に超えてしまうと、買いポジションを持つタイミングを逸することになります。朝になって画面を見た瞬間にはかなり高値を更新している可能性が高いからです。

こうした場面では、夜中にＩＦＯの注文を入れておくとよいでしょう。逆指値でレンジブレイクアウトを狙いつつ、注文が約定になった際のリスクヘッジとしてロスカット注文を同時に入れ、利食い注文も入れるという欲張りな注文方法です。

豊富なケーススタディで理解する

# これがチャートリーディングの実態だ！

この章では、チャートリーディングを具体的にどう行うかを、
さまざまな為替チャートの実例を示しながら詳しく解説していきます。
トレンドの変化を捉えるとき、トレンド中、もみ合い相場など
4つのシチュエーションを披露します。

# 第8章

# MACDを活用して 他の指標では分からない トレンドの変化を見つける

## 8-1

この章では、これまでの話を踏まえて、具体的にチャートリーディングをやってみたいと思います。相場をパターン分けするのは容易なことではありませんが、代表的なパターンということで、以下の４つを取り上げます。

**①トレンド発生の兆候**

**②トレンド中**

**③もみ合い相場**

**④ダイバージェンシー**

④のダイバージェンシーは、厳密には②のトレンドの最終局面ということになるのですが、やはりＭＡＣＤやストキャスティクスといった波動系チャート（チャートが波打つように上下に動くことからこのように呼ばれます）を見る場合には、ダイバージェンシーの判断が大変重要ですので、ここで取り上げておきたいと思います。

また、１−６で取り上げたように、各種のテクニカル指標にはそれぞれ得意とする局面と不得意とする局面があります。それぞれの場面でどんなテクニカル指標が有用かというまとめの表を再度掲示しておきますので、読者の方はチャートを見ながら、必ずこの表に戻って確認するようにしてください。

なお、取り上げるチャートは全て「日足」ですが、これ以外の足（例えば「１時間足」）でも考え方は同じです。ただし、**日足には実需の売買が如実に現れますが、それよりも短い足になると、実需以外の要素（例えば、トレーダーのポジションの傾き）が大きく影響します**ので、その見方もやや変わってくるように思います。

## 5つの指標の得意・不得意

| 指標＼場面 | 相場の方向性を見る | 相場の勢いを見る | トレンドの変化を発見する | 利食いの判断に使える |
|---|---|---|---|---|
| ローソク足 | ◎ | ◎ | △ | △ |
| 移動平均線 | ◎ | △ | △ | △ |
| MACD | ○ | △ | ○ | ◎ |
| ストキャスティクス | △ | × | △ | ◎ |
| ボリンジャーバンド | × | ◎ | ○ | ○ |

# MACDがあるとないとではチャートの見方がこんなに変わる！

まずは、次のチャート41を見てください。

## チャート41　下落局面に向かう

このチャート41は、2009年４月９日～2009年９月23日の米ドル・円のチャートです。長期の移動平均線が６月上旬を境に頭打ちから右下がりに向きを変えているのが分かります。雰囲気としては、この辺で上昇トレンド（長期の移動平均線は、長い目で見たトレンドを表す点に注意）が終了して、横ばいから下落局面に入ったのではないかという予想が立ちます。また、この辺りを境に、長期の移動平均線の上方での価格推移が極端に少なくなっているのが分かります。

次に、９月11日に終値ベースでそれまでのサポートラインを割り込みます。この時点で、移動平均線と現在値が

**長期の移動平均線＞中期の移動平均線＞短期の移動平均線＞現在値**

という順番になっている点に注意してください。

「移動平均線＝終値の平均＝後追いの指標である」という点は３-８で既に説明済みですが、その移動平均線が上記のようにキレイに並んだことで、下落トレンドが完全に出来上がっているのではないかという想像ができるわけです。

そうすると、今度は、

**１．長期の移動平均線の上方での価格推移がほとんど見られない**

**２．後追い指標である移動平均線が長期＞中期＞短期と並んだ**

**３．ローソク足がサポートラインを切った**

といった、典型的な下落トレンドの判断が可能となる前に、何とか下落トレンド入りのシグナルを見つけることはできないだろうか？　と考えるわけです。そこで、ＭＡＣＤの登場となるわけです。

先ほどのチャートに、ＭＡＣＤを重ねて見ると、次のチャート42のようになります。

**チャート42　MACDを加えてみると…**

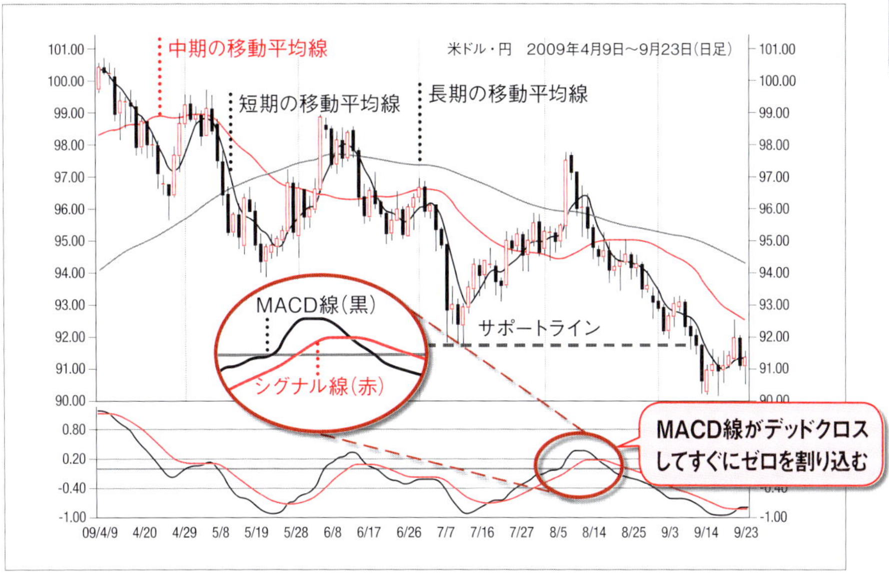


このチャートを見ると、黒のＭＡＣＤ線が８月17日に赤色のシグナル線とデッドクロスし、すぐに（19日）ゼロを割り込んでいることが分かります。８月19日時点では、長期・短期の移動平均線は下向きに推移していますが、中期の移動平均線はまだ横ばい推移を続けています。**つまり、MACDは、全ての移動平均線が下向きになる前に売りシグナルを発してくれているのです**。これは、時期的にはローソク足がサポートラインを切る相当前である点に注意しましょう。

ＭＡＣＤを見ていないと、「まだ上昇局面入りかもしれない」と考えても不思議のないチャートが、ＭＡＣＤを見ることによって、「この相場は、ひょっとしたら下落モード入りしたかもしれない」という風に、考え方を変えることができるかもしれないのです。

「私たちがチャートを見る目的」（言い換えると、「チャートリーディングの目的」ということになります）は、１−１で取り上げたように、

**1．相場観を立てる判断材料にする**

**2．マーケットでの自分の居場所を確認する**

でした。

つまり、このチャートであれば、**ＭＡＣＤを見ることによって、他のテクニカル分析では判断しきれない「新たなトレンドの兆候」を見つけることができる**のです。

「～かもしれない」という判断材料は、私たちがマーケットでトレードを行うにあたって、大変重要なヒントとなることは言うまでもありません。このチャートで言えば、「まだ上昇局面かもしれない」という判断の元では、まだ買い持ちのポジションをキープする可能性もありますが、いくら他のチャートを見て強気の人であっても、ＭＡＣＤを見ることによって「この相場は、ひょっとしたら下落モード入りしたかもしれない」という判断ができれば、売り持ちのポジションを持つかどうかは別にして、とりあえず買い持ちのポジションは決済して様子を見るという選択が生じてきます。このように、チャートリーディングを行うことによって新たな相場観の判断材料を得ることができると、より的確な判断ができるようになると言えるでしょう。

ちなみに、このチャートの続きを見てみましょう。

**チャート43　下落トレンドは継続**

ご覧のように、9月11日にサポートラインを切って下落トレンド入りが確定した後も、多少の戻りはあるものの、下落トレンドが継続しています。このような形を見ると、「トレンドは継続する」という言葉に納得性も感じますし、一刻も早くトレンドの変化を見つけることがいかに重要であるかということがよく分かります。トレンドの変化を見つけるには、ＭＡＣＤはかなり有用なテクニカル分析であることを確認しておいてください。

**ポイント**

1. 長期の移動平均線の向きが変わったら、潮目が変わったのではないかという予想を立てる
2. 価格推移（ローソク足）の場所が、長期の移動平均線のどちらか一方に偏っていないかどうかの確認を怠らないようにする。
3. MACDはトレンドの変化をつかむのが得意なチャート。ゴールデンクロス（デッドクロス）とゼロ超え（割れ）に注意を払うことを忘れないようにする
4. 上から現在値＞短期の移動平均線＞中期の移動平均線＞長期の移動平均線の順に並んだ場合は、買いトレンド入りの可能性を考える
5. 上から長期の移動平均線＞中期の移動平均線＞短期の移動平均線＞現在値の順に並んだ場合は、売りトレンド入りの可能性を考える

# FXではなかなか見られない大きな窓が出現したときはどんなトレードをすべきか？

## 8-2

もう1つ、トレンド発生の兆候の例を取り上げてみます。次のチャート44を見てください。

**チャート44　窓を形成**

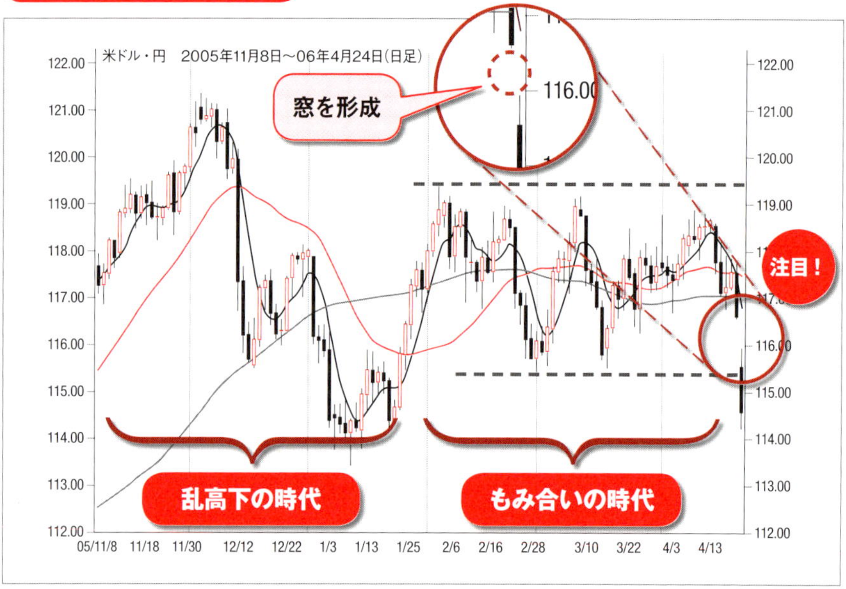


このチャート44では、次のようなチャートリーディングを行います。

まず、前半部分は大陰線の出現で上昇トレンドが終了し、その後乱高下の時代に突入しています。移動平均線をまたいで、激しく上下に動いている様子がよく分かります。このような形になると、私はよく「**チャートが壊れた**」という表現をします。つまり、テクニカル指標の中でも、参加者の売り買いのバランスを表す「移動平均線」が意味をなさなくなってしまい、マーケット自身が自分の居場所を見つけられないような状態になってしまうのです。このようなチャートになった場合は、マーケットはある意味「鉄火場」となってしまっていますので、ある程度の時間の経過を待ち、移動平均線が少しでも意味を持つような形になってからじっくりチャートリーディングを行うようにするとよいでしょう。

その後、マーケットはいきなり「もみ合いの時代」に入ります。**乱高下の時代も手を出しにくいのですが、もみ合いの時代も効果的なトレード方法はなく、トレーダー泣かせ**と言ってよいでしょう。上昇トレンドが出たかも？と勇んで買ったところが天井、下落トレンドの開始かも？　と勇んで売ったところが底という流れが続きますので、順張りでポジションメイクを行うのが間違っているのではないかと思わせるような状況となります。

左のチャートで言えば、２月上旬から４月21日まで、２か月以上にわたって意味のない上下動を繰り返しています。もみ合い相場の特徴は、「長期・中期・短期の移動平均線がそれぞれ絡み合い、ローソク足が移動平均線に収束する」というものですが、左のチャートではまさにそうした様子が見て取れます。

そして、チャートは重大な局面を迎えます。

それが４月24日です。

いきなり「窓」を開け、安く寄り付きました。

ここで、皆さんはどのように考えますか？

**１．絶好の押し目なので、「買い」を考える。**

**２．いや、何か新しい動きが出てきたに違いないから、「売り」から入るべきだろう。**

正解は、「２」です。

第２章のコラムで為替チャートの特徴について取り上げましたが、その中でＦＸのチャートは窓が開きにくいという点を指摘しました。為替市場は、ほとんど24時間にわたって取引されるマーケットですので、窓が開きにくいというのは当然のことなのですが、このチャートは、マーケットが閉じている時間帯（週末のニューヨーク市場の終わり～週初めのウェリントンの初め）に「何か」が起きて、ドル円が一気に１円以上下落して取引を開始したことを示しています。

「何か」がいったい何なのか、という点については、あまり考える必要はありません。それは、１－３で説明したように、「ファンダメンタルズ分析ではトレードできない」からです。**どのようなニュースが出ていようと、相場が動くときは動くし、動かないときは動かない**のです。また、自分自身が軽視しているようなニュースであっても、マーケットがそれを大きな材料と捉えれば、いきなり大きな動きを見せることもあるわけです。

**ファンダメンタルズの確認は、後になってからいくらでも可能です。大事なことは、「目の前のマーケットが大きく動いた」という事実に敏感に反応し、「できるだけ早く動いた方向にポジションを取ること」**なのです。

## 大下落相場の始まりを<br>MACDで見つけることができた

チャート44の続き（４月25日以降のチャートの形状）に興味津々の読者が多いと思いますので、次ページで紹介しておきます。

一見して分かるように、窓開けをきっかけとして、大きな下落相場へつながりました。

これは、「値段が下がったところを買ってはいけない」という典型的なチャートと言えるでしょう。

4月24日の窓開けが大きなポイントになっていることも分かります。もみ合いが続いた後に大きく動いた場合には、動いた方向へポジションを取ることが大事なのです。テクニカル分析をなぜ利用するのかという点については、「こういうポイントを見つけるため」というのも１つの答えです。**チャート**

**チャート45　窓開けのその後**

**のバランスが崩れた瞬間を捉えることができれば、そこからトレンドに発展する可能性が高く、リスクの小さい、かつ、収益性の高いトレードが可能になる**わけです。

こうした下落局面は、いつどうやって売りポジションを持つかというのがテーマであって、「新規で買う」理由に乏しいチャートと言えるでしょう。

さて、今回は窓開けに着目することによって、4月24日が絶好の売り場を提供してくれたということが分かりましたが、この時のＭＡＣＤのチャートはどのようなものだったのでしょうか？

以下に、2005年11月18日〜2006年５月２日の米ドル・円のチャートにＭＡＣＤを加えてみましょう。

## チャート46　窓の形成から少し前のMACDでは…

ＭＡＣＤは、4月24日の窓開けの前に、実はデッドクロス→ゼロ割れの動きを見せているのです。数値で確認しましょう。

| 日付／数値 | 4/17 | 4/18 | 4/19 | 4/20 | 4/21 |
|---|---|---|---|---|---|
| MACD | 0.26 | 0.17 | 0.10 | 0.08 | -0.02 |
| シグナル | 0.21 | 0.20 | 0.18 | 0.19 | 0.12 |

デッドクロス（4/17～4/18）

MACDがゼロ割れ（4/21）

今回のチャートも、ローソク足と移動平均線に加えて、ＭＡＣＤを見ることによって、トレンドの変化を事前に察知することが可能だったということが分かります。このように見ると、ＭＡＣＤの使い勝手のよさと効用が大変よく理解できるのではないでしょうか。

## ボリンジャーバンドで調べたら相場の特異性がさらに明らかに！

さらに、8-1の冒頭で、ボリンジャーバンドはトレンドの変化を捉えるのも得意なチャートと説明しました。この時のボリンジャーバンドはどのようなものだったのでしょうか？

チャート44にボリンジャーバンドを加えてみましょう。

**チャート47　ボリンジャーバンドを加えると…**

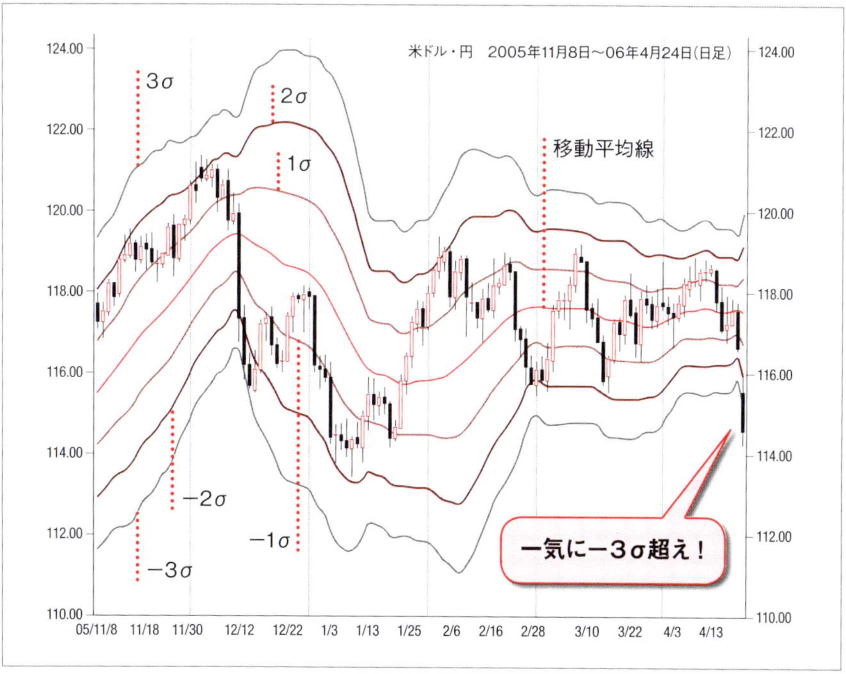


もうお分かりだと思いますが、もみ合い相場が続きボリンジャーバンドの幅がどんどん狭くなっていき、4月24日のローソク足が一気に－3σを超えていることが分かります。**ボリンジャーバンドを使った最も効率的なトレード方法は、「長く続いたもみ合い相場から、一気に大きく動き出す瞬間を捉える」というものでした。この日のボリンジャーバンドは、まさにこう**

**した例を示したものと言える**でしょう。

また、6-4で取り上げたように、ボリンジャーバンドには決して逆らってはいけないパターンが存在します。この例はまさに「±3σ超え」ですので、決して逆らってはいけない典型例ということになります。

このように、チャートを上手く使うと、様々なテクニカル指標が私たちに色んな危険を教えてくれるのです。これを無視するということは、暗い海の中を羅針盤も持たずに船を進めるようなものではないでしょうか。船が座礁する可能性が高い航海と、目的地を目指して意気揚々と船を進める航海と、皆さんはどちらを選ばれるでしょうか。

**ポイント**

1. もみ合いが続いた相場は、いつかトレンドの相場に発展する
2. トレンドの変化は、移動平均線よりもMACDの方が早く察知する
3. ボリンジャーバンドが一気に広がったタイミングは、トレンドの変化の可能性を感じさせる
4. トレンドの変化では、ボリンジャーバンドとMACDが同調することが多い
5. 常に順張りでマーケットに入るようにする。安くなったからといって買ってはいけない、高くなったからといって売ってはいけない

# トレンド形成中は現在値と移動平均線の関係に注目する

## 8-3

今度は、トレンド中の例を取り上げます。まずは、次のチャート48を見てください。

**チャート48　トレンド形成中**

見るからに下落トレンドが形成されているのが分かりますが、こうしたチャートの場合、どのようにチャートリーディングを行ったらよいのでしょうか。

まずは、8－1で取り上げたように、移動平均線と現在値がキレイに並んだ瞬間を読み取りたいところです。そう、**上から長期の移動平均線＞中期の移動平均線＞短期の移動平均線＞現在値という順番に並んでいる条件を満た**

**すチャート**です。３種類の移動平均線が、いずれも同じ方向に向いていると、より明確にトレンドを形成していることの補完材料となります。

チャートを見ますと、８月26日までは中期の移動平均線が上向きに推移しています。短期と長期の移動平均線は既に下向き推移に転じていますが、中期が上向きだと、やや微妙な感じはしますね。

その後、８月27日には中期の移動平均線も下向き推移に転じ、しかも上から長期の移動平均線＞中期の移動平均線＞短期の移動平均線＞現在値という順番に並びました。この時点でトレンド入り確定という判断をしてよいのではないでしょうか。

こういった場合、どこで新規の売りポジションを持つのがよいのでしょうか。

まず、トレードは相場観に基づいて行うものですから、「下落トレンド入りした」と判断した時点で売るという選択が１つです。また、より分かりやすいシグナルを待ちたいという人は、「レンジブレイクアウト」を使うとよいでしょう。つまり、直近の安値を切ったところで、追随の売りを仕掛けるのです。そう、「押し目買い」と称した筋（安くなったからという理由で新規の買いで参入してくる人という意味です）がロスカットの成り行きの売り注文を入れるところで売り持ちのポジションを持つようにするのです。チャート上に、直近のサポートラインを切った箇所を３箇所明示しておきました。

マーケットには、トレンドがいったん発生すると、しばらくの間その方向へ進むという性質があります。慣性の法則によって車が急に止まれないのと同じような理由だと思えばよいでしょう。「値段が安くなったという理由で買った人が投げる」という行動が続くと、いわゆる「投げ回転が効いている」という状態になりますが、こうしたスパイラルにいったん入ると、なかなか反転のきっかけをつかめないのもマーケットの特徴と言えるでしょう。

## 陽線と陰線のどちらが多いかも判断材料となる

１−６で、相場の方向性を見るにはローソク足と移動平均線が適している

ということを説明しました。移動平均線と現在値については、先ほど説明したように、

**1．買い相場であれば、上から現在値＞短期の移動平均線＞中期の移動平均線＞長期の移動平均線**

**2．売り相場であれば、上から長期の移動平均線＞中期の移動平均線＞短期の移動平均線＞現在値**

という順番に並んでいることが1つの材料になります。

では、ローソク足についてはどのような判断をすればよいのでしょうか。

それは、2-2で説明したように、陰線と陽線のどちらが多いかに着目するとよいでしょう。

このチャートを見ると、8月27日以降は陽線よりも陰線の出現が多く、しかも、大きな陰線が目立ちます。下落トレンドが続いている場合は陰線が多く出現し、しかも大きな陰線が出現しやすいという傾向があり、逆に、上昇トレンドが続いている場合は陽線が多く出現し、しかも大きな陽線が出現しやすいという傾向が強いことを覚えておきましょう。

**ポイント**

**1．上昇トレンド中は、レジスタンスラインを越えたところが買いポイントになる**
**2．下落トレンド中は、サポートラインを切ったところが売りポイントになる**
**3．上昇トレンド中は、陰線よりも陽線が出やすい**
**4．上昇トレンド中は、大きな陽線が出やすい**
**5．下落トレンド中は、陽線よりも陰線が出やすい**
**6．下落トレンド中は、大きな陰線が出やすい**

# トレンド終了のサインも ローソク足と移動平均線の 関係から分かる！

## 8-4

先ほどのチャートを使って、今度はトレンドの終了をチャートリーディングしてみましょう。

8－3と同じ米ドル・円のチャートに再登場してもらいます。

**チャート48　トレンド形成中**

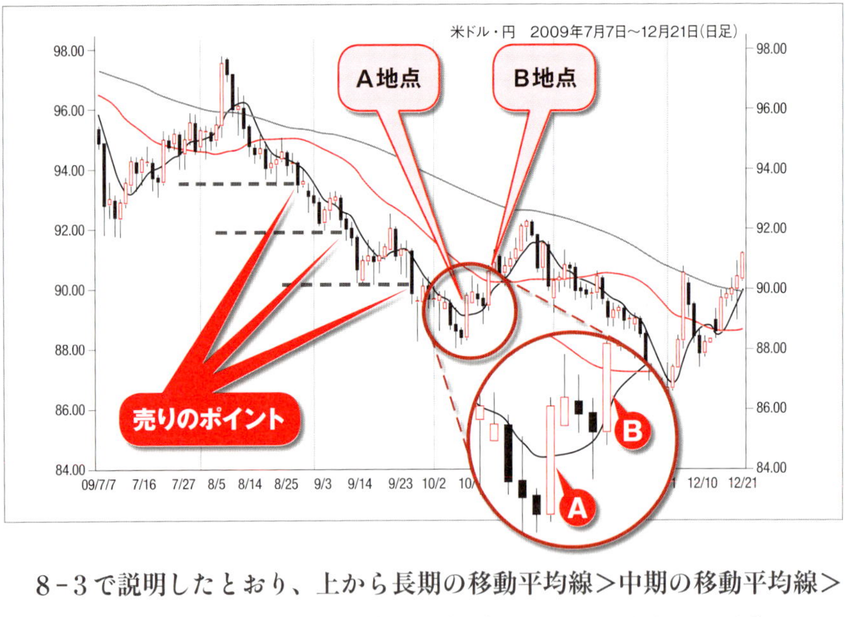


8－3で説明したとおり、上から長期の移動平均線＞中期の移動平均線＞短期の移動平均線＞現在値という構図が維持できているうちは、下落トレンドが継続中という判断でよいでしょう。言い換えれば、この構図が維持できていない瞬間を明確に捉えればよいということになります。

例えば、A地点はどうでしょうか？

まず、それまでの下落トレンド中には見られなかったくらい大きな陽線が出現しています。さらに、過去３日分のローソク足（陰線）を包んで一気に上伸しています。

翌日には短期の移動平均線も明確に上昇に転じていますので、これまでの価格推移とは明らかに異なる動きであるという判断が可能です。

こうした判断を相場観に取り入れることができれば、ポイントＡで早々に売り持ちのポジションを買い戻し、10月下旬にかけての戻り相場で評価益を減らさずに済むわけです。

また、Ａ地点は見送ったとして、Ｂ地点はどうでしょうか？

再度大きな陽線が出現しました。しかも、過去３日間のローソク足の実体線（高値・安値の範囲という意味です）を一気に越え、高く引けています。しかも、過去13日間のローソク足の範囲の上方へ抜け切りましたので、今度はこの13日間に売り持ちのポジションを持った参加者が評価損を抱える展開へと変わっています。こうした形状になると、これまでの売り方＞買い方（売り方有利・買い方不利）という関係から、買い方＞売り方（買い方有利・売り方不利）という関係に変化します。ここからは、評価損を抱えた売り方の買い戻しが活発化し、戻りを試す展開へと推移していくのです。

**ポイント**

1. トレンド形成中の材料が崩れた場合には、トレンド終了の可能性を念頭に置くようにする
2. 買い方と売り方のバランスの変化に注目する
3. 評価損を多く抱えている参加者によるポジションの決済がマーケットを動かす

# 大陽線や大陰線など トレンドの転換時に 現れるサインを見逃すな！

8-5

もう１つトレンド中の例を取り上げましょう。まずは、次のチャート49を見てください。

**チャート49　上昇トレンド中**

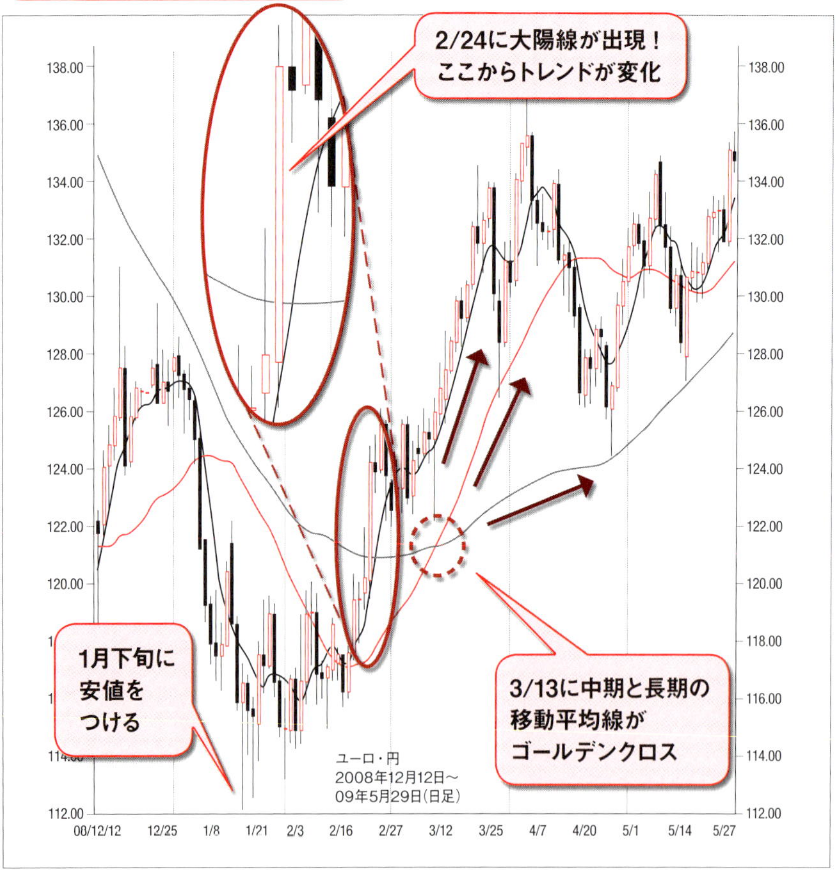

2008年12月12日～2009年５月29日のユーロ・円のチャートです。先ほどの例とは逆で、このチャートは上昇トレンドを描いています。こうしたチャートの場合、どのようにチャートリーディングを行えばよいのでしょうか。

まず、１月上旬の急落が目を引きます。その後大きな戻りと下落を繰り返しながら下値を固めつつ、１月下旬に安値を付けています。ただし、この時点で相場が安値を付け、上昇基調入りするという予想は誰にもできなかったことでしょう。

結局、２月上旬は下値を試す余地を十分残しながらも徐々に値固めを行います。ここでもまだ、私達は相場が上昇基調入りするという予想はできないはずです。

雰囲気が変わるのは、やはり２月24日の大陽線ではないでしょうか。過去１か月以上のローソク足を眼下に見下ろし、一気に値を戻しています。同時に、中期の移動平均線も上向きに転じているのです。

「試しに買ってみる」のは、こういうチャートが現れたときでしょう。値段が安いからと言って買ってよいわけではなく、**戻り始めたのを確認してから買うというイメージを是非こうしたチャートから身に付けるようにしてください**。

その後、チャートは値持ちが続き、いよいよ長期の移動平均線も上向きになってきます。そして、いよいよ３月12日に中期の移動平均線と長期の移動平均線がゴールデンクロスを見せます。後追いの指標である移動平均線がこのような形状を見せるということで、相場の雰囲気がかなりよくなっていることが分かります。

その後は、主要なレジスタンスを突破しつつ上値トライをしているマーケットの様子がうかがえます。ここまで来ると、上昇トレンドに入っていることが容易に確認可能となります。

さて、立ち返ってみますと、やはり色々な点でチャートは私たちに上昇トレンド入りを教えてくれています。私たちは、チャートが発するこうしたサインを見落とさないようにしなければいけないのです。

チャートリーディングは、後付けでチャートを見ているだけではありません。ずっと相場で勝ち続けている人は、必ず自らの経験に即したトレードを行っていますが、その基になっているのがチャートリーディングだと私は考えています。

皆さんも、様々な通貨ペアの昔のチャートを見て、「下落→もみ合い→底値固め→上昇トレンド入り」といった形のチャートをいくつか検証してみて下さい。恐らく今回指摘したのと同じように、チャートが発するシグナルを感じ取ることができることでしょう。

**ポイント**

1. トレンド形成の判断は、明確なシグナルを伴う
2. 下値固めに続きレジスタンスを切る動きが続くと上昇トレンド入りの可能性、上値トライに続きサポートラインを割る動きが続くと下落トレンド入りの可能性
3. 移動平均線の向きの変化に注目する
4. 様々なチャートを見て、チャートリーディングを実行してみる

# 大陽線や大陰線がトレンド終了のサインとならない場合もある

## 8-6

先ほどのチャートを使って、今度はトレンドの終了をチャートリーディングしてみましょう。

8-5と同じユーロ・円のチャート49に再登場してもらいます。

**チャート49　上昇トレンド中**

３月12日に中期の移動平均線（赤色）と長期の移動平均線（黒色）がゴールデンクロスして、いよいよ上昇トレンド入りが確定しました。その後、どこでこの上昇トレンドが終了することになるのでしょうか。

そこで、A点（3月27日）にご注目ください。

久々に大きな陰線が出現し、過去4本のローソク足を包み一気に下落しました。私のような臆病者は、この時点で上昇トレンドは終了したと判断します。ただ、その後のチャートを見てください。何と、翌々日から切り返し、再度高値を更新しているのです。つまり、トレンドの終了という判断は、大きな意味では誤っていたことになるのです。

では、B点（4月20日）はどうでしょうか。

今度は、陰線が3本連続して出現し、中期の移動平均線を割り込んだ上で、何と3月27日の安値すら切って引けています。さすがにここで上昇トレンドは終了と思いきや、またもや切り返し、上昇トレンドに復帰しています。こちらも、トレンドの終了という判断は、大きな意味では誤りだったのです。

しかし、私たちが「トレンドが終了した」と判断するのは、そもそも何のためだったのでしょうか？

それは、トレードがトレンドに従って行うべきであるという考え方から発展させると答えが導けます。つまり、どこで利食ってもよいのだけれど、最終的には遅くともトレンドの終了までに利食って、いったんマーケットから抜けるべきであるという考え方です。

利食いは、「急ぐ必要はないが、利食うのがもったいないくらい（腹八分目）がちょうどよい」という話を7-3で展開しました。つまり、**いったん利食ったからといってマーケットがトレンドの終了を迎えず、再度上昇トレンドに入ったからといって、トレードしている本人にはほとんど影響がない**わけです。強いと思えば、また買えばよいわけですから。

そういう意味では、「大きな意味で誤っていた」という判断そのものに意味がないということになります。

ここまでの話で、勘の鋭い読者は「利食いって難しいなぁ…」という印象を持たれたのではないでしょうか。そう、トレードにおいて最も難しいのは、新規のポジションメイクでもロスカットでもなく、「利食い」なのです。人間には誰しも欲があり、これを抑えるということは容易なことではありません。この辺りが、同じ相場観であっても収益状況に大きな差が生じる理由なのです。100人のトレーダーがいれば100通りの考え方があって、100通りの欲求の表現方法がありますので、マーケットには正しい利食い方というのは存在しないのです。

**ポイント**

1. 上昇トレンド中に発生した大陰線、下落トレンド中に発生した大陽線は、それぞれトレンドの終了の可能性を示唆するシグナルと判断できる
2. トレンドが終了したと判断した後も、再度トレンドに復帰することはよくある

# ダイバージェンシーは実際のチャートではどのように確認するのか

## 8-7

ダイバージェンシーについては、4-4でMACDについて、5-4でストキャスティクスについて、それぞれ解説をしました。ここでは、具体的なチャートを用いて、ダイバージェンシーをどのようにチャートで確認したらよいかという点に触れてみましょう。

そのために、トレンドの終了の例（8-4）で取り上げた米ドル・円のチャート（09年7月7日～12月21日）に再度登場してもらいましょう。MACDを付けて、ダイバージェンシーを確認してみることにします。

**チャート50　ダイバージェンシを確認**

まずは、このチャートで、安値をつけたローソク足の終値同士を結んだ線を引きます。具体的には、10月８日（88円37銭）と11月30日（86円33銭）になります。なお、ダイバージェンシーの見方は色々あるようですが、私は、安値同士ではなく、安値をつけたローソク足の終値同士を比較するようにしています。

一方、それぞれの日に対応するＭＡＣＤ線を結ぶと、「右上がり」になっているのがお分かり頂けるでしょうか？

| 日付・変化 / チャート | 10月8日 | 11月30日 | 変化 |
| --- | --- | --- | --- |
| 終　値 | 88円37銭 | 86円54銭 | **ー2円04銭** |
| MACD | -1.08 | -0.98 | **+0.10** |

このように、安値をつけたローソク足の終値同士で見た場合、安値を更新しているにもかかわらず、ＭＡＣＤ線が下がりきっていない状態を「ダイバージェンシー」と呼びます。日本語に訳すと「逆かい離」とか「逆行現象」ということになりますが、今ひとつ意味が通じにくいので、チャートを通してイメージで理解するようにした方がよいでしょう。

**ダイバージェンシーの考え方としては、為替レートが高値（または安値）を更新していて、強そう（または弱そう）に見えても、いったんそこでマーケットから出る（評価益のポジションがあったら利食う）指標として使用**します。この場合であれば、11月30日時点のチャートを見ますと、ローソク足は安値を更新していて、いかにも下値模索の動きに発展しそうな雰囲気が感じられますので、ＭＡＣＤを見なければ売り乗せを検討するような感じかもしれませんが、ダイバージェンシーが完成していますので、売り乗せしたい気持ちをグッと抑えて、いったん利の乗ったポジションは利食い、ポジションをスクエアに戻しましょう、ということになります。

なお、ダイバージェンシーは、４-４と５-５で説明したように、「新規のポジションメイクのシグナル」としては全く適切ではありません。それは、

**ダイバージェンシーが完成したからと言って、相場が反転するとは限らない**からです。もちろん、経験的には反転することも多いのですが、ダイバージェンシーに構わずトレンドが継続することも多いです。あくまで、**利食いの指標として利用すべき**点は注意が必要と言えるでしょう。

著者は、このダイバージェンシーをかなり重視しています。どれくらい重視しているかと言うと、「ＭＡＣＤやストキャスティクスを見るのは、ダイバージェンシーが発生しているかどうかをチェックするためである」というくらいです。要するに、相当重視すべき指標であるという点が伝われればと思っています。

**ポイント**

1. ダイバージェンシーの発生を確認するためにはまず、安値をつけたローソク足の終値同士を線で結び、次にMACDの同じ期間を線で結んでみて、それぞれの向きが反対になっているかどうかを調べる
2. ダイバージェンシーはあくまで利食いの指標として利用すべき

# ダイバージェンシーで確認すると上昇トレンドに見える相場も実は…

8-8

トレンドの終了の例（8-6）で取り上げたユーロ・円のチャートにも再度登場してもらいましょう。今度はMACDを付けて、ダイバージェンシーを確認してみることにします。

**チャート51　ダイバージェンシの確認**

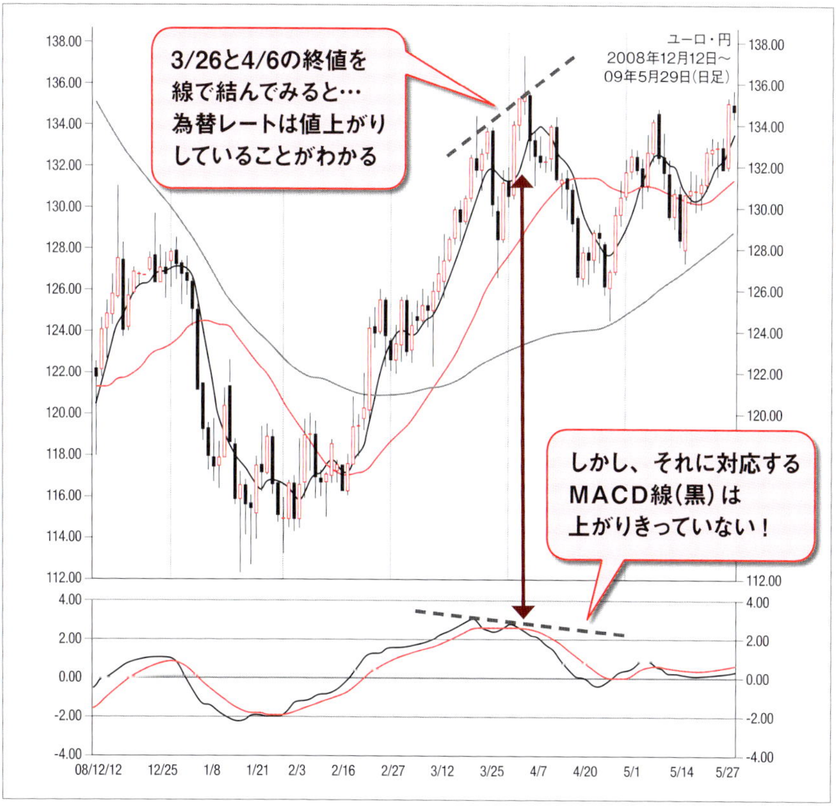

先ほどと同じ要領で、このチャートで、高値をつけたローソク足の終値同士を結んだ線を引きます。具体的には、3月26日（133円65銭）と4月6日（135円52銭）になります。

一方、それぞれの日に対応するＭＡＣＤを線で結ぶと、「右下がり」になっているのがお分かり頂けるでしょうか？

| チャート＼日付・変化 | 3月26日 | 4月6日 | 変化 |
|---|---|---|---|
| 終　値 | 133円65銭 | 135円52銭 | **+1円87銭** |
| MACD | 3.07 | 2.59 | **−0.48** |

先ほどと同じように、終値ベースで見た場合、前日の高値を更新しているにもかかわらず、ＭＡＣＤが上がりきっていない状態になっていますので、「ダイバージェンシー」が完成していることになります。

この場合は、4月6日時点のチャートを見ると、ローソク足は高値を更新していて、いかにも高値トライの動きに発展しそうな雰囲気が感じられますので、ＭＡＣＤを見なければ買い乗せを検討するような感じかもしれませんが、ダイバージェンシーが完成していますので、買い乗せしたい気持ちをグッと抑えて、いったん利の乗ったポジションは利食い、ポジションをスクエアに戻しましょう、ということになります。

色々な通貨ペアの過去のチャートを見ると、結構ダイバージェンシーの例は見つけることが可能です。ダイバージェンシーが完成した後の相場の動きを、是非皆さんご自身で確認してみてください。ＭＡＣＤを見ずにローソク足と移動平均線だけでチャートリーディングを行った場合と、ＭＡＣＤを併せてダイバージェンシーに着目したチャートリーディングを行った場合に、同じチャートであるにもかかわらず、かなり見方が変わるのがお分かり頂けると思います。

ダイバージェンシーについては、個人的には苦い思い出がたくさんあります。どう考えても強そうに見える局面でダイバージェンシーと知りつつあえて買い持ちのポジションを持ち続け、あるいは奈落の底に落ちてしまいそうなチャートを根拠にダイバージェンシーと知りつつあえて売り持ちのポジションを持ち続け、結局利食い損ねてロスカットを余儀なくさせられた経験は数知れず、今もトラウマとなって残り続けています。

4-4で説明したように、ダイバージェンシーが発生したからと言ってトレンドが終焉を迎える保証はありませんが、私は、ダイバージェンシーを見つけたら、とりあえず利食えるポジションは全て利食って、いったんマーケットから出る習慣をつけるようにしています。

ロスカットよりも利食いの方が圧倒的に難しいということを考えると、やはりダイバージェンシーは利食いのシグナルを提供してくれるという点で大変貴重なものですので、素直に従うようにするとよいと思います。

**ポイント**

1. MACDやストキャスティクスといった波動系チャートでは、ダイバージェンシーの発生に最大限の注意を払うこと
2. ダイバージェンシーが完成したら、とりあえずマーケットから出てポジションをスクエアにすること
3. ダイバージェンシーが続けて完成する場合が稀にあるが、この場合はかなり強いシグナルと考えるべき

# 収益性が低いもみ合い相場は移動平均線の関係で見分ける

8-9

最後に、もみ合い相場の例を取り上げます。まずは次のチャート52を見てください。

チャート52　もみ合い相場

高値は139円近辺、安値は127円近辺ですので、５か月ちょっとの間に上下９円程度動いています。値動きとしては決して小さくはありませんが、相

場付きとしてはかなりトレードしにくいものだと思います。

このチャートの特徴として、中期と長期の移動平均線がほとんど横ばいであることを挙げることができます。ローソク足は、中期と長期の移動平均線を境にまさに行ったり来たり、方向性があるように思わせるポイントでことごとく反転しています。

MACDも、何とかトレンドの変化をつかもうと頑張っている様子がうかがえますが、どうもダマシのようなシグナルが多いように思います。

このように、**方向性がないもみ合い相場では、ローソク足が中期・長期の移動平均線に絡むような形状になります。また、中期・長期の移動平均線がほとんど上下に揺れず、安定した動きを続けます**。

もみ合い相場の対処方法としては、基本的には「相手にしないこと」が挙げられます。どうしてもトレードしたい場合であっても、もみ合い相場は「収益性が低いマーケット」であるという考えを忘れず、極力ロット（売買単位）を抑えて、負けても負担にならないようなマネーマネジメントが重要だと思います。

トレンドのないもみ合い相場が未来永劫続くということはあり得ません。いつか必ず動き出しますので、そのポイントを見つけたら、しっかりとトレードできるように、普段から注意を払っておくべきと言えるでしょう。

**ポイント**

1. もみ合い相場はトレンドがない。収益性は高くないので、基本的にはトレードしない
2. もみ合い相場は、トレンドが発生したと感じたら、思い切ってマーケットに入れるように準備しておくための期間と考える
3. どうしてもトレードしたい場合は、ロット（売買単位）を極力抑えて、負けても負担にならない範囲で勝負する

勝ち組プロが実践している

# 低リスクで実戦的なトレード手法

またまた質問です。

「トレンドラインまで下がったら絶好の買い場だ！」と思う人は？

「YES」と答えた方は残念ながら負ける確率が高い投資家です。

この章では、勝ち組プロが本当に行っている

数々のトレード手法についてこっそり教えます。

# 第9章

# トレンドラインに頼って取引を開始するのは百害あって一利なし！

9-1

この章では、プロが実際に行っているトレード手法をご紹介します。皆さんの考えに合っているものもあれば、意外感を持たれるものもあると思います。

例えば、トレンドラインに対する考え方、押し目買い・戻り売りの方法は、恐らく一般の方の考えとは大きく異なるものではないかと思います。一方、チャネルブレイクアウトや目標値に関する考え方は、すんなり納得頂けるのではないかと思います。

トレード方法に正しい・誤りという議論は不要かもしれませんが、説明に合理性・納得性のあるものについては、どんどん取り入れるようにするとよいと思います。

皆さんは、「トレンドライン」をどのように利用されていますか？

「上昇トレンド中は、トレンドラインまで下がってきたら絶好の買い場だ」あるいは、「下落トレンド中は、トレンドラインまで戻ってきたら絶好の売り場だ」という風に考えていませんか？

私の考えでは、これらはいずれも正しい考えではありません。なぜなら、**「上昇トレンド中においてトレンドラインまで下がってきた」ということは、相場の動きは下を向いているはずです。相場が下向きのときに買いから入るのは、「逆張り」に他ならない**からです。

また、「下落トレンド中においてトレンドラインまで戻ってきた」ということは、相場の動きは上を向いているはずです。相場が上向きのときに売りから入るのは、「逆張り」に他ならないからです。

再三指摘してきたように、新規でポジションを作るときは、「順張り」でなければなりません。相場の向きに沿ってポジションを作ることによって、「流れ」を自分の味方に付けることができれば、とても楽なポジション運営を行うことが可能なのです。

従って、**逆張りに他ならないトレード方法＝トレンドラインに頼ることは、百害あって一利なしのトレード方法と言っても過言ではない**でしょう。

具体的に説明してみましょう。次のチャート53を見てください。

**チャート53　トレンドラインを引いた例**

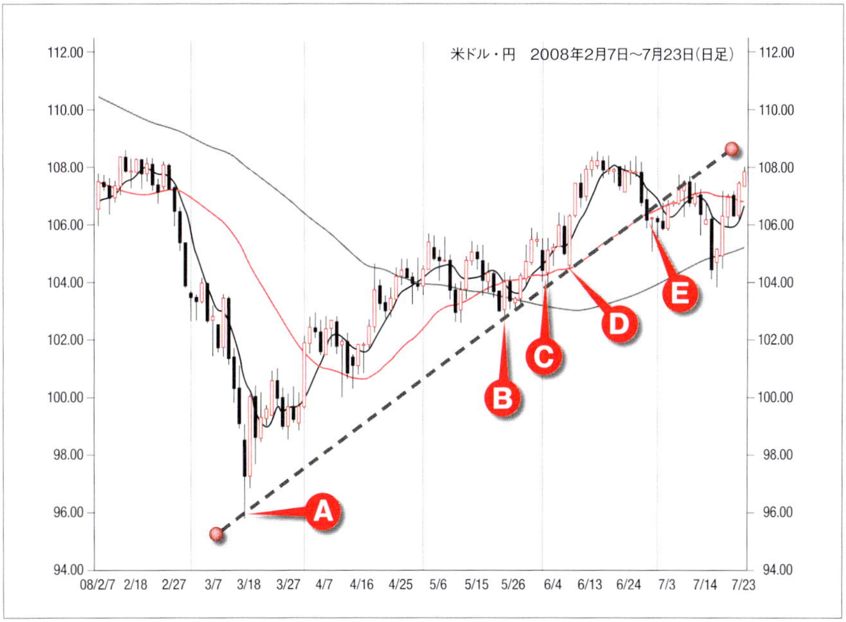


トレンドラインの引き方に絶対的なルールがあるわけではありませんが、上昇トレンドラインの場合、一般的には安値を起点に引くことになります。このチャートで言えば、A点を起点とすることになります。

A点とB点を結んでトレンドラインを作ってみましたが、この場合、B点より後でトレンドラインに近づいた点、例えばC点やD点というのは、果たして「買い場」なのでしょうか？

チャートを見ると絶好の買い場であったように見えますが、私はＣ点やＤ点が買い場だとは思いません。なぜなら、**少なくともトレンドラインに近づいた瞬間には、相場は下向きだったはずで、そうしたポイントで買いから入るのは、紛れもなく「逆張り」だからです。トレンドラインを割り込むと、一気に下押しするリスクもある**のです。

その例として、Ｅ点を見てください。

形状としては、Ｃ点やＤ点と同じく、上昇トレンドにあって一時的に勢いが弱まり、トレンドラインに近づいてきています。ここを買うと、その後上伸する場面もありますが、明らかに上伸スピードが鈍り、その後はやや下落リスクが大きくなっていませんか？

何を言いたいかというと、**「トレンドラインに近づいたポイント」というのは、戻るかもしれない（戻れば上昇トレンドが維持される）し、戻らないかもしれない（割り込めば一気に下落トレンド入りの可能性も）、という、分水嶺のようなポイント**だということなのです。

どちらに転ぶかもしれないポイントで、丁半バクチのようなトレードを行うわけにはいきません。これが、私が「トレンドラインを頼ってはいけない」と考える理由です。

「上昇トレンドにあっては、トレンドラインに近づいてきたからと言って、買ってはいけない」、「下落トレンドにあっては、トレンドラインに近づいてきたからと言って、売ってはいけない」のです。

では、どうしたらよいのでしょうか？

その答えは、

**上昇トレンドであれば、上昇基調になったところを買う**

**下落トレンドであれば、下落基調になったところを売る**

です。

再度、同じチャート53で説明します。

**チャート53　トレンドラインを引いた例**

A点とB点を結んでトレンドラインを引き、近づいた点（C・D・E）を図示したところまでは同じです。これに加えて、F点を入れてみました。F点は、D点と同じ日の取引価格のうち、直近の終値ベースの高値を超えたところです。

D点でトレンドラインまで下押しした後、この日は大きな陽線を引いています。しかも、直近の終値ベースの高値を超えたところで、上昇トレンドに復帰したことが確認できるわけです。こういうところ（F点）を買うと、翌日の上伸を楽にゲットすることができます。言ってみれば、「**大陽線＋上昇トレンドの確認＋レンジブレイクアウト**」という、いずれの条件も満たした点で買いポジションを持つことになるのです。トレンドラインに近づいたところで買うのが丁半バクチだとしたら、このトレード方法は、まさに鬼に金棒と言えるのではないでしょうか。

このようなトレード方法をマスターできるようになると、チャートを見ながら、今という瞬間が買い場なのか見送り場面なのかというのが、明確に区別できるようになります。時として、同じ値段であっても、一方は見送る場面、もう一方は買い場ということもあるわけです。チャートを読みこなすには訓練が必要ですが、チャートを見て売買のポイントが見えてくるようになったら、かなりチャートリーディングが身に付いてきたと言えると思います。

## 何本も描ける いつか必ず割り込むトレンドラインの弱点はまだある

さて、トレンドラインには、まだ弱点があります。それは、「何本も引ける」ということです。

同じチャートを再度取り上げます。

**チャート54　トレンドラインは何本も引ける**

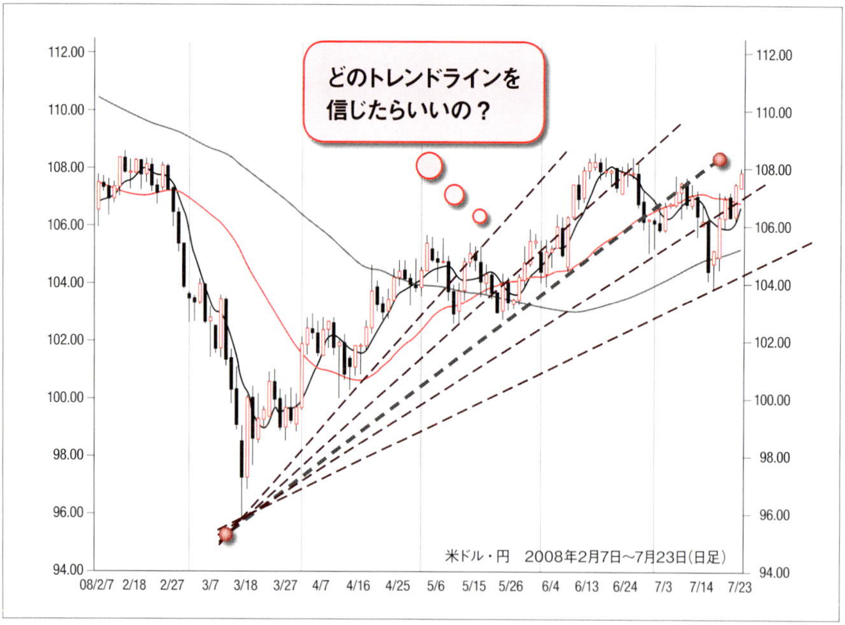


チャートを見て頂くと明らかなように、「トレンドライン」は、実は何本も引くことができることに気付きませんか？

トレンドラインを切ったらまた新しいトレンドラインを引き、新しいトレンドラインを切ったら次のトレンドラインを引く…これでは、どれを信じてよいやら分かりません。また、誰もが何となく分かっていながら、耳をふさごうとしている事実があります。

「トレンドラインは、いつか必ず割り込む（抜ける）ものである」

という点です。

最終的には、上昇トレンドも下落トレンドも終焉を迎えます。なのに、「赤信号は皆で渡れば怖くない」という発想で盲目的にトレンドラインを信じることは危ない考え方だと言えるでしょう。**トレンドラインは、トレンドが維持できているかどうかの確認にのみ使う、補助的な指標であるという点を忘れてはいけない**のです。

**ポイント**

1. トレンドラインを押し目買い・戻り売りの目安にしてはならない
   - ▶買い相場なら売られたところを買うことになるから
   - ▶売り相場なら買われたところを売ることになるから
   - ▶これらのトレードは、「逆張り」に他ならない！
2. トレンドラインを引き直してはいけない
   - ▶何本も引き直していては、そもそもトレンドラインの意味がない
   - ▶トレンドラインは、盲目的に信用できるほど安全なものではない
3. トレンドラインは、トレンドの維持ができているかどうかの確認のための指標として、補助的に利用すべきである
4. トレンドラインは、いつか必ず終焉を迎えるもの
   - ▶トレンドラインを抜けたところから新しく始まるトレンドを取りに行くのが正解

# 意外と知らない「押し目買い」や「戻り売り」の正しい方法

## 9-2

「押し目買い」や「戻り売り」という言葉が何気なく使われていますが、皆さんはどのように考えていらっしゃいますか？

「押し目買い」は、一般的には「上昇トレンドの過程で、一時的に値段が下がったところで買う投資行動」を指すようです。また、「戻り売り」はその逆で、「下落トレンドの過程で、一時的に値段が上がったところで売る投資行動」を指すようです。

しかし、これは私に言わせると正しくありません。なぜなら、これまで再三指摘してきたように、新規でポジションを作る時は、順張り（マーケットの流れに沿った向きにポジションを作ること）でなければならないからです。

9－1で、「上昇トレンドの過程で、一時的に値段が下がったところを買う」ということは、「下がったところを買う」ことに他ならないわけで、トレードのタイプとしては「逆張り」になってしまうことを説明しました。また、同様に、「下落トレンドの過程で、一時的に値段が上がったところを売る」ということは、「上がったところを売る」ことに他ならないわけで、これまたトレードのタイプとしては「逆張り」になってしまうのです。

では、「押し目買い」や「戻り売り」は、どのように行えばよいのでしょうか？

この答えは、すでに9－1で示しているのです。

**「上昇トレンドであれば、一般の方が言う押し目は見送り、再度上昇トレンドに復帰し、直前の高値を越えたところを成り行きで買いに行くようなトレード方法」…これが、私の考える「押し目買い」です。**

**「下落トレンドであれば、一般の方が言う戻り局面は見送り、再度下落トレンドに復帰し、直前の安値を割り込んだところを成り行きで売りに行くようなトレード方法」…これが、私の考える「戻り売り」です。**

もう、9-1で詳しくトレンドラインについて説明しましたので、「押し目買い」の方法の説明は不要かもしれませんが、ここで再度確認しておくことにします。

**一般的な押し目買いポイントと本書で主張する押し目買いポイント**

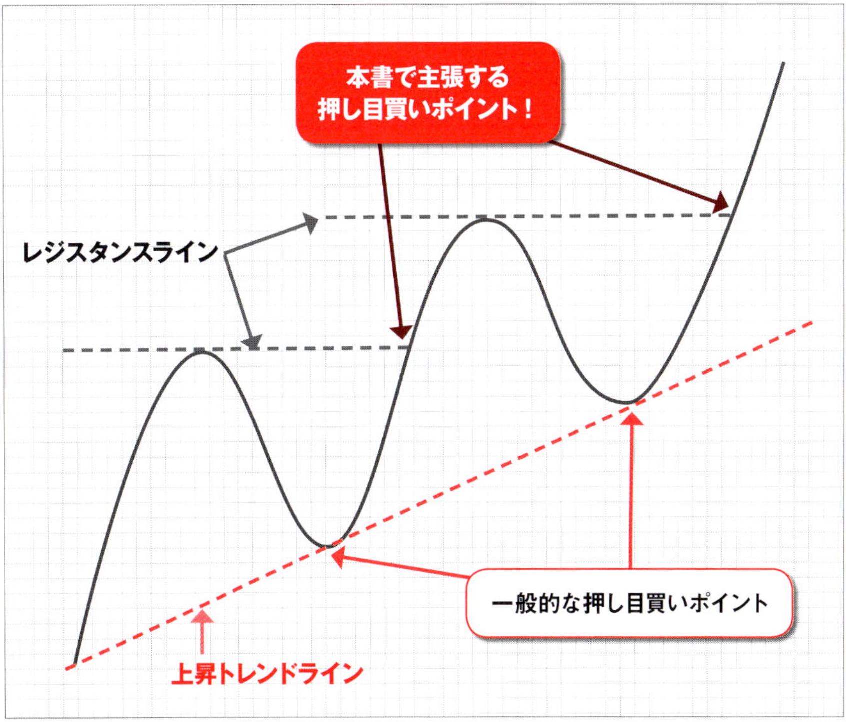


上昇トレンドであれば、トレンドラインを引き、直前の高値で形成されるレジスタンスラインも引きます。

トレンドラインに近づき、再度上昇トレンドに戻り、レジスタンスラインを越えたところが買いポイントとなるわけです。下落トレンドについては、これの全く逆ということになります。

**一般的な戻り売りポイントと本書で主張する戻り売りポイント**

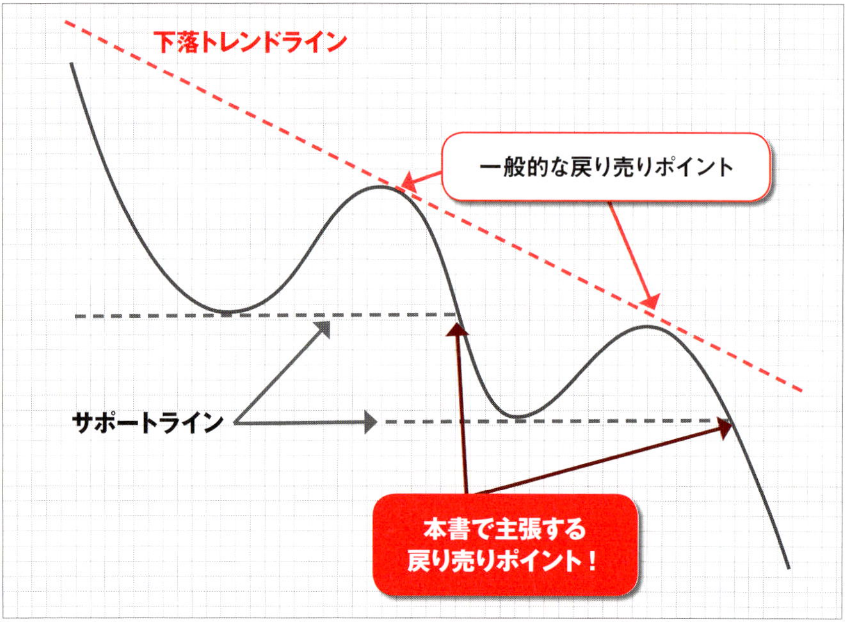


このチャートのように、下落トレンドラインを引き、直前の安値で形成されるサポートラインを引きます。トレンドラインに近づき、再度下落トレンドに戻り、サポートラインを割り込んだところが売りポイントとなるわけです。

何だか難しいなぁ…と思われた方も多いかもしれませんが、図で示されればそれほどでもないと感じるはずです。とにかく、考え方としては、「新規のポジションは順張りで作る」ということに尽きます。ただそれは、「言うは易し、行うは難し」かもしれません。そう、**私の言う「押し目買い」や「戻り売り」は、一般の方が考えているような安易なトレード方法ではなく、かなり高度なテクニックを必要とするもの**であることがお分かり頂けると思います。ただ、このトレード方法も、考え方は至って簡単です。チャートリーディングをしっかり行い、思い切って、しかも順張り方向に自然とトレードすることで、誰にでも実行できるようになると思います。

# レンジブレイクアウトは新規のポジションを作る絶好のチャンス

## 9-3

「レンジブレイクアウト」については、先に解説をしてきました。売り買いのバランスがレンジ形成から新たな局面入りしたという判断が可能なことから、これは売り買いのバランスが崩れた証拠と言えるでしょう。まさに順張りで新規のポジションメイクのチャンスと言えるわけです。

さて、 実際のチャートを使って説明しましょう。

**チャート55　レンジブレイクアウト**

このチャート55では、いったん高値を付けて調整局面に入ってから、下値を徐々に切り上げる動きが継続しています。最後の日足で、それまでの戻り高値を連続大陽線で上抜けました。文句なしに強い形と言えます。このチャートの続きを見てみましょう。それが下のチャート56になります。

## チャート56　レンジブレイクアウトのその後

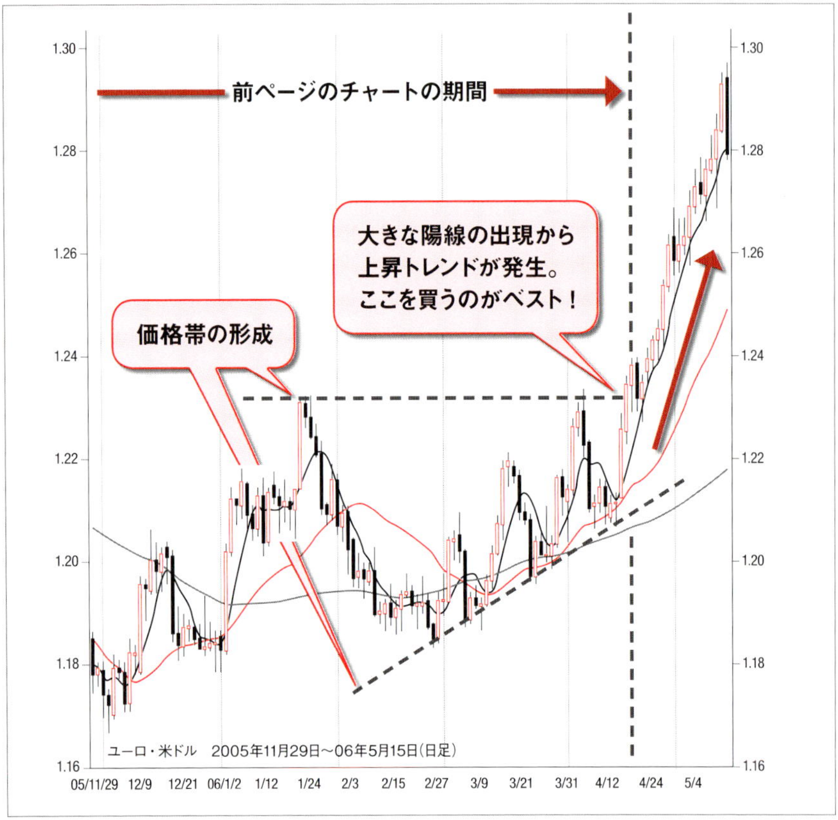


２本のラインによって形成された「価格帯」を上に抜けたところから買いトレンドが始まっているのがよく分かります。

あえて「から」と傍点を振っておきましたが、「買われたところを買う・売られたところを売る」というトレードには、合理性があるという点を理解するようにしてください。

**マーケットには、買われる相場は買われ続け、売られる相場は売られ続けるという性質がありますので、トレンドの発生するポイントをしっかり捉えることがとても重要**なのです。

下値切り上げ・上値切り下げの動きをマーケットが見せた場合には、それなりに理由があるということなのでしょう。

いずれにしても、**買い方が苦しんでいる場合は下に、売り方が苦しんでいる場合は上に、それぞれマーケットは動きやすく、そうした「苦しんでいる状況」がまさにチャートに現れることになる**わけで、こうしたことからも、チャートリーディングの重要性がお分かり頂けるのではないかと思います。

最後に、チャネルブレイクアウトの形状を、もう1度確認しておきましょう。チャネルを抜けるポイント（下の図の黒丸で示したところ）が、順張りのトレードの好機となります。

**チャネルブレイクアウトの概念図**

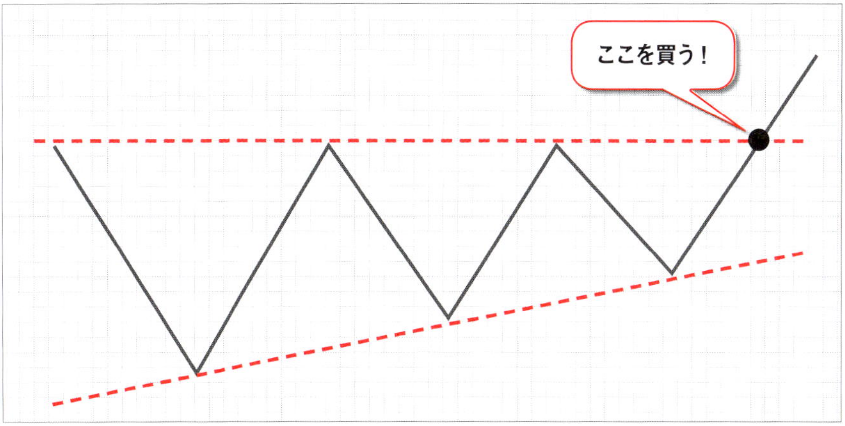

Column

# ローソク足の組み合わせやゴールデンクロス、デッドクロスはどこまで信用できるか

**ゴールデンクロス**

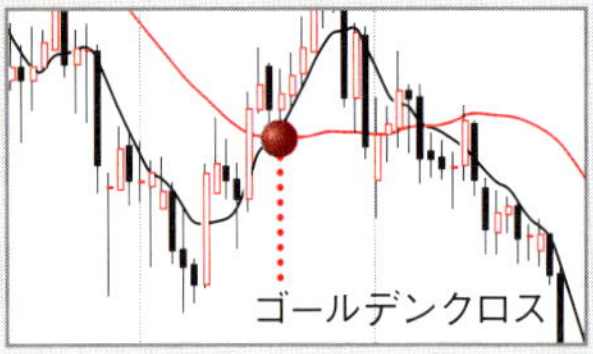


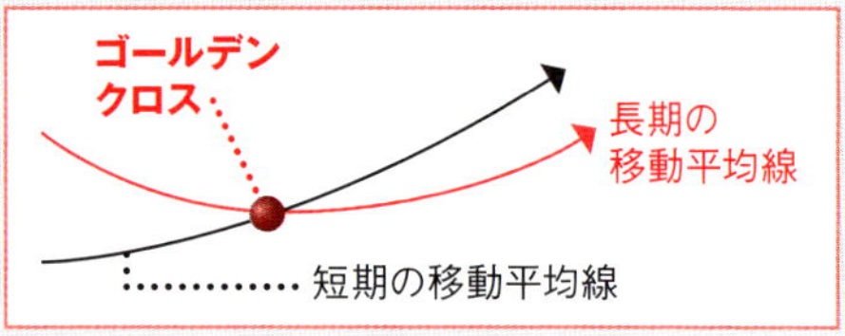


短期の移動平均線が長期の移動平均線を下から上へ突き抜ける形でクロスする

**▶上昇のサインといわれる**

**デッドクロス**

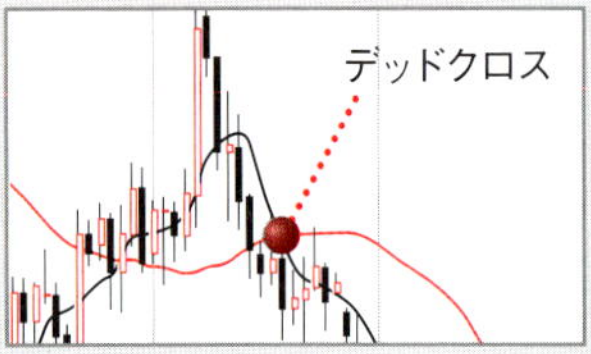


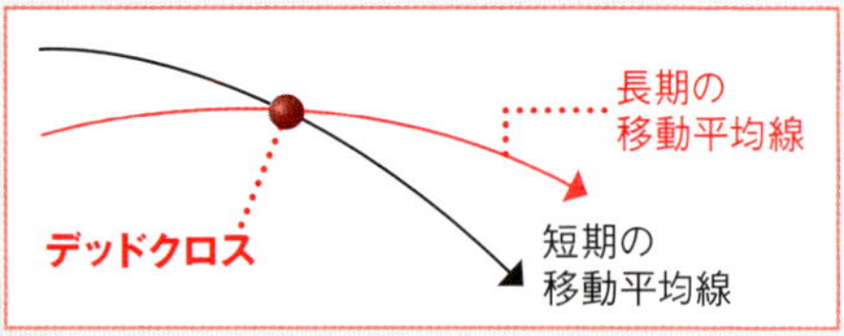


短期の移動平均線が長期の移動平均線を上から下へ突き抜ける形でクロスする

**▶下落のサインといわれる**

私は、ローソク足のフォーメーションによる予想（陽線が２日続いたら陰線が出やすいとか、包み足の次は…といったような、形状の組み合わせによって次の動きを占うこと）は、あまり好きではありません。なぜなら、確率や統計といった、確からしさに基づいた根拠のある情報に乏しいからです。こうした情報は、「夜に口笛を吹くと蛇が出る」といった迷信に近いようなものも多く、システムトレードを組んでも全く儲からないことが多いのです。

これと同じようなことは、意外に私たちの身近なところで見かけることが多いです。例えば、「移動平均線のゴールデンクロスは買い、デッドクロスは売り」といったストラテジーも同じようなものと言えるでしょう。

確かに、移動平均線がゴールデンクロスした場合は、その後買われることも多く、また、デッドクロスした場合は、その後売られることが多いです。

しかし、その後のパフォーマンスは、どこでポジションを決済するのか、ロスカットをどのように掛けるのかといった、他の要素に大きな影響を受けます。

単純に、移動平均線がゴールデンクロスしたら買い・デッドクロスしたら売りというだけのルールでは、ほとんど収益を上げることのできない通貨ペアも少なくないのです。

これらのマーケット分析は、根拠のないウワサに基づいたもの（書く人・話す人が適当に言っている）ことが多いので、信憑性に欠けるのです。

将来のマーケットの動きは、正直な話、誰にも正確に予測することはできませんが、それでも「過去はこうだった」という情報に有益性がないとは言えないと思います。

それは、マーケットの動きに「継続性」があることを、多くの人が否定をしないことからも明らかです。「過去こうだったのなら、近い将来もこうなるかな？」と考えるのが普通だと思います。

それでも、これからのマーケット分析は、

「この通貨ペアで、５日の移動平均線と20日の移動平均線を使い、ゴールデンクロスしたら買い・デッドクロスしたら売り、ストップロスを２円に設定した場合は、過去３年間のトレード回数が○回、勝率が○%、収益が○円」

といったような形のものになるべきと考えています。

現在、取引会社が提供している情報コンテンツにおいては、個人投資家が確率や統計に触れる機会はそれほど多くはありませんが、これからのマーケット分析は、主観的なものではなく、客観的に確率や統計で示されるべきというのが、私の考えです。

# 利食いの目標値を決めるための便利な4つの方法

9-4

ポジションメイクよりも利食いが難しいという話は既に何度か触れましたが、利食いの具体的なポイント（目標値）を定めるにはどのような方法があるのでしょうか。

これまでの説明では、フシ目の手前で利食う、波動系チャートが閾値を越えた場合に利食う、ボリンジャーバンドを利用する、ダイバージェンシーを利用するといった方法を紹介してきました。このチャプターでは、それ以外の利食いのターゲットの決定方法について説明していきます。

### 方法① ＰＩＶＯＴを利用する

ＰＩＶＯＴ（ピヴォット）は、RSIなど数々のテクニカル指標を発明したJ・W・ワイルダー氏によって考案されました。**前日の高値・安値・終値を使って、当日のサポートやレジスタンスを予測しようとする**ものです。

計算方法が簡単で使い勝手がよいテクニカル分析である割には、あまり市販の本では取り上げられていないようです。

ＰＩＶＯＴを算出するには、次のような計算を行います。

1．前日高値＝H、前日安値＝L、前日終値＝Cとすると、
　　PIVOT(P)＝(H＋L＋C)÷3

2．ライン1の計算
　　▶サポートライン1　　＝P×2−H

▶レジスタンスライン１ ＝Ｐ×２－Ｌ

３．ライン２の計算

▶サポートライン２ ＝Ｐ－（レジスタンスライン１－サポートライン１）

▶レジスタンスライン２ ＝Ｐ－（サポートライン１－レジスタンスライン１）

ＰＩＶＯＴは、以上のように、前日の寄付を一切考慮に入れない点において大変特徴的と言えるでしょう。

では、簡単な例を使って、ＰＩＶＯＴを計算してみましょう。

**PIVOTの計算例**

前提：前日高値=102円、前日安値=100円、前日終値=101円とすると、

PIVOT（P） ＝（102+100+101）÷３=101円

サポートライン１ =101×２－102=100円

レジスタンスライン１ =101×２－100=102円

サポートライン２ =101－（102－100）=99円

レジスタンスライン２ =101－（100－102）=103円

となります。

以上を図解すると、次のようになります。

このように、**事前に計算されたレジスタンスライン１・レジスタンスライン２及びサポートライン１・サポートライン２を利食いのターゲットにする**というわけです。

特にこれらの計算に利食いポイントの根拠となる理由があるわけではありませんが、人間は何かしら目安のようなもの・助言を求めるもの、こうした簡単な計算によって求められる目標値は大変重宝するものです。私もＰＩＶＯＴはよく使っています。

なお、インターネットで検索をかけますと、ＰＩＶＯＴを新規のポジションメイクに使う方法として紹介しているものも見かけますが、個人的には利食いに使うべきかなと考えています（ただし、私が、本家ワイルダー氏の主張を確認したわけではありませんので、この点はご容赦ください）。

### 方法② 移動平均分岐を計算する

移動平均分岐は、売り方・買い方のどちらが精神的に優位な立場に立つかという点を数字ではっきり示す点で大変優れています。ただし、大変優れたテクニカル分析であるにもかかわらず、ほとんど市販の本には掲載されていないのは、いったいどうしたことか…と、個人的に思うほど、一般には知られていない分析方法です。

３－３で、「移動平均線は、その期間のマーケット全体の売り買いの平均コストを表している」ことを説明しました。また、このことから、

・移動平均線よりもマーケット水準が上にあるときは、「買い方有利・売り方不利」
・移動平均線よりもマーケット水準が下にあるときは、「買い方不利・売り方有利」

であることを示しました。

ここで、ある面白い現象を観察することができます。

それは、**「きょう、どの水準で引けると移動平均線を終値が下回る（上回る）のだろうか？」という点が、事前に分かる**ということです。

つまり、「5日移動平均線」を例に取り上げますと、これは過去5日間の終値の平均を意味しますが、実は、マーケットが動いている間であっても、当日の終値をベースにした5日移動平均線は、事前に予想することが可能なのです。

よく考えれば、過去4日間の終値が既に分かっていることに加えて、当日の終値を仮定すれば、当日の5日移動平均線が容易に計算できるということは、皆さんにもお分かり頂けるのではないでしょうか。

つまり、「5日移動平均分岐」は、

過去4日間の終値÷4

という計算で求められるのです。

なぜ5日移動平均分岐なのに過去4日間の終値の平均を4で割るのかという点については後ほど詳しく説明しますが、とりあえず、移動平均分岐の意味は、

- **その値段以下で引けると、終値が5日移動平均線を下回る→買い方有利から売り方有利へと状況が変化する**
- **その値段以上で引けると、終値が5日移動平均線を上回る→売り方有利から買い方有利へと状況が変化する**

である点を押さえておきましょう。

具体例を1つ挙げてみます。

| 4日前の終値 | 3日前の終値 | 2日前の終値 | 1日前の終値 | 当日の終値 |
|---|---|---|---|---|
| 103円 | 102円 | 101円 | 100円 | ? |

過去4日間の終値の推移が以上のようなものだった場合、

（ア）仮に、当日の終値が99円だとすると、5日移動平均値＝101円となります。計算方法は、（103+102+101+100+99）÷5＝101円です。

（イ）仮に、当日の終値が102円だとすると、5日移動平均値＝101円60銭

となります。計算方法は、（103+102+101+100+102）÷５＝101円60銭です。

（ア）では、終値＝99円、５日移動平均＝101円ですので、終値が５日移動平均線よりもまだ下側に位置しています。終値＜５日移動平均線ですので、売り方優位の展開が続いていると言えます。

（イ）では、終値＝102円、５日移動平均線＝101円60銭ですので、終値が５日移動平均線よりも上側に位置しています。終値＞５日移動平均線ですので、この日を境に売り方優位の展開から買い方優位の展開に変わったことが分かります。

このように、その日の終値によって、終値と５日移動平均線との位置関係が大きく変わることが分かります。図示すると、以下のようになります。

**(ア)の場合**

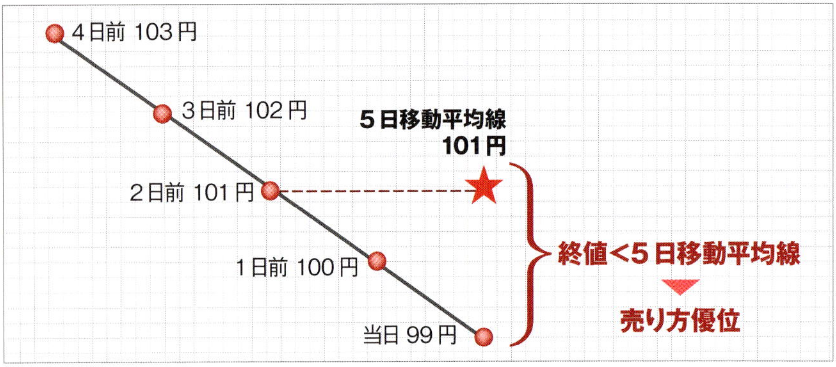


**(イ)の場合**

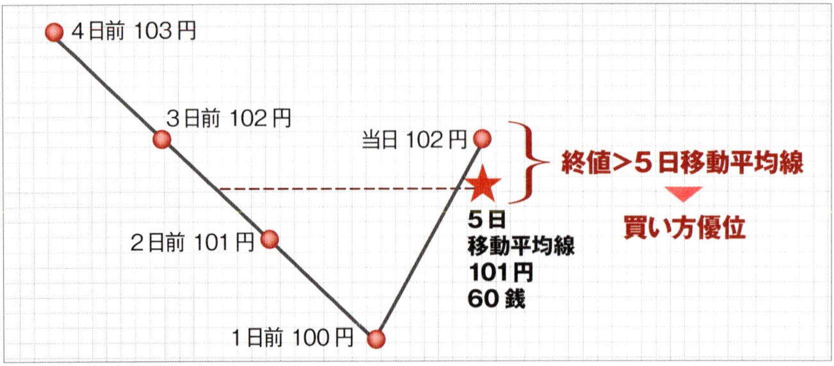

移動平均分岐は、このように、**当日の終値によって移動平均線と終値の位置関係が変わる点に着目**します。

ここで、当日の終値がどの値段以上だったら、終値＞移動平均線になるのかという点に皆さんは興味がありませんか？

当日のマーケットの動きを見ながら、この値段を境に移動平均線と終値の位置関係が分かるとしたら、大変興味深いと思いませんか？

その答えが、「移動平均分岐」なのです。

ここで、（ウ）の場合として、当日の終値が101円50銭だったらどうなるのか、図示してみることにします。

**（ウ）の場合**

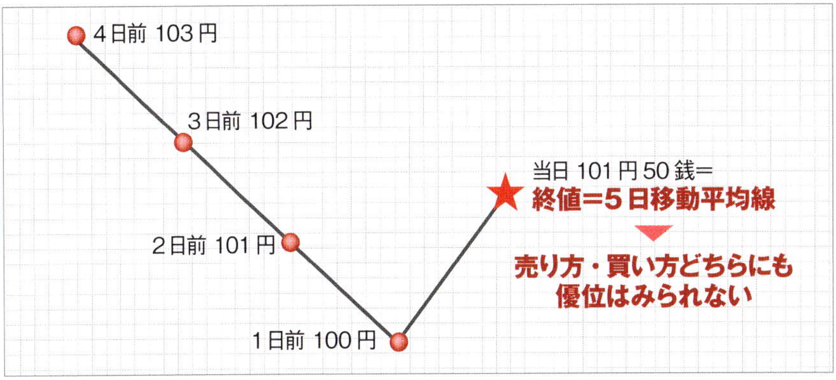


見事に、終値と5日移動平均線が一致しました。終値と5日移動平均線のみの関係で言えば、売り方・買い方に優位関係は見られない値段で引けたということになります。

さて、ここで、過去4日間の終値の平均を計算してみましょう。

**（103+102+101+100）÷4＝101円50銭　となります。**

不思議なことに、5日目の終値が101円50銭だった場合の5日平均線の水準と全く同じ計算結果となります。

たった今、「不思議なことに」と書きましたが、実はこれは全く不思議なことではありません。**過去4日間の平均の値段と今日の終値が同じ値段だっ**

**たとしたら、過去５日間の平均と今日の終値が一致するのは当然のこと**だからです。

つまり、５日移動平均分岐は、過去４日間の移動平均と一致するのです。

同じように、20日移動平均分岐は、過去19日間の平均と一致しますし、75日移動平均分岐は、過去74日間の平均と一致します。

これが移動平均分岐の正体です。

私がトレードをする際は、エクセルの簡単なシートで５日・20日・75日の移動平均分岐を事前に計算しておき、この値段を境に売り方と買い方の優位性が変わるんだ、勢力図が変わるポイントなんだという認識を予め持つようにしています。このように、**移動平均線と終値の関係を直結するものが移動平均分岐ですので、考え方としては大変重要なものである**ことがお分かり頂けるのではないかと思います。

**ポイント**

1．移動平均分岐は、終値と移動平均線の位置関係を端的に示す
2．移動平均分岐を境に、買い方と売り方の優位性が大きく変化する
3．移動平均分岐は、事前に計算することが可能
4．トレードの際には、移動平均分岐を確認するようにする

### 方法③ 一目均衡表の計算値を利用する

「一目均衡表（いちもくきんこうひょう）」というテクニカル分析については、その名前くらいは誰もが聞いたことがあると思います。「雲」という独特の概念を使って相場の状況を表現します。

残念ながら、私は随分長い時間をかけて一目均衡表を勉強してみましたが、どうも十分に理解できず今に至っています。そのため、セミナーにおいても一目均衡表を使って話をしたことは一度もありません。自分が理解していないものをお勧めするわけにはいかないからです。

ただ、**一目均衡表の中には、４種類の「計算値」という考え方があります。これは、利食いポイントの設定に役立ちます**し、考え方も大変シンプルですし、計算方法も実に簡単ですので、ここでご紹介することにします。

**1. V計算値**

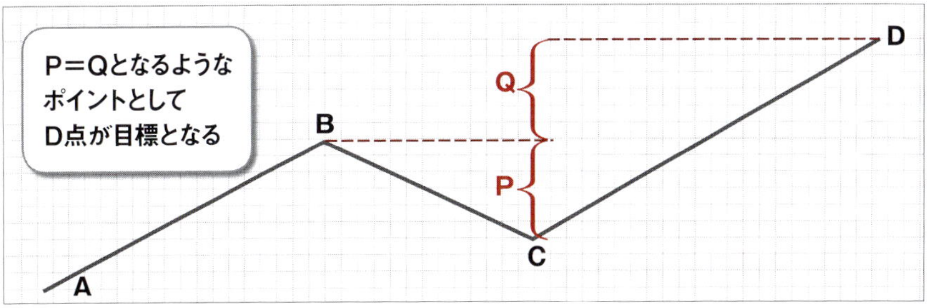


**2. N計算値**

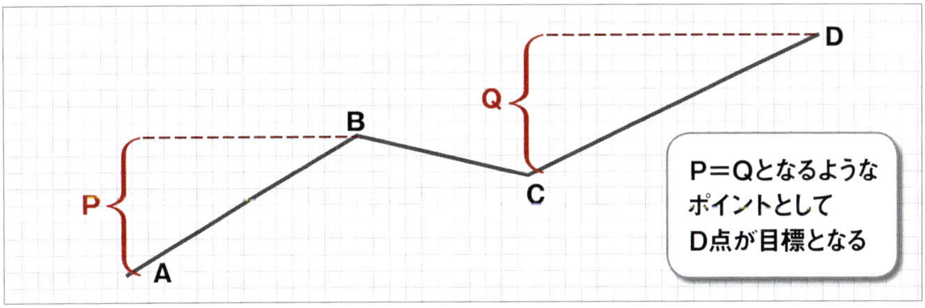

## 3. E計算値

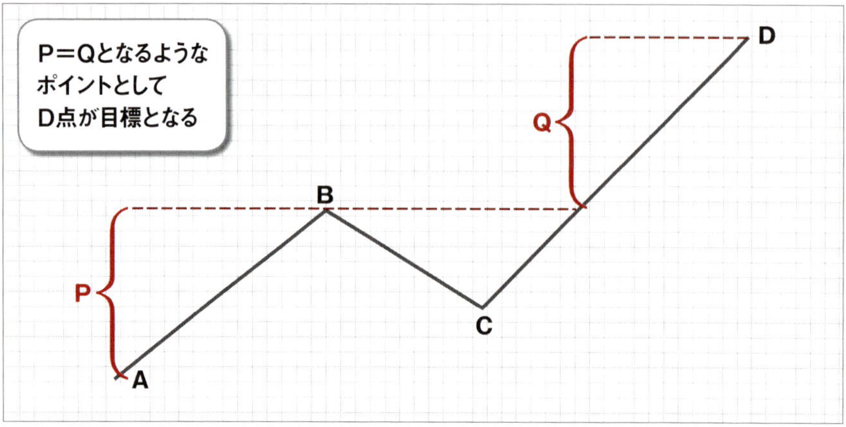


## 4. NT計算値

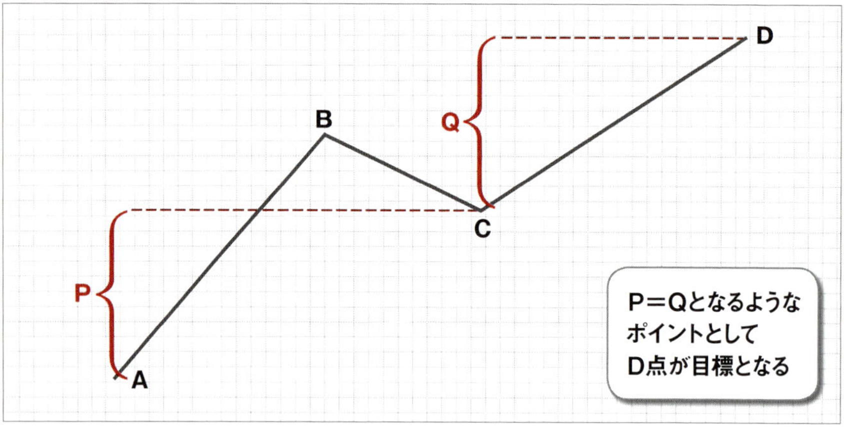

## 方法④ 移動平均線からのかい離幅を利用する

最後に、移動平均線からのかい離幅を利用して目標値を計算する方法を紹介します。

移動平均線は、マーケット全体の売り買いの平均コストであることは何度も話してきましたが、実は、移動平均線のこうした性質に注目して、利食いポイントを算出することが可能なのです。

具体的な方法は、長期のチャートを使って、長期の移動平均線からのかい離幅を計算するというものです。次のチャート57を使って説明しましょう。

**チャート57　移動平均線からのかい離幅を利用**

このチャートを見ると、高値を付けた12月5日の週の終値が120円61銭で、その週の長期移動平均線が109円49銭となっています。その差は11円12銭ですので、長期の移動平均線からこれくらいかい離すると相場が高値を付ける傾向があるのではないかという風に読めるわけです。

## チャート58　利食いポイントの設定

通貨ペアによって動きは当然異なりますので、同じ通貨ペアで見積もりを立てる必要がありますが、ドル＝円で言いますと、経験的には長期の移動平均線から10円以上かい離すると、いったん過熱感が出て調整局面に入る可能性が高いように思います。

こうした性質を利用すると、利食いポイントの設定も行えます。

チャート58での08年３月17日の週の長期の移動平均線は114円57銭に位置していますので、先ほどの11円12銭を引くと103円45銭になります。これよりも下は、過去の傾向で言えば長期の移動平均線から最もかい離したポイントであるわけですから、いったん利食いを入れてもよいのではないかという発想につながるのです。なお、ここでは「概ね」という、アバウトな言葉を使いましたが、そもそも利食いラインの設定というのは、欲深い人間に歯止めをかけるためのものですから、考え方としてはこれくらいでよいと思います。

収益性をグンと高めるには

# 正しいマネーマネジメントが大切！

プロが実践している「買い乗せ・売り下がり」とはどんな手法なのか、
「菱形を意識した売買ポジション」とは何か？
上級者向きのトレイリングとは？
あなたがこれまで知らなかった
マネーマネジメントの数々の手法をご披露します。

# 第10章

# ナンピンは相場に逆らったトレード手法である 絶対に行ってはならない！

10-1

ナンピンは、漢字では「難平」と書きます。これは、「難を平にする」という意味で、俗に評価損を抱えた場合にナンピンを行うことによって平均コストを下げる投資手法のことを意味します。

例えば、ドル円相場が100円の時に、円安に進むだろうとドル買いのポジションを１単位持ったものの、意に反して値下がりし、98円に下がってしまった場合、ここでさらに１単位買うことによって、平均買いコストが99円に下がります。その後99円まで戻せば、損益はゼロで逃げられるというわけです。

この投資手法、皆さんはどのようにお考えでしょうか？

私は、ナンピンは絶対に行ってはいけないと考えています。まず、「**ナンピンは相場に逆らった行為である**」という点をしっかり認識すべきです。

先ほどの例で言えば、強気だからドルを買ったのに、

「意に反して値下がり」→この時点でまず、相場観が外れています。

また、「値下がりした時点で買う」ということは、トレンドラインに近づいたところで買うのと同様に、相場の流れに逆らったトレード方法ということになります。

新しくポジションを持つ場合、リスク量を増やすトレードは順張りでなければなりませんので、この時点でナンピンは不適切な方法ということになります。

さらに、**ナンピンは、相場の向きと反対の方向にリスク量を増やすトレード**です。先ほどの例で言えば、下落トレンドが発生している相場かもしれないのに、買い持ちのポジションを増加させることになるわけです。この点で

もナンピンはNGということになります。

次の図で、ナンピンの様子を確認してみましょう。

**ナンピンの概略図**

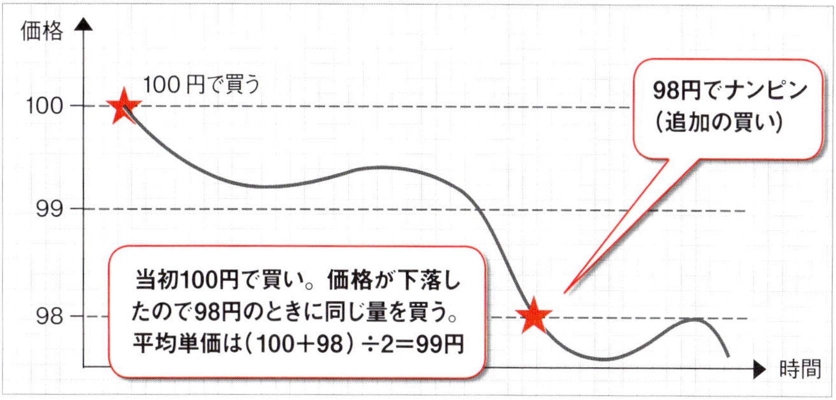
価格
100
99
98
100円で買う
98円でナンピン
（追加の買い）
当初100円で買い。価格が下落したので98円のときに同じ量を買う。平均単価は（100＋98）÷2＝99円
時間

この図のように、ナンピンを入れることによって買いポジションの平均単価が100円から99円に下がりました。しかし、**これは勝つためのトレードからはほど遠い**のです。

勝つことを考えるならば、まず、当初の相場観に反して98円まで下落した時点で、ロスカットをかけることを検討しなければいけません。その上で、さらに強気であればまた買うという意思決定を行うべきなのです。

この理屈が理解できない人は、次のように考えるとよいでしょう。

まず、強気の相場観に基づいて100円で１単位買い、98円まで下落した際に、いったんロスカットをかけたとしましょう。そこで、さらに「２単位」の買いポジションを持つというトレードを行いますか？

大半の方が、いったん下落してロスカットをかけて、さらに２倍のポジションを持つなんて…と思うのではないでしょうか。ナンピンをかけるということは、こういうトレードを行っているのと同じことなのです。

ナンピンには、「売買コストを下げる」という効果があります。先ほどの例で言えば、当初100円だった買い持ちのポジションが、ナンピンを入れることによって99円へと下がりました。しかし、**トレードにおいて大事なことは、安く買ったり高く売ったりすることではありません**。いくら安く買っても、その後相場が下落してしまっては儲かりませんし、いくら高く売っても、その後相場が上昇してしまっては儲からないからです。

極端な話、世界中で最も高い値段を買ってしまったとしても、それ以上高い値段で買ってくれる人が１人だけ現れて、その人に売り注文をぶつけることができれば、それでＯＫなのです。

売買コストよりも、**相場の向きに従ったポジションを持っているかどうかという点が決定的に重要であるという点を、くれぐれも忘れないようにしてください**。

「ナンピンのナンピン」という言葉も耳にすることがありますが、これはもう、言語道断です。とにかく、ナンピンしたくなったら一度ロスカットをかけ、冷静になって相場をもう一度見るという習慣を付けてください。厳しいようですが、ナンピンを行っているうちは、勝ち組には入れません。

**ポイント**

1．ナンピンは、相場に逆らった行為。やってはいけない
2．ナンピンをしたくなったら、その場で一度ロスカットをかけるようにする
3．ナンピンをしているうちは勝てない
4．ナンピンのナンピンは言語道断！

Column

# トレードの世界では ドルコスト平均法は×

「ドルコスト平均法」という言葉を耳にしたことはありませんか？　これは、例えば毎月一定の金額で継続して購入していくような投資手法を意味しています。

少しずつ購入していくことによって、高い値段での購入を避け、一般的に平均取得価格が低くなるメリットがあると説明されています。しかし、**トレードの世界では、ドルコスト平均法はご法度です。なぜなら、毎月ナンピンを繰り返していくことになりかねないから**です。

仮に、右上がりあるいは横ばいの相場が保証されているのであれば、ナンピンという投資手法が効果を発揮することも考えられます。しかし、相場というのは、ある日いきなり大きく動き出したり、株の世界で言えば倒産によって株価が急落したりという可能性を秘めているわけですから、そもそも「保証」という言葉の対極にあると考えてよいでしょう。

しかも、毎月購入を続けていきますので、どんどんリスク量が増加していきます。また、相場観に従った売買ではありませんので、毎月無責任にリスクを取り続けることになってしまいます。

ドルコスト平均法の代表選手が、いわゆる「自社株持ち株会」です。会社が福利厚生で一部奨励金を出して従業員が自社の株式を取得する場合に、ドルコスト平均法がよく使われます。

業績の良い会社の株式ならイザ知らず、業績が悪くなると株価も下落してしまい、最悪破綻してしまう可能性もあります。こうした会社の持ち株会は悲惨です。最後の最後まで購入を続けますので、株数は増えますが、資産の量は減る一方…。

日本では、どうもドルコスト平均法を勧める方が多いようです。個人的には、もういい加減に、個人投資家が自分の相場観を養うことを通じて、自分自身でリスクを取れるようになってほしいと思っています。先ほども書いたように、**ドルコスト平均法はリスクに対して無責任なトレード手法**です。くれぐれも「時間分散」「高値つかみを避ける」といった言葉に騙されないようにしてください。

# 勝っているプロが実践する「買い乗せ」「売り下がり」をマスターしよう

## 10-2

10-1では、ナンピンはダメですよという話をしました。では、現在のポジションを大きくしたい場合は、どういう手段をとればよいのでしょうか？

正解は、「買い乗せ」と「売り下がり」です。

ナンピンは逆張りでリスクを増加させるトレードでしたが、買い乗せ・売り下がりは順張りでリスクを増加させるトレードです。保有ポジションの平均コストは悪くなりますが、そんなことは全く関係ないのです。

| 疑問／手段 | 順張り？ 逆張り？ | ポジションコストは？ | 勝てる？ |
|---|---|---|---|
| ナンピン | 逆張り | よくなる | × |
| 買い乗せ・売り下がり | 順張り | 悪くなる | ◎ |

買い乗せの例を図で紹介しましょう。

**買い乗せの例**

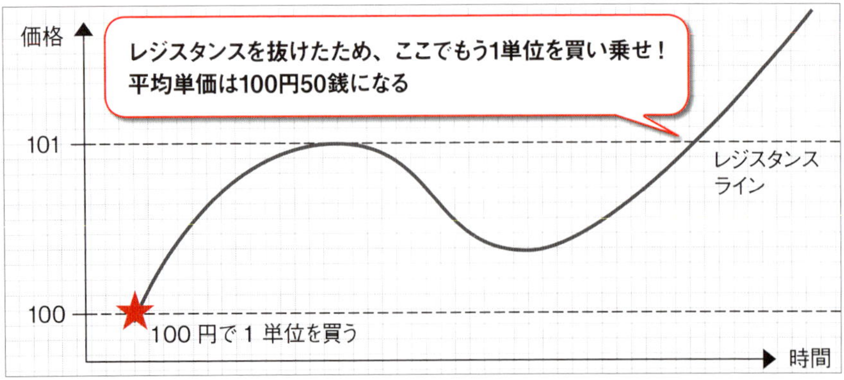
価格
レジスタンスを抜けたため、ここでもう1単位を買い乗せ！
平均単価は100円50銭になる
101
レジスタンスライン
100
100円で1単位を買う
時間

強気の相場観に基づき、100円で１単位買いました。その後、いったん下押ししたものの再度上昇モードに入り、直前の高値を越えたところで、さらに１単位買っています。

このようなトレードを行うと、買いポジションの平均コストは100円50銭になりますので、当初の100円より50銭高くなっています。ただし、**相場の向きに従ったポジションが2単位と当初の倍になっていますので、より収益チャンスが広がる**のです。

## 買い乗せや売り下がりを行わない普通のトレードが実は最も難しい

買い乗せ・売り下がりといったトレードを行えるようになると、飛躍的に収益状況がよくなるはずです。これは、買い乗せ・売り下がりが相場の向きにリスク量を増やすことに他なりませんので、当然と言えば当然のことなのですが、実は、多くの個人投資家の方がこのレベルに至るまでにマーケットから退場処分を受けてしまっているのではないかと思います。

その理由は、意外に思われるかも知れませんが、**買い乗せ・売り下がりを行わないトレードの方が難しいトレード**だからです。多くの個人投資家が、買い乗せ・売り下がりというトレード方法を知りませんし、誰も教えてくれませんので当然のことですが、実は、１単位買う・何もしない・１単位売るという、３通りの選択で売買を行うのが、最も儲かりにくいトレード方法なのです。以下に、買い乗せ・売り下がりを行う場合と、行わない場合の比較をしてみます。

**(ア) 買い乗せ・売り下がりをしない場合**

持てるポジションは、

- **1単位の買い持ち**
- **ポジションを持たない**
- **1単位の売り持ち**

の３通りです。

これでは、かなり強いという相場観があるときも、ちょっとだけ強いかなという相場観があるときも、「１単位の買い持ち」しか選択がありません。弱気の相場観の時も同じです。

### (イ)買い乗せ・売り下がりをする場合

持てるポジションは、

**・２単位の買い持ち**

**・１単位の買い持ち**

**・ポジションを持たない**

**・１単位の売り持ち**

**・２単位の売り持ち**

の５通りに膨らみます。

こうなると、かなり強いという相場観があるときは「２単位の買い持ち」、ちょっとだけ強いかなという相場観があるときは「１単位の買い持ち」といった具合に、自分の相場観の強さに応じてリスク量をコントロールすることが可能になるのです。

多くの個人投資家の方が、(ア) の形でトレードをされているのではないでしょうか？　だとしたら、これは、勝つのが難しい状況で勝負していることになるのです。個人投資家は、今やブロードバンドの普及によって、取引環境の点ではプロと同じ土俵に上がったものと考えてよいのですが、こうしたトレード戦略という点では、まだまだプロには追いついていないようです。

## その時々の相場観の強さに応じて売買サイズを調整すべし

参考までにお伝えしますと、プロのリスク量のコントロールはもっともっと上下の差があります。例えば、相場が動かずどうしようもないときに取るリスク量を１単位とすると、相場にトレンドがあって、収益を狙いに行く(勝負をかける）トレードを行うときのリスク量は10単位くらいです。つまり、**自信のあるトレードとそうでないトレードは、10倍くらいのリスク量の差がある**ということなのです。プロはこれくらいメリハリのある売買サイズの調整を行っているのですが、個人投資家の皆さんはさて、相場観に自信がないときとあるときとでそれだけの差をつけていらっしゃいますか？　おそらくないのではないかと思います。

１万通貨単位で普段トレードをしている個人投資家で考えると、プロが勝負をかけるトレードは10万通貨単位で行っているという感じになります。

実際に、プロが行うトレードは、売買のサイズが個人投資家に比べると大きい(小さなサイズでも500万米ドルとか1000万米ドルとか）です。しかし、勝てるかどうかという点については、サイズの大きさは全く関係ありません。**売買サイズの大小ではなく、相場観の強さに応じて売買サイズを調整できるかどうかが勝負の分かれ目となる**のです。

**ポイント**

1. ポジションを持ち、評価益が乗った状態で相場観に自信があれば、思い切って買い乗せ・売り下がりを検討する
2. 買い乗せ・売り下がりを行うと売買コストは悪くなるが、全く気にする必要はない
3. 買い乗せ・売り下がりは、相場の流れに従ったリスク量を増加させる行為であり、収益状況を飛躍的に改善させる効果がある

# ポジションの運営は「菱形」を意識すると効果的

## 10-3

さて、相場にトレンドが出た場合には、買い乗せ・売り下がりによって、思い切ってロットを上げて収益を狙うことが収益状況の飛躍につながることを10-2で説明しました。これを、もう少し噛み砕いた言葉で説明しようと思います。それは、「ソロバンの玉」です。

最近はソロバンを見かけることも少なくなりましたが、ソロバンの玉は、菱形（ひしがた）になっていますね。ポジションの操作も、このソロバンの玉のように行うとよいと思います。以下、トレンドのあるチャートを取り上げて説明することにします。

**チャート59　ポジションの操作例**

米ドル・円　2008年7月4日～12月18日（日足）

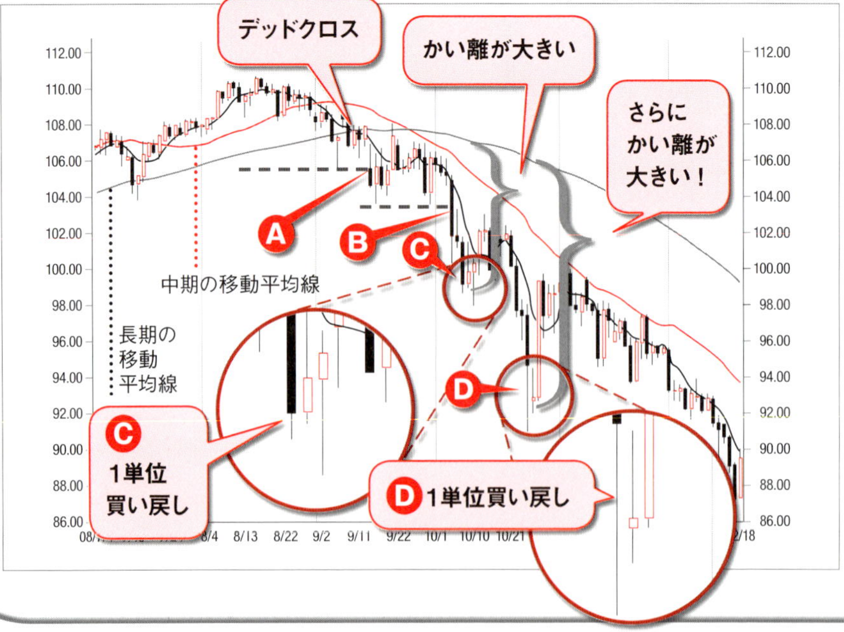

チャート59上のA点〜D点の説明は以下のとおりです。

・**A点→短期と中期の移動平均線がデッドクロスをした後に出現した下ヒゲを下回ったところで１単位の売りポジションを持つ**
・**B点→下落トレンドに入り、やや戻したものの再度下落モード入り。直近の安値を切ったところでさらに１単位の売りポジションを持つ（合計２単位の売りポジション）**
・**C点→大陰線が出現し、急落局面を迎える。長期の移動平均線とのかい離が大きくなってきたために、１単位買い戻しを入れ、様子を見る（合計１単位の売りポジション）**
・**D点→その後やや戻したものの再度下落、長期の移動平均線とのかい離がさらに大きくなってきたため、過熱感があるものと判断、最後の１単位も買い戻す（ポジションはなくなる）**

このようなポジションの操作ができれば、B点で作ったポジションをC点で利食い、A点で作ったポジションをD点で利食うことになりますので、A点のポジションをトレンドに沿ってD点までずっと引っ張ることができます。

さて、売り買いどちらかのポジションを取り、利益が出た場合、そのポジションを膨らませる際の手法の一つがピラミッディングです。よく言われるのが、追加するポジションの量を次第に減らしていくというやり方です。最初が10単位の投資だったら、次に追加するのは５、その次は３、その次は１という具合に、です。そうしてできたポジションの総量を図示化すると三角形、つまりピラミッドに見えることからピラミッディングという名前がついています。

ただし、私は、当初のポジションより買い乗せ・売り下がりのポジションを小さくすべきだという部分については、個人的にはあまりこだわりは感じていません。

## 基本的なピラミッディング

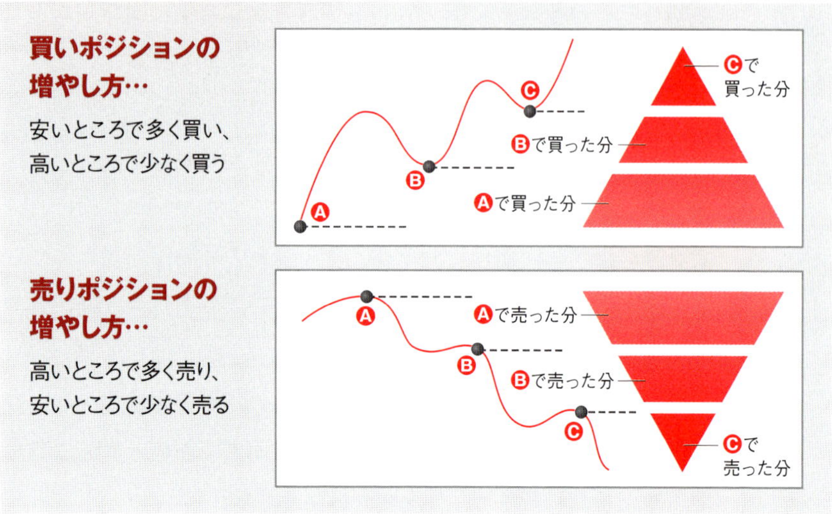


むしろ、個人投資家の方に、最初5単位売って、次は3単位、その次は2単位…という細かなコントロールを強いる方が無理があるのではないかと思います。2度も3度も買い乗せ・売り下がりを行うというのも、個人投資家にとってストレスを感じるのではないでしょうか。

ですので、**単に、普通の相場観なら1単位、さらに評価益を抱えた状態で相場観に自信が増せばさらにもう1単位という、単純なルールでいい**と私は思っています。ここで、私のいうポジションの膨らませ方、そしてポジションの閉じ方を図に示すと、右ページ上のようになります。

この図では、縦軸が「保有ポジションの大きさ」を、横軸が「時間の経過」を表しています。

まず、A点で1単位売り、下落した後にB点でさらに1単位売りますので、B点での縦線の長さ（保有ポジションの大きさ）は2単位になります。その後、さらに下落したC点で1単位買い戻すと、縦線の長さが1単位分だけ短くなり、A点と同じ1単位になります。そして、最後のD点で残りの1単位を買い戻しますので、ポジションがなくなります。このように、私のいうピ

本書が推奨するピラミッディング

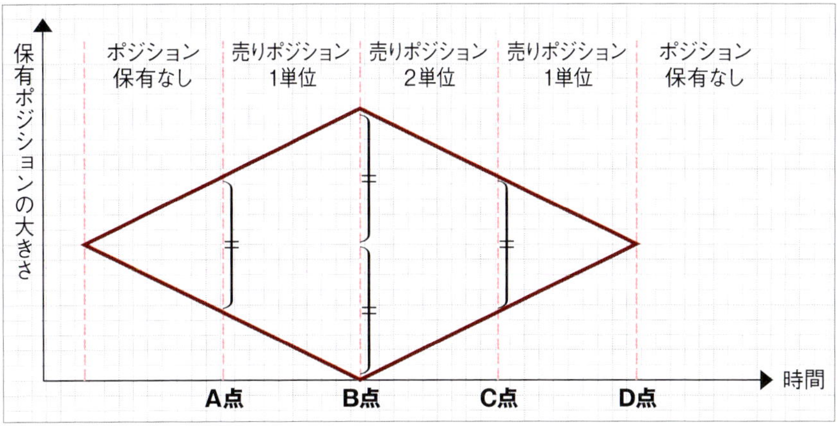


ラミッディングを視覚に訴える形で表現すると、ソロバンの玉のようになるのです。

この場合、仮に売り乗せを行わなかったとすると、A点で作った売り持ちのポジションをB点で早々と買い戻してしまい、下落トレンドの残りの部分（B点〜D点）の収益をみすみす放棄してしまう可能性も出てきます。

相場観に自信があるという判断の元、売り乗せを行うことによって下落とともに保有リスクを減らしつつ、さらにトレンドに追随して収益を追求するトレード方法が、買い乗せ・売り下がりという手法なのです。

もちろん、買い戻しは一気に２単位行うとか、最初に２単位売り、買い戻しは１単位ずつとか、そういう手法ももちろんＯＫです。大事なことは、こうした考え方で相場に臨む方が収益性が高いということを知った上で取り組むのと、何も知らずに買ったり売ったりするのとでは、戦術面で雲泥の差があるということなのです。

常に勝ち続ける、勝ち組＝プロは、必ずこのピラミッディングを行っているはずです。相場観の強弱で保有ポジションの大きさを変化させつつ、トレンドをできるだけ長く取りに行こうとするトレード手法を身に付けることができれば、収益性が格段に上がると思いますので、皆さんも是非参考にしてください。

Column

# プロは
# 相場観に加えて
# 自分の調子も考えて
# 売買する取引量を
# 調整する

ピラミッディングは、買い乗せ・売り下がりによって取引量を増やし、決済することによって取引量を減らし、ソロバンの玉のようにポジションをコントロールする手法であることを説明しましたが、プロのポジションの調整はどのようなものなのでしょうか。

10-2では、プロのリスク量の調整は10倍程度ですよと書きましたが、いったい、プロはどのような判断の元にこうした調整を行っているのでしょうか。

この回答としては、まず、(1)相場観の自信度を挙げることができます。相場観が強ければ強いほど、大きな取引量で勝負すべきという議論には、疑いをはさむ余地はないでしょう。

次に、(2)自分の調子を挙げることができます。トレードを行うのは人間ですので、どうも調子が悪いなぁと感じるときもあります。そういうときは、あえて取引量を抑えてトレードをするようにします。

トレンドがあるかどうかという判断そのものも(1)に含まれるでしょうから、プロが行っている取引量の調整は、以上2項目によってコントロールされているということになります。意外に適当という印象を受けられるかもしれませんが、トレードにルールはありませんので、自分が気に入った方法で行うというのが答えだと思います。

# 欲張りなポジション運営であるトレイリングを行うにはかなりの経験が必要

10-4

皆さんは、トレイリング（あるいはトレイリングストップ）という言葉を聞いたことがありますか？　評価益を追いかけつつ、一方でストップロスの執行水準も上げていくという、欲張りな方法です。

トレイリングの具体例については、図を見てもらった方がよいでしょう。

**トレイリングの例**

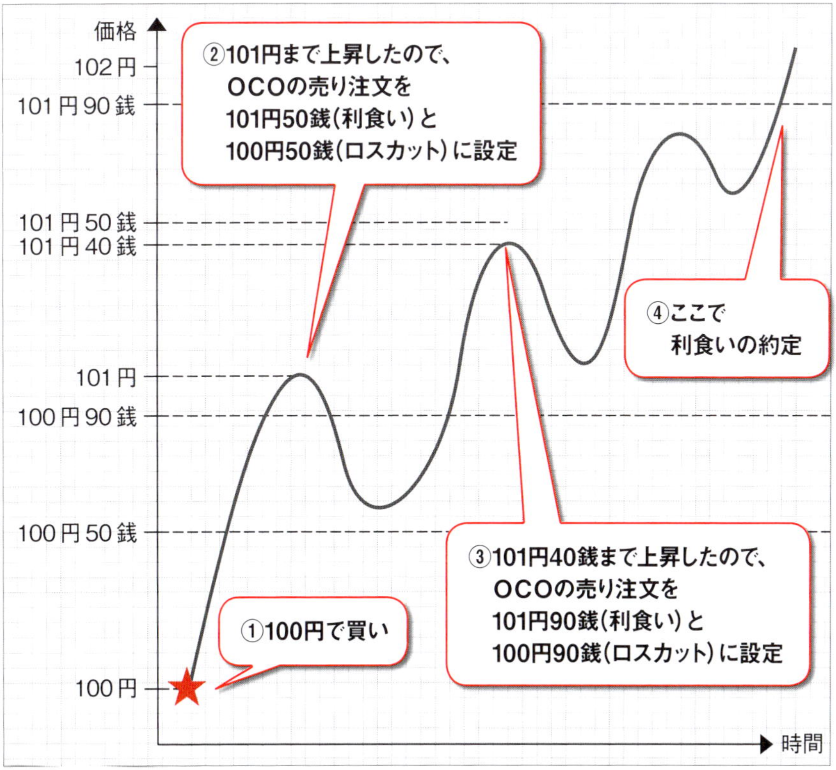

100円で買ったところ、上昇トレンドに乗って101円まで上昇しました。ここで、ＯＣＯ注文（7-9、7-10を参照）で利食いとロスカットの注文を同時に入れました（②の地点）。その後101円40銭まで上昇したため、今度もＯＣＯ注文で利食いとロスカットの注文を同時に入れました（③の地点）。最終的に101円90銭で利食いに成功しています（④の地点）。

このように、トレンドを上手く捉えるポジションを持てた場合に、決済注文を少しずつ現在の価格に近づけていく方法がトレイリングと呼ばれる手法です。少し難しくいえば、ストップロス注文の執行を評価益の中で行えば実現損が出ないという仕組みを利用して、評価益が増加するに従ってストップロスの水準を現在の価格に近づけていくという手法です。

図では、ＯＣＯの売り注文を入れていますが、これは損切りのストップロスオーダーだけでも構いません（その場合は、別途利食い注文をどこかで入れる必要があります）。

## 筆者が実践する 値幅や率で設定するトレイリングの方法

とはいえ、実際にやってみると、トレイリングの設定はなかなか難しいものです。もちろん、正解はありませんので、お好きにどうぞ…という形になるのですが、私の考えるトレイリングの設定方法をご紹介しておきます。

**①値幅で設定する▶ 図のように、評価益のあるポジションについて、いくら逆方向に動いたら利食うという設定を行います。もちろん、OCOの注文でもかまいません。**

**②率で設定する ▶ 高値から何％といった具合に、①の幅の代わりに率で設定する方法です。**

個人的には、①パターンの方が気に入っています。また、トレイリング注文ではＯＣＯで入れることが多いので、オーバーナイトでポジションを持つ際に使うことが多いトレード方法ということになります。

ただ、冒頭にも書きましたが、**トレイリングというのは、ある程度トレード技術が上達してきた場合に知らず知らずのうちに実行できているというもので、あえてこれを取り上げてルールを策定するとか、あまり深く入り込まない方がよい**ように感じます。

結論としては、トレイリングは、かなり高度なテクニックである点をしっかり認識しておけばよいのではないでしょうか。必ずしもトレイリングをマスターしなければトレードで勝てないということではありません。この点は誤解されないようにお願いします。

**ポイント**

1. トレイリングの設定は難しい
2. 幅で設定する方法と率で設定する方法がある
3. OCO注文とセットにしておくとよい

# 例外的に有効なローソク足のフォーメーション「行って来い」を狙う方法

10-5

　この章の最後に、「行って来い」という、ローソク足のフォーメーションのひとつを取り上げます。ローソク足のフォーメーションにはあまり気を遣うことはないと、9-3のコラムで書きましたが、この「行って来い」だけは説得力もありますので、筆者はよくトレードのシグナルとして利用します。特に、レンジブレイクアウトとセットで出現した場合には使い勝手がよいように感じます。

　では、「行って来い」の代表例をチャート60で確認してみましょう。

**チャート60　「行って来い」トレード**

チャート60の丸で囲んだ部分を拡大すると、チャート61のような感じになります。

まず、上昇トレンドを形成する中、①で136円付近のレジスタンスを越え、レンジブレイクアウトを達成、さらに高値を窺います。

次に、②で上伸します。ここまでは大方の予想どおりの動きと言えるでしょう。

ところが、③でさらに上値を試したものの、一気に押し戻され、前日のローソク足を包み安く引けてしまいます。

④は、いよいよ耐え切れず、勢いを付けて下落してしまいます。

⑤で戻りを試すものの、やはり戻りきれず、下落トレンド入りしてしまいます。

一連のこの流れを、どのように考えたらよいでしょうか？　また、トレードのヒントは何か見つからないでしょうか？

まず、③の高値追いの拒否がショッキングな印象を受けます。マーケット

**チャート61　チャート58の円内の拡大図**

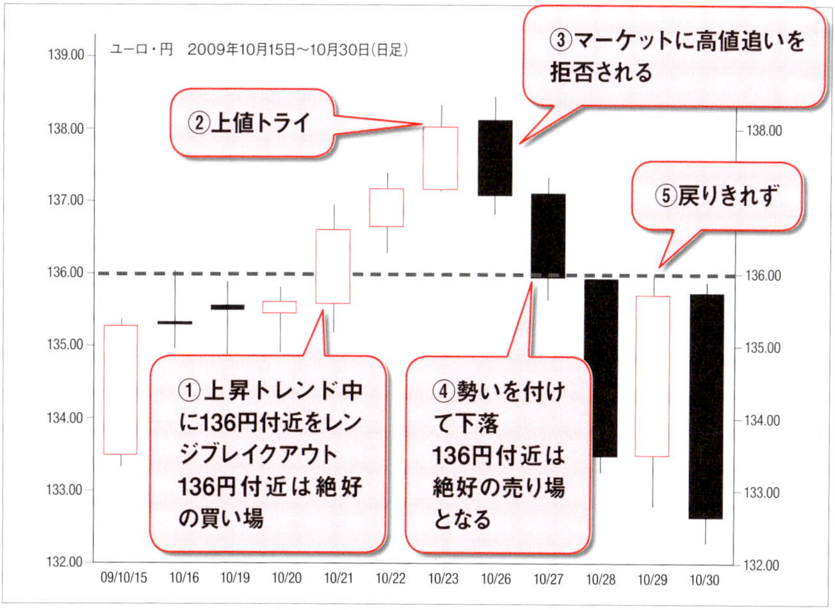

は、全員にとって自由に参戦できる場なのに高値追いに失敗したということを意味しているわけです。

つまり、この水準には、何か理由は分からないけれど、マーケット全体の総意として高値追いで取引されることを拒否すべき理由があるのではないかという推測が成り立つわけです。

そのように考えると、④の136円付近は絶好の売り場ということになります。

一方、①の136円付近は、レンジブレイクアウトのポイントですので、絶好の買い場ということになります。

①と④の136円付近は、「価格」としては同じですが、それぞれの意味は全く異なるという点を理解してください。

つまり、①の136円付近は買い、④の136円付近は売りということになるのです。

**トレンドの最中にこうした形状が現れた場合は、方向転換の大きなシグナルとなりやすいのです**。この場合、④で売りポジションを新規に持つというのがベストシナリオとなります。ストップロスは、③のローソク足を超えたところに設定するとよいでしょう。

こうしたチャートは、意外によく見かけるものです。発想力豊かにチャートリーディングを心がけ、マーケットが取引を拒否したことを敏感に感じ取り、素早くポジションを取る工夫も大事だと思います。

トレードの前・後で必ず行おう！

# 勝ち組投資家のルーティンワークの中身

「マーケットサマリー」や「トレード日記」を習慣づけると、
あなたのトレード成績は確実に向上します。
この章では、そうした「勝つための習慣」を取り上げます。
最後に、マーケットで生き残っていくためのヒントも！

第11章

# 毎日チャートを見て相場観の確認・修正を行う「マーケットサマリー」が大切

11-1

この章では、プロと呼ばれる勝ち組投資家が普段行っているルーチンワークの中身についてご紹介します。

素人がプロと同じことをすれば勝てるようになるのか？　という質問の答えは「ＮＯ」だと思いますが、だからと言ってプロのやっている良いことをマネしない手はないと思います。恐らく、素人（上手く勝てない人）の行動とプロの行動には、ほんの少しの差しかないと思いますが、この差を埋めることができるかどうかが勝負の分かれ道なのかもしれません。１つでも２つでも参考になるところがあれば積極的に取り入れる、反省すべきは反省するという形で、常に自分は前へという向上心を持ってマーケットに接して頂きたいと思います。

そこで、まず、**マーケットサマリーを活用する**ことをお勧めします。

マーケットサマリーというのは、１日の取引を終えた時点（夕方でもよいですし、夜でもよいです。ご自身の都合に合わせて、適当な時間で区切ってかまいません。ただし、毎日同じ時間で区切る方がよいとは思います）でチャートを印刷し、チャートから受ける印象（これが相場観の基礎になります）を浮かび上がらせ、自分の相場観を作り上げ、現状のポジションが相場観どおりになっているかどうかの確認を行い、加えて、少し先の相場の予想、利食いと損切りのイメージを予め立てるための資料です。

個人的には、**毎日チャートを見て相場観の修正を行うという作業は、トレードにおいて大変重要**だと考えているのですが、そのためのツールを提供してくれている取引会社はあまりないように感じます。

このマーケットサマリーを第一に挙げた理由は、何よりもマーケットサマリーを毎日行うことでチャートリーディングの習慣をつけることが大事だからです。

私が行っているマーケットサマリーの全体像をお見せすると次のような感じです。

## 筆者のマーケットサマリーの実例

Auspice Corporation　USDJPY／Dairy Summary　2010/09/03(金)

[四本値]

| | 始値 | 高値 | 安値 | 終値 |
|---|---|---|---|---|
| 9/2 | 84.47 | 84.57 | 84.01 | 84.30 |
| 9/3 | 84.27 | 85.23 | 84.16 | 84.28 |
| 前日比 | △ 0.20 | 0.66 | 0.15 | △ 0.02 |

[移動平均]

| | 5MA | 20MA | 55MA |
|---|---|---|---|
| 9/2 | 84.55 | 85.12 | 86.93 |
| 9/3 | 84.36 | 85.06 | 86.81 |
| 前日比 | △ 0.19 | △ 0.06 | △ 0.12 |

[MACD]

| | MACD | Signal |
|---|---|---|
| 9/2 | △ 0.68 | △ 0.70 |
| 9/3 | △ 0.67 | △ 0.69 |
| 前日比 | 0.01 | 0.01 |

[ストキャスティクス]

| | %K線 | %D線 | %DS線 |
|---|---|---|---|
| 9/2 | 31.00 | 41.00 | 40.00 |
| 9/3 | 30.00 | 33.00 | 39.00 |
| 前日比 | △ 1.00 | △ 8.00 | △ 1.00 |

[一目均衡表]

| | 転換線 | 基準線 | 先行S1 | 先行S2 |
|---|---|---|---|---|
| 9/2 | 84.75 | 85.85 | 88.01 | 89.61 |
| 9/3 | 84.75 | 85.55 | 87.80 | 89.57 |
| 前日比 | 0.00 | △ 0.30 | △ 0.20 | △ 0.04 |

[DMI]

| | +DI(14日) | -DI(14日) | DX | ADX(14日) | ADXR(14日) |
|---|---|---|---|---|---|
| 9/2 | 8.71 | 25.87 | 49.65 | 38.79 | 40.89 |
| 9/3 | 14.03 | 22.95 | 24.12 | 37.08 | 41.37 |
| 前日比 | 5.32 | △ 2.92 | △ 25.52 | △ 1.71 | 0.48 |

[RSI]

| | 9日 | 14日 | 30日 |
|---|---|---|---|
| 9/2 | 34.86 | 34.05 | 39.59 |
| 9/3 | 39.28 | 39.81 | 37.88 |
| 前日比 | 4.41 | 5.76 | △ 1.71 |

[高値・安値平均]

| | 高値平均 | 安値平均 |
|---|---|---|
| 過去5日間 | 85.01 | 84.04 |
| 過去10日間 | 85.52 | 84.64 |
| 過去20日間 | 87.27 | 86.40 |

[高値・安値]

| | 高値 | 安値 |
|---|---|---|
| 5日間 | 85.90 | 83.67 |
| 10日間 | 86.37 | 83.59 |
| 20日間 | 91.48 | 83.59 |

[ピボット]

| | |
|---|---|
| HIGH2 | 85.63 |
| HIGH1 | 84.95 |
| PIBOT | 84.56 |
| LOW1 | 83.88 |
| LOW2 | 83.49 |

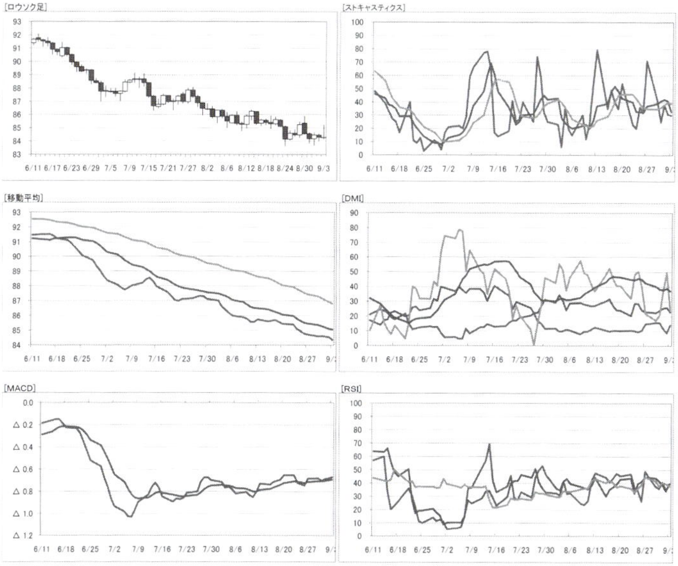


MEMO
下落トレンド継続中。MACDのダイバージェンシーが気になるが、戻り売りスタンスを継続したい。直近高値を越えたらいったん弱気の相場観を改めるべきか。

この資料は外国為替等の取引を勧誘し、または推奨するものではありません。この資料に記載された内容は、今後変更されることがあり、またその正確性および完全性について、保証はいたしません。この資料の情報を使用することにより生ずる、直接または間接のいかなる種類の損失に対しても、弊社は責任を負いかねます。この資料はあくまでも情報提供を目的としたものですので、投資に関する最終決定はお客様ご自身でなさるようにお願い申し上げます。

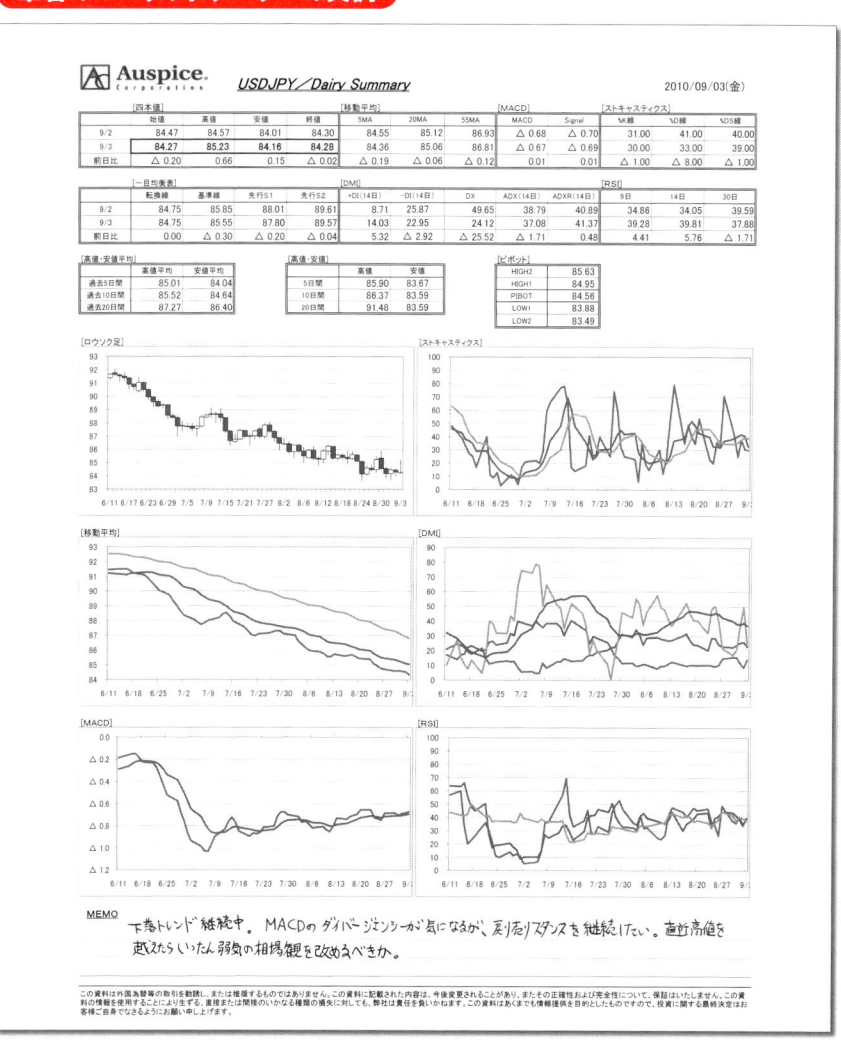

一番上には、４本値、移動平均、ＭＡＣＤ、ストキャスティクスの数値が表示されています。

２段目には、一目均衡表、ＤＭＩ、ＲＳＩの数値が表示されています。

３段目には、過去の一定期間の高値・安値の平均、過去の一定期間の高値・安値、ＰＩＶＯＴの数値が表示されています。

４段目以降は６種類のチャート（ローソク足、移動平均線、ストキャスティクス、ＤＭＩ、ＭＡＣＤ、ＲＳＩ）が表示されています。

そして、最下段にメモ欄があります。これが実はとても重要で、ここに**チャートから受ける印象や相場観、少し先のマーケットの予想、ポジション、損益状況、利食いや損切りのイメージ等を自由に記載**します。もちろん、このサマリーシートは、通貨ペアごとに作成します。

ＦＸの場合、米ドル・円、ユーロ・円、ユーロ・米ドルがメインで、英ポンド・円、豪ドル・円くらいがサブといった感じでしょうから、とりあえずメインの３通貨ペアで始められてはいかがでしょうか。私は、毎日メインの３種類のサマリーシートは更新し、サブのサマリーシートについては、ポジションを持つときにのみ更新するようにしています。

## マーケットサマリーは、自分自身で作成してこそ意味がある！

マーケットサマリーを作成する方法として、一番手っ取り早いのが、取引会社のチャートの画面をそのまま印刷する方法です。余白に相場観やポジションを記入するだけで十分でしょう。

マーケット経験の浅い方は、シミュレーションという形でこのサマリーシートを毎日印刷して相場観を書き込むという作業を、しばらく繰り返してみてはいかがでしょうか。

そうすると、自分の思ったとおりにマーケットが動いたかどうかという点の検証も可能ですし、何よりもマーケットは大きく動くときと全然動かないときがあるんだということも分かります。とにかく継続して作業を行うことによって、これまで見えていなかったことが見えてくると思います。

マーケット経験が豊富な方も、是非取り組んで頂きたいと思います。形式にこだわる必要はありませんので、どんな形でもかまいません。とにかく**１日に１度、日足のチャートを印刷して冷静にチャートを読むこと、チャートリーディングによって得られた相場観どおりにトレードを行うことが重要**です。もちろん相場のことですから、２回に１回くらいは当たりますし、２回に１回くらいは外れます。当たった外れたではなく、相場観のとおりにトレードできているかどうかというのが何よりも重要だという点を忘れないようにしてください。

是非皆さん、マーケットサマリーの作成を継続して行ってみてください。

きっと、何か新しいものが見つかると思います。

## 筆者のマーケットレポートを見る方法をご紹介します！

筆者は、毎週１回、５通貨ペア（ドル円・ユーロ円・ポンド円・オージー円・ユーロドル）のマーケットレポートを公開しています。

以下の２社に取引口座を開設していただくと、無料で筆者のマーケットレポートをご覧いただけます（平成29年１月現在）。

株式会社外為どっとコム　（**http://www.gaitame.com/**）

ワイジェイＦＸ株式会社　（**http://www.yjfx.jp/**）

いずれの会社のサイトにも、毎週月曜日の午前中をメドに筆者のマーケットレポートがアップされます。

月曜日の午前中では遅すぎる、もっと早く見たい！　という方については、同じ内容のレポート配信を有料で行っておりますので、筆者が代表を務める株式会社チャートリーディング（**https://chartreading.jp/**）のサイトからお申込み下さい（「ホットライン」というサービスです）。

# 毎日謙虚な気持ちで相場に向かうために「トレード日記」のススメ

## 11-2

11-1では、マーケットサマリーの勧めと題して、1日1度チャートを確認して、自分の相場観を修正することを是非やってくださいとお伝えしました。

ここでは、「トレード日記を書くこと」をお勧めします。

**「日記に記すべきこと」は、**

**①その日のチャートから感じる相場観**

**②現在のポジション**

**③損益（実現損益・評価損益）等**

です。

マーケットサマリーのメモ欄に相場観を記すこと＝「トレード日記を書くこと」ですので、マーケットサマリーに相場観を書いている人は、あえてトレード日記を書く必要はないと思います。

今は、ブログという便利なツールもあり、手軽に始めることができますので、毎日の相場観や損益状況を詳しく残しておきたい方は日記（ブログ）を書き、そんなの面倒だという方は、マーケットサマリーのメモ欄を利用して書くようにするとよいでしょう。

ちなみに、私が新人ディーラーだった頃のトレード日記（実物）をお見せします。

何が書いてあるのかというと、当日・週間・月間・期中の売買益や売買高に加え、右下には「ポジション」（＋５とあるのは、買い持ちのポジションが５億円という意味です）、左下には、評価損益を書く欄もあります。

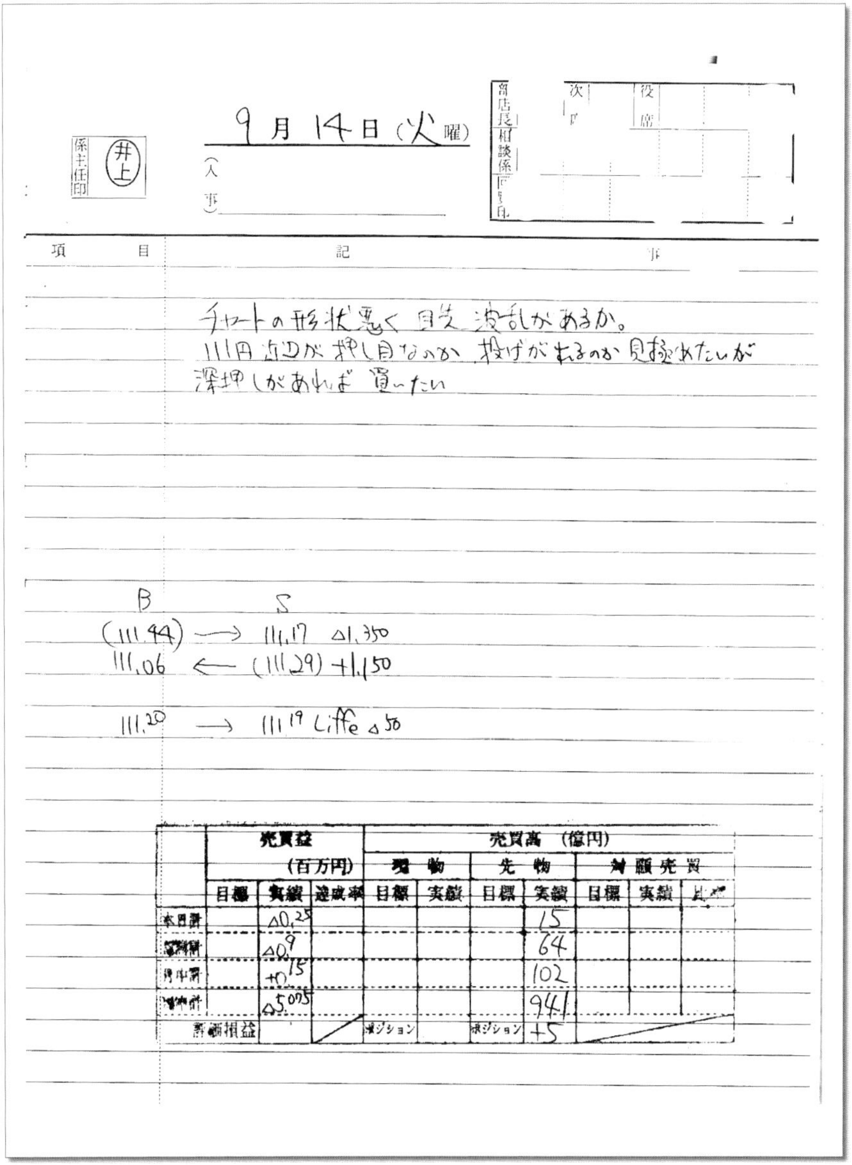

係主任印 井上

9月14日（火曜）

（人事）

部店長 相談係 回覧印 次長 役席

項目 記事

チャートの形状悪く目先波乱があるか。
111円近辺が押し目なのか投げがあるのか見極めたいが
深押しがあれば買いたい

B S
(111.44) → 111.17 △1,350
111.06 ← (111.29) +1,150

111.20 → 111.19 Liffe △50

| | 売買益 (百万円) | | | 売買高 (億円) 現物 | | 先物 | | 対顧売買 | | |
|---|---|---|---|---|---|---|---|---|---|---|
| | 目標 | 実績 | 達成率 | 目標 | 実績 | 目標 | 実績 | 目標 | 実績 | 比率 |
| 本日計 | | △0.25 | | | | | 15 | | | |
| [illegible] | | △0.9 | | | | | 64 | | | |
| [illegible] | | +0.15 | | | | | 102 | | | |
| [illegible] | | △5.075 | | | | | 941 | | | |
| 評価損益 | | | | ポジション | | ポジション | +5 | | | |

真ん中に自由な記述欄があり、右上にたくさんのハンコが押してあります。これは、ディーリングのチーム内を回覧したときに他のメンバーが押すものです。それぞれのディーラーがトレード日記を同じように記述しており、全

員の日記を回覧することによって、他のディーラーがどのようにマーケットを見ているのか、損益の状況がどんな感じなのかというのをアタマに入れ、トレードの参考にしていました。

## 相場観どおりのトレードができているかどうかを毎日チェックしよう

今で言うなら、インターネットで色んな人のブログを参考にするような感じでしょうか。

また、日記と言っても、こんな感じで思ったとおりのことを思ったまま書くだけでよいと思います。大事なことは、日記を書くことではなく、「毎日謙虚な姿勢でマーケットに向かう」ということですから。

最後に、「日記の勧め」と題しましたが、「日記を書くこと」が目的になってしまわないように気をつけてください。手段と目的が反対になってしまっては何の意味もありませんので。あくまで、「相場観どおりのトレードを行うこと」が目的であって、「日記を書くこと」(もちろん、マーケットサマリーもそうです)は、相場観どおりのトレードを行うための補助的なツールにすぎない点を覚えておいてください。

**ポイント**

1. トレード日記に書くべきことは、
   (1) 相場観
   (2) ポジション
   (3) 損益状況等
2. マーケットサマリーのメモ欄で代用してもかまわない
3. 「書くこと」自体が目的になってはいけない
4. 「トレード日記を書くことの」目的は、「相場観どおりのトレードを行うこと」である

# FXで儲けているプロは実は3つの通貨ペアしか見ていない！

## 11-3

さて、11-1で、私は「米ドル・円」「ユーロ・円」「ユーロ・ドル」のチャートを毎日追いかけ、「豪ドル・円」「英ポンド・円」のチャートをたまに追いかけていると書きました。実は、これ以外の通貨ペアのトレードは、全く行っていません。

読者の中には、米ドル・スイスフラン、英ポンド・米ドルといった他の通貨ペアを好んでトレードしている方もいらっしゃると思いますが、私は上に挙げた５つ、それも主には３つの通貨ペアだけをトレード対象としています。

ここでは、私がトレードを行うときに、なぜその通貨ペアを選択するのかという点について説明します。

まずは、次の図を見てください。

**プロの見る通貨ペア**

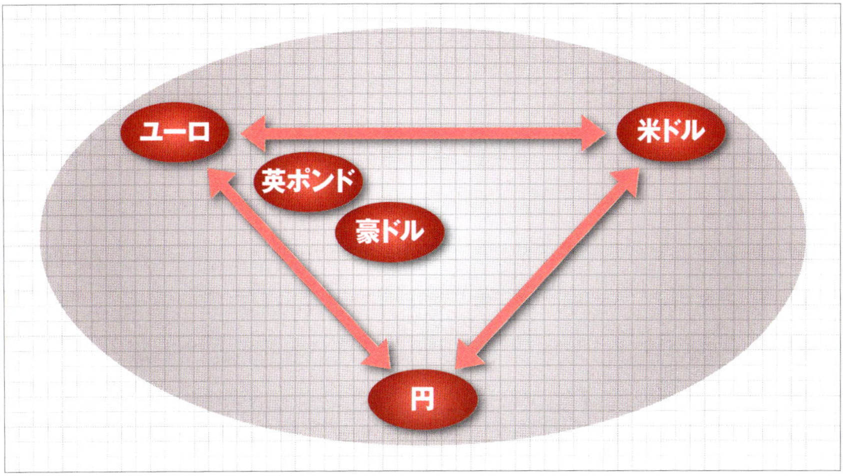

大きなお皿の上に通貨ペアが乗っていて、円と米ドルとユーロがお互い矢印で結ばれています。また、英ポンドと豪ドルはユーロに近い場所に位置しています。

ここで、まず、円、米ドル、ユーロに関する３つの通貨ペアについて、それぞれどちらが強いのかというのを見ます。

2008年８月８日時点の３つの通貨ペアを例にとって解説することにします。

まずは、米ドル・円のチャート62です。

**チャート62　米ドルが円に対して「強気」**

このチャートを見ますと、長期の移動平均線が上向き推移の中、直近は大きな陽線が出現して一気に上抜けしており、かなり強いチャートのように見えます。ドルは円に対してイケイケ、かなり強気のチャートと言えるでしょう。

この結果、「米ドル＞円」という判定になります。（これを「判定１」とします。）

## チャート63　円がユーロに対して「強気」

次に、ユーロ・円のチャート63を見てみましょう。

このチャートは、長期の移動平均線はまだ上向き推移ですが、上値切り下げから直近に大きな陰線を引いて、上昇トレンドの終焉を意味しているチャートに見えます。長期移動平均線を試す位置まで下落してきましたが、既に9-1で説明したように、こういったところを買う発想は大変危険です。素直に売りのチャートという判断をしたいところです。

この結果、「円＞ユーロ」という判定になります。(これを「判定２」とします。)

次に、ユーロ・米ドルのチャート64を見てみましょう。

これはもう、一目瞭然でユーロ売りのチャートですね。値段が安くなったからと言って買ってはいけない典型的なチャートと言えるでしょう。

この結果、「米ドル＞ユーロ」という判定になります。(これを「判定３」とします。)

**チャート64　米ドルがユーロに対して「強気」**

さて、ここで判定１～判定３をまとめますと、

**判定1→米ドル>円**

**判定2→円>ユーロ**

**判定3→米ドル>ユーロ**

となります。

全体として見ますと、ユーロよりも円が強く、円よりも米ドルが強く、従って、当然ユーロよりも米ドルが強いということになりますから、

米ドル>円>ユーロ

となるわけです。

ここで重要なことは、「**最も強い通貨を買い、最も弱い通貨を売る**」ということです。新しくポジションを作る時は必ず順張りで作るように再三指摘をしてきましたが、このように**通貨間で強弱がはっきりしているときはトレン**

**ドが発生しているということが分かりますので、その強弱の関係のとおりにポジションを取るようにするとよい**です。この場合であれば、ユーロを売って、米ドルを買うようにします。

次に、2か月後のユーロ・米ドルのチャート65を見てみましょう。

**チャート65　ユーロ・米ドルのその後**

まさに、「つるべ落とし」のようなチャートになってしまいました。8月8日のローソク足に吹き出しを付けておきましたが、このように、トレンドのある相場においては、順張りによってこそトレンドに追随することが可能になるのです。

参考までに、「安くなったからと言って買ってはいけない典型例」であると指摘したユーロ・円のチャートは、その後どのようになったのでしょうか？

次ページ上のチャート66を見てください。

## チャート66　ユーロ・円のその後

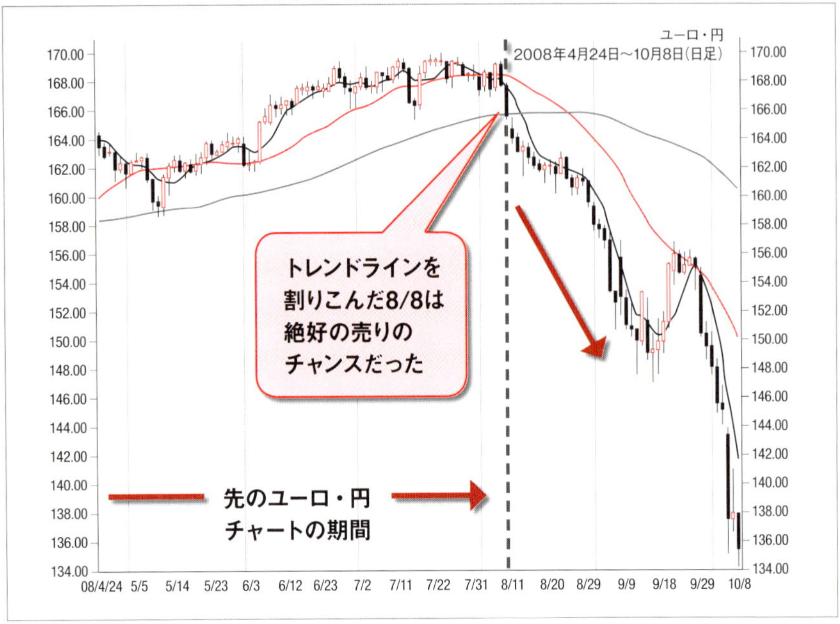


これが10月８日時点のユーロ・円のチャートです。

先ほどのチャートと同じように、８月８日のローソク足に吹き出しを付けておきました。「トレンドラインに近づいたところを買ってはいけない理由」がとてもよく分かるチャートと言えるでしょう。８月８日にトレンドラインを切ったところが絶好の売り場になっている点を確認してください。

また、最初に紹介した米ドル・円のチャートはその後どうなったでしょうか？

次ページのチャート67をご覧ください。

かなり意外感のあるチャートではないでしょうか？

と言いますのも、この２か月の間に、ユーロ・円は下落トレンドをたどり30円近く下落、ユーロ・米ドルも下落トレンドをたどり0.2ポイント以上の下落を見せましたので、米ドル・円もそのまま上昇トレンドをたどったと考えるのが普通だからです。

ところが、８月15日の高値を境に下落トレンド入りしています。何と、この２か月で10円以上の下落となってしまいました。今回は、最初は円よ

チャート67　米ドル・円のその後

り米ドルの方が強かったのですが、その流れは途中で一変してしまったのです。

このように、3つの通貨ペアを見るだけでも、それぞれ綱引きをしているように見えながら、常に強い通貨と弱い通貨が存在しているのです。

## マーケットはなぜ動くのか　その理由を決して自分では語ってくれない

私たちには、常に現時点でマーケットで何が起こっているのかを正確に把握する方法がありませんので、マーケットの動きに付いていくより他の選択がないのですが、最終的にマーケットは「ファンダメンタルズ」に収束するということも覚えておくとよいでしょう。

参考までに、2008年秋に何が起きたかというのを記しておきますと、9月15日にリーマン・ブラザーズが連邦破産法の適用を申請したのです。これをきっかけに世界的な金融危機への道をたどったという点は記憶に新しいところですが、8月以降のマーケットの動きを見ると、単純にドルが売られたわけではないことが分かります。少なくとも、8月8日の時点では、対円で見た場合には米ドルよりもユーロの方が先に売られ始めたという点は、チャートからも明らかですし、その後のユーロの暴落は、マーケットは怖い存在であるという点を再認識させるものとなりました。

これらのチャートが、マーケットの何を織り込みに行ったのかというのは、後に推測するよりないのですが、アメリカ経済の衰退よりも、欧州の金融機関が保有しているリーマン・ブラザーズ関連の債券の評価損を大きく評価したのかもしれません。

「かも」と傍点を振っておきましたが、実は、**マーケットは、動く理由を一切説明してくれない**のです。正解がどこにもなく、単に値動きだけが残るのです。その値動きを描画したものをチャートと呼ぶわけですが、人間は欲張りな動物で、常に理由を求めたがります。

その理由こそが「ファンダメンタルズ」という言葉だと言ってしまうと、言い過ぎでしょうか。マーケットの動きがファンダメンタルズに収束するという点について、私は違和感を持ってはいませんが、どうもファンダメンタルズという言葉そのものについては、相場の動きを説明する便利な道具のように取り扱われているような気がしてなりません。

３大通貨ペアの動きについては、だいたい以上のような見方をします。３大通貨ペアのチャートを見て、強弱関係を把握するところからスタートして、最も強い通貨を買い、最も弱い通貨を売るようなトレードを検討します。

それ以外のサブの通貨ペア（英ポンド・円、豪ドル・円）についてはユーロという通貨の代替通貨のような位置づけをするとよいでしょう。

つまり、対円でユーロを買いたいときに、英ポンド・円のチャートの方がユーロ・円のチャートよりも強い場合には、円に対してユーロを買うのではなく英ポンドを買うといったような選択をするということです。

繰り返しになりますが、常に強い通貨を買い、常に弱い通貨を売るというのが基本です。新しくポジションを作る動きは、順張りで行うべきという考え方からは、こうした結論が導かれるのは当然のことといえるでしょう。

**ポイント**

1. 3大通貨ペアのチャートを見て、それぞれの強弱を判断する
2. 最も強い通貨を買い、最も弱い通貨を売るようにする
3. サブの通貨は、ユーロの代替通貨という位置づけでよい

# 自分で行う裁量トレードにシステムトレードを組み合わせてリスクを分散する方法も

11-4

「システムトレード」というトレード方法をご存知でしょうか？

「システムトレード」というのは、「ある一定のルールに従って、機械的かつ継続的に売買する投資手法」のことです。

例えば、「陽線が出たら翌日の寄付を買い、終値で売る」という単純なモデルも、収益性が見込めるかどうかは別として、立派なシステムトレードと言えるでしょう。

つまり、**システムトレードというのは、**

**①事前に定めたある条件があって、**

**②その条件を満たしたら売買サインが発せられ**

**③事前に定められた利食い・ストップロスのサインに従って売買を繰り返し**

**④収益を追求する売買手法**であると言えます。

先ほどの例で言えば、「陽線が出たら」というのが条件で、売買サインは「翌日の寄付を買い、終値で売る」というものです。簡単な例を挙げましたのでこの場合は利食いやロスカットの条件設定がありませんが、加えるとしたら、例えば「ポジション保有中に評価益が１円になったら利食い、評価損が50銭になったら成行でロスカットをかける」といったような形になります。

人間には、恐怖や欲望といった感情がありますので、時に合理的な判断ができないことがあります。例えば、売られに売られて奈落の底に落ちたところでさらに大きな陰線が出現したりするのは、買い方が評価損に耐え切れなくなって、一気に投げ売りの注文を執行することによって出現します。こうした際の投資判断は、恐らく合理的に行っているものではなく、パニックになって執行していることが多いのです。

システムトレードを採用すると、売買モデル（事前に決めておいた売買条件の組み合わせ）が発するシグナルに従ってトレードすることになりますので、感情に支配された合理的でないトレードを行うことを避け、客観的な投資基準に基づいたトレードを行うことができます。

つまり、**システムトレードには客観性を保持することができるというメリットがある**のです。

システムトレードは、人間の裁量によるトレードと違い、どのような条件になったら売買を行うかというのが事前に決められていますので、過去のマーケットデータを用いて、「過去どうだったのか」を知ることができます。仮に、過去のマーケットデータで検証を行った場合に損益結果がプラスである場合には、将来も収益が見込める可能性が高いと言えるのです。

このように、システムトレードには、将来の収益の計量化を行うことができるというメリットがあるのです。

また、システムトレードを採用することによって、分散効果を得ることが可能です。相関性の低い（同じように動かない）売買モデルを複数組み合わせることによって、リスクを低減することが可能なのです。

## 自分の相場観とシステムのサインとを比較してみるのも手

本書は、個人投資家の裁量トレード（相場観によってトレードを行うこと）に役立ててほしいという目的で書いていますので、システムトレードの入り込む余地はないのではないか？　と思われる方もいらっしゃるかもしれませんが、そんなことは決してありません。以下、裁量トレードを行う場合におけるシステムトレードの利用法について説明しましょう。

まず、システムトレードをそのまま自分のファンドの中で運用してみるという方法があります。これは、「鵜飼い」のようなものだと考えるとよいでしょう。

喩えとして適切かどうかは別にして、これは、漁師である皆さんが、自分のサオで魚を釣り（自分の思ったとおりのトレードを裁量で行い）つつ、鵜にも魚を取らせる（一部のポジションはシステムトレードで運用する）という方法を意味します。

自分（漁師）の成績が振るわないときであってもシステムトレード（鵜）が良好な成績を示すこともあるでしょうし、その逆もあると思います。また、**システムトレードを裁量トレードに組み合わせることによって、先ほど挙げた「分散効果」を得ることも可能**です。

また、システムトレードのシグナルを自分のトレードの参考にするという方法があります。これは、システムトレードのシグナルを、あたかもテクニカル分析のように利用するものです。

つまり、自分の相場観は強気なんだけど、システムトレードのシグナルはどうなってるかな…と思ったときに、「参考までにシステムトレードの意見を聞く」ような感じでシステムトレードを利用する方法です。

テクニカル分析を利用する目的は、自分がポジションを作ったり利食う際に、最終的な決断の参考にするという意味合いが強いのですが、この方法は、まさにシステムトレードのシグナルと自分自身のトレードの参考にするというものです。

この方法は、実際にシステムトレードを運用するわけではありません。裁量トレードの参考にシステムトレードのシグナルを利用するという点で、今後かなり発展性のある考え方ではないかと思います。

どちらの方法が適しているのか、あるいは、そもそもシステムトレードを採用すべきなのかという点については、それぞれの方が自分の考えで決めるとよいでしょう。

私は、自分自身が取締役を務めている株式会社オスピスという会社がシステムトレードのコンテンツ開発を事業として行っていることもあり、実際にシステムトレードで常時運用を行っていますし、一方で、実際に裁量トレードを行う際に、システムトレードのシグナルを参考にしています。ただし、だからと言って、皆さんにシステムトレードを一方的に勧めるものではありません。システムトレードのメリット・デメリットをよく理解した上で利用価値があると判断するのであれば採用するという考え方でよいと思います。

Column

# 稼ぎ頭のチーフディーラーはなぜシステムトレードの結果をあれほど気にしていたのか

私が最初にシステムトレードと出会ったのは、銀行に入社した翌年、平成元年のことです。大学の先輩がチーフディーラーをしていまして、ある時ディーリングルームに招いて頂いた時にその存在を知りました。

ディーリングルームの第一印象は、「何だか散らかっていて汚いし、薄暗いし、変なところだなー」というものでした。

そこへ、若手のディーラーが、「きょうのシステムトレードの結果です」と、何やら報告書のようなものを持ってきました。それを見て先輩のチーフディーラーは、「あ～このシステムが買いで、こっちは売りな。最近エライ調子エエから、こっちが当たるかな～」みたいな感じで、独特の関西弁で会話をしていました。

私は、素朴な疑問を持ちました。システムトレードがどういうものかというのはおぼろげながら分かっていたつもりですが、どうして稼ぎ頭のチーフディーラーがシステムトレードのポジションや結果を気にする必要があるのか、と。

素直にその質問をぶつけてみましたが、「井上君もディーリングをするようになったら分かるで。」みたいな感じの答えでした。実際にトレードを始めてポジションを持つようになって、この言葉の意味がよく分かるようになりました。どうなるか分からない将来のマーケットの動きを何とか予想するという点で、主観の入らないシステムトレードの予想というのは、意外に貴重な材料となるのです。

ちなみに、そのチーフディーラーは、チャートを一生懸命手書きで更新していました。チャートがディーラーにとってどれくらい大事なものなのかという野暮な質問はしませんでしたが、彼のチャートを更新する時の真剣な眼差しは、ディーラーにとってチャートがどれだけ重要なのかということを十分物語っていたと思います。

# 勝っているプロは熱くなったら負けだと経験的に知っている

## 11-5

ここでは、プロのメンタル・マネジメントをご紹介します。

プロは、どのような考え方でトレードに臨んでいるのでしょうか。何が一般の個人投資家と違うのでしょうか。

トレードに当たっての考え方を語るにおいて、これは正しい、これは間違っているという風に二者択一的に区別することはできませんが、ぜひプロのメンタル・マネジメントを参考にして頂きたいと思います。まずはトレードを行う上での基本的な心構えについて箇条書きで述べます。

### (1)熱くならない、でも諦めない

熱くなったら、冷静に判断することができません。熱くなるときは、必ず負けている時です。冷静に判断できるかどうかがトレードの勝敗を分けることに直結するわけですから、絶対に熱くなってはいけません。

プロは、本能的に(あるいは経験的に)熱くなっては勝てないということを知っていますので、決して熱くならないのです。

熱くならず、負けている時こそ少しずつ取り返すようにします。一度に取り替えそうとすると損の上塗りにつながりかねません。

そのためにも、自分がワンチャンスで取り返せる収益がどれくらいなのかというのは、自分自身で認識しておかなければならないのです。

いくら1勝9敗でトータルの収益がプラスになればよいのだと言っても、マーケットは「一発逆転」できるほど甘い世界ではないのです。

また、マーケットは明日もあさっても開きますので、無理にトレードする

のではなく、チャンスをうかがうという考え方も重要です。諦めず次の機会を待つという余裕も大事だと思います。

### （2）相場は常に正しい

相場の動きが自分の考えと違うときは、自分の知らない何かがどこかで起きていることを意味しています。つまり、自分の予想が正しいと考えるのではなく、相場の流れに従うことが重要なのです。

高いものがより高くなる、安いものがより安くなるというのは、自分の考えが正しいと考える人が相場の流れに逆らいポジションを作り、最終的に相場に従わざるを得なくなった際にロスカットの注文を入れるからではないでしょうか。

イングランド中央銀行を打ち負かしたジョージ・ソロス、２人のノーベル経済学賞の受賞者が役員を務めていたＬＴＣＭの破綻…こうした歴史の事実を紐解くまでもなく、相場には傾向があって、常に相場が正しいということを認識すべきでしょう。

### （3）フットワークは軽く

チャンスと思ったら、積極的に上値を追い、下値を叩きます。チャートをしっかり見るのはもちろんですが、フットワーク軽く、自然に思ったとおりのトレードを心がけるようにします。大胆すぎても細心すぎてもいけません。

### （4）相場を恐れる

米ドル・円相場で言えば、かつて１日に５円、いや10円以上も動いたことがあります。マーケットは、トレードを行う場であると同時に、人間の欲や恐怖が表現される場でもあることを忘れないことが重要です。

相場は常に恐い存在であることを認識した上で、常に謙虚に相場に向かうことが大切です。自分は間違っているかもしれないけれど、相場の流れに付いていこうとする姿勢は、こういうところからも導かれます。

# プロは動きで儲ける テクニカル指標を正しく使う そしてしっかり記録する

11-6

プロは、勝つために色んなことを考えています。ここも箇条書きで述べたいと思います。

### (1)マーケットの状況を的確に判断する

まず、今のマーケットはトレンドのある相場なのか、トレンドレスの相場なのかを見極めるということです。

トレンドがある場合には、相場の流れに沿ったポジションを、できるだけ早くできるだけ多く作ることが大事です。逆に、トレンドがない場合には、収益チャンスが乏しいため、できるだけ取引量を少なくして最小限のトレードに留める（極端な場合には、トレードを行わない選択もある）ことを心がけます。

そのためにも、トレンドの発生を感じ取ることが重要になってくるわけです。MACDがトレンドの変化を捉えるのが得意であるという説明をしましたが、こうしたテクニカル指標は、プロにとってなくてはならない分析法であると言えるでしょう。

プロは、動き始めたところ、あるいは、動いている最中でリスクを取るように心がけます。これは、動き始めたところや動いている最中の方が、動いていない局面よりも収益性が高いからなのです。

### (2)テクニカル指標の利用方法を間違えない

プロにとってのテクニカル指標は、「羅針盤」の役目を担っています。いくら優秀な船頭であっても、海図やコンパスがないと船を進めることはできません。人間は、理性や感情を持っており、これらが相場において最初から最後まで邪魔をします。「客観的なもの・定量的なもの・数字」で自分の居場所を示すためにテクニカル分析を行い、チャートを読むのです。チャートリーディングは、自分の居場所を確認しつつ、船の進む道を照らす行為だと言えるのです。

セミナーを開催すると、必ずと言ってよいほど寄せられるのが、各指標のパラメータに関する質問です。

「移動平均線は何日と何日を使えばよいのですか？」

「ＭＡＣＤのパラメータは何を使えばよいのでしょうか？」

「５分足と10分足と、どちらが信用できますか？」etc.…

本書をここまで読み進めてこられた読者の方は、こうした質問に意味がないということは十分理解して頂いたと思いますが、テクニカル分析は、時に自分の背中を押すために、また、時に自分の背中を引っ張るために行うものです。チャートリーディングは、セカンドオピニオンを求めるために行うのだという点を、決して忘れないようにすることが重要です。

### （３）失敗から学ぶ

相場は、多数の人間の参加によって成り立っています。また、負けた人間は追い出され、新たな参加者はいつでも大歓迎です。こうした状況においては、将棋倒しのような集団による行動結果が繰り返されるのです。

現実的な側面で言えば、「避難訓練」を毎日行っているようなものだと考えることができます。

プロは、相場で大きな損失を出した経験を強烈に記憶に残しています。本能的に、これまで大きな損失を出したマーケットの動きと似ていないかどうかをジャッジし、似ているという判断に至った場合には、大きな損失を出した時と同じような行動をしないように行動するのです。ストップロス注文を出すのは、自分がマーケットから撤退させられることを防ぐ唯一の方法だと思いますが、プロは、マーケットから撤退させられないために年中ストップロス注文を執行しています。**プロが負けないのは、「勝率が異常に高いから」ではなく、「退場処分を受けるリスクに敏感で、その前に必ずロスカット注文を執行しているから」なのです。**「負けない」のはトータルの話であって、個別のトレードの勝率で言えば、だいたい５割くらいですよ。もちろん、私の勝率も…はっきりと統計を取ったことはありませんが、５割くらいです。つまり、プロであっても、２回に１回はロスカットにかかってしまっているのです。

だからこそ、トレンドに乗ることが大変重要になるのです。転換を上手く捉えるのは大変難しいので、せめてトレンドに追随することはできないか…という点を考えていくことが重要です。ロスカット注文を繰り返しながらトレンドの有無を判断し、トレンドを見つけたらその流れに乗る…これがプロのトレードなのです。プロの行うロスカットは「避難訓練」なのかもしれません。

### （４）「かな？」でトレードするようにする

言葉で表現するのは難しいのですが、「これは明らかに買いだ」と誰にでも判断ができるような局面で買ったとして、果たして勝てるでしょうか？

大事な大事なお金が賞金としてかかっているマーケットというゲームにおいて、そういう局面で買うと、先に買っていた人が利食い注文を入れてくるのではないでしょうか。

理想的には、

**「強いかな？」で買って、「強い」で売る（転売する）**

**「弱いかな？」で売って、「弱い」で買う（買い戻す）**

ようにするとよいと思います。

# 最後にもういちど
# ＦＸで勝つための
# チェックリスト11項目

繰り返しになりますが、本書で取り上げた中から、
必ずこれは守ってほしい…というルールを取り上げてみました。
どれも大変重要です。
是非チェックリストとしてお使いください。
いつも目にするようにして、忘れないようにしてください。

**①ポジションを作るときは必ず成行または逆指値で行う**

**②利食い注文は指値注文で行う**

**③ロスカットポイントは、ポジションを作ったときに決めておく**

**④ロスカット注文は成行または逆指値で執行する**

**⑤オーバーナイトポジションを取るときは、逆指値のロスカット注文（OCOによるものを含む）を必ず入れてから寝る**

**⑥売りポジションを作るときは、安くなったところを売る**

**⑦買いポジションを作るときは、高くなったところを買う**

**⑧相場観に自信のないときは、勝負しないか、勝負しても取引量を少なくする**

**⑨評価益が大きくなった場合には、買い乗せ・売り下がりを検討する**

**⑩負けたらきれいサッパリ諦める**

**⑪収益状況を必ず記録する**

あとがきにかえて

# 明日のより良いトレードのために私の新人ディーラー時代の失敗談を披露します

私には、「忘れることのできない１日」があります。

1993（平成5）年８月13日です。

それは、ディーリングというのが何なのかという、とてつもなく大きなテーマを私に分からせた１日だったように思います。皆さんにとっても、何か意味のある１日の出来事かもしれませんので、この日のことをあえてページを割いてお伝えすることにします。

私は、1993年の7月からディーラー業務に就きました。最初に取引したのは国債です。国債を売買して収益を上げる部署の配属ですので、基本的に取り扱うことができるのは、国債、国債先物、現物オプション、先物オプションの４種類でした。今も残っている自分の日誌を見ると、ディーラーとしてデビューしたのは1993年７月５日となっています。

配属になってから、どのようにトレードしてよいか分からないので、何だか適当に売買していたような気がします。適当にというのは、何も考えずという意味ではなく、自分なりに考えて売買しているのですが、今から思えば大したポリシーもなくトレードしていたというように感じるという意味です。

さて、当初は、現物は何だか怖そうだし、先物なら板も見ながらトレードできるし、という理由で、先物の日計りトレードから始めました。日計りトレードと言っても、チャートの見方が分かっているわけでもなく、相場観の立て方も分からず、(というより、相場観でトレードするものだという意識がなかった) 下がったところを買ったり、上がったところを売ったり、今思えばまさに逆張りのようなトレードを繰り返していました。また、オーバーナイトポジションはリスクが大きい (寝ている間にリスクを取るなんて信じられない！) という考え方 (後に、この考え方は全く間違っているということに気づくのですが) があって、とにかく手堅く日計りで先物を売り買いするような感じでトレードしていました。

あまり勢いのない相場付きが続いているところでトレードを開始したからでしょうか、買ったポジションが評価損を抱えても、しばらく持っていると戻ってきましたし、売ったポジションが評価損を抱えても、これまたしばらく持っていると戻ってきました。

トレードのサイズは、ワンショット５億です。周りの先輩ディーラーは、50億とか100億とか、そんなロットでトレードしている人がたくさんいます。ですので、私のポジションは、全体で見るとゴミみたいな存在なのですが、自分自身にとってはそれはそれはドキドキハラハラもので、ひとたびポジションを持ったら、その後どうなるんだろう…と、さながらテレビのサスペンス番組を見ているような感覚になったことを覚えています。

１日２回転くらいの日計りトレードを続けて、オーバーナイトポジションを初めて持ったのが7月14日のことです。収益状況は、勝つ日もあれば負ける日もあって、この時点で＋175万円となっています。

この頃、先輩ディーラーから、次のような言葉を言われました。「お前、そんな売買ばっかりしとったら、そのうち痛い目に遭うぞ、まあエエけどな」

その時は、その先輩の言っている意味が全然分かりませんでした。心の中では、期中の収益もプラスだし、儲かってるからいいんじゃないですかーみたいな感じ思っていました。思えば、この頃すでに、大変な「慢心病」にかかっていたのかもしれません。

その後、収益のピークは7月19日の＋250万円となっています。

その後も同じように５億の日計りトレードを繰り返し、たまにオーバーナイトポジションを持ったりしたのですが、なかなかウマくいかず、何と、7月29日に期中収益がマイナスに転じてしまったのです。その後、8月に入ってまたプラス圏に戻すも、8月5日に210万円の損失を出し、再度マイナス圏内に沈みました。

今思えば、マイナスの日よりもプラスの日の方が多いのに、収益がマイナスということは、「大きく負けている日が多い」ということなのですが、当時はそういう自己分析もなく、どうしたら勝てるようになるんだろう…ということばかりを考えていました。

8月12日、期中収益は最低の－303万円まで落ち込みます。そして、迎えた8月13日。この日の相場が、私自身を大きく変えることになるのです。

まず、前場の取引ですが、狭いレンジ取引の中、私は先物を２回転しています。

111円80銭で買って111円91銭で利食い＋50万円、111円91銭で売って111円90銭で買い戻し＋5万円です。前場で＋55万というのは、収益で苦しんでいる私にとっては、恵みの雨のようなもので、大変嬉しいものでした。

その後、何気なく111円87銭に買い注文を入れて前場の引けを迎えます。

何気なく、というのは、この辺まで下がったら買ってもいいかな～という風に思っていたためです。ちなみに、前場の引けは111円91銭でした。

読者の皆さんは、ここで私が「やってはいけないことをやってしまっている」ということにお気づきでしょうか？

そうです、下がったら買いたいという、指値の注文を入れてしまっているという点です。

## 適当な予測とやってはいけない取引法で大きな損失を出した

そして、後場が始まりました。

いきなりの安寄り。私の買い注文は111円87銭に入っていたのですが、いきなり約定してしまいました。

その後、マーケットはその日安値近辺でずっとウロウロしていたのですが、午後2時半を過ぎた辺りから、何があったのか分かりませんが、いきなり売られ始めました。前場はあんなに落ち着いていたのに…200億ロットの成行の売り注文が次々とマーケットに持ち込まれ、どんどん売られていきます。色んなベンダー(情報提供会社)の画面を見ても、マーケットが下落するような材料が出ているようなフシはありません。そうこうしているうちに、ものすごく売られてしまいました。(今から思えば、恐らく投資家の売り物が前場からたくさん出ていて、それをディーラーが買い持ちのポジションでガマンしていたのが、耐え切れなくなってヘッジ売りを出したのではないかと思うのですが…)

その時、私は、自分がいったいどうすればよいのか、もう、正直言って分からなくなってしまっていました。

売られる材料が出ていないのに、なんで売られているんだろう…このまま持っていたら戻るのかな…でも、戻らなかったら…ロスカットをかけた方がいいのかな…でも戻るかもしれないよな…

そんなことを考えていたら、あっと言う間に後場の取引終了の午後3時になります。私は、このままポジションを持ち続けるのはよくない(理由は分からないけれど、何となく良くないような気がする)と考え、注文を入れました。

「引けで5億売ってください」と。

後場の引けは、111円10銭でした。この1トレードだけで385万円ものマイナスを計上して、期中収益は－633万円となってしまいました。

この日までの収益状況を見ると、1日の最大収益が154万円ですので、ワンチャンスどころか4チャンスでも回復できないくらいの損失を計上してしまったのです。

そこへ、チーフディーラー（例のチーフディーラーの方です）が私を呼ぶ声がしました。本能的に「怒られる」と思いました。まだトレードを始めて1月ほどしか経っていない、私のような「ひよこディーラー」がこんな大きな損を出してしまって……何て言い訳をしようかな、と思いながら、チーフディーラーの席まで行くと、案の定、こっぴどく怒られました。ただ、怒られた原因が、自分の予想と全く違っていた点には、驚くばかりでした。

## 損失はしかられず取引姿勢を叱責され自分自身を見つめ直した

**チーフディーラー**「何や、きょうのトレードは？」

**私**「すみません……」

**チーフディーラー**「すみません、って、分かっとるんか？　『引けで売る』とはどういうことや？」

**私**「えっ？」

**チーフディーラー**「引けで売るってことは、どこで引けるか分からんのやろ？　どこで引けるか分からんのに引けで売るなんていう、無責任な注文を入れるな。ポジションを作るのに引けで売る注文は◎やけど、手仕舞い注文、しかもロスカット注文を引けで入れるなんていうことをやるんやったら、今すぐディーラーを辞めろ！」

その日に計上したマイナス損益のことは、一切何も言われませんでした。ただ、買い持ちのポジションを「引けで売る」という行為については、厳しく叱られたのです。

確かに、言われてみればそのとおりですが、この頃の自分には、そこまで考える余裕もなかったです。

さて、致命的な損失を計上し、期中の私の収益は－633万円となってしまいました。

どうしたら……いったいどうしたら……勝てるのかな……どうしたら……

夕方、ずっと考えていたら、何だかアタマが痛くなってきて、相場のことを考えるのがイヤになってしまいました。あんなに相場のことが好きだったのに。

私は、色々考えて、と言うよりも、何も考えることができず、翌週1週間、夏休みを取ることにしました。1週間色々考えてやり直そうと。

その日の日誌には、「マーケットは怖いものだということと、ポジションを切れなかった自分の精神力の弱さを改めて思い知らされた」と記されています。

翌日の日経新聞の債券相場の解説欄には、「ディーラーの損失覚悟の売りに加え、現物債を保有している投資家のヘッジ売りも膨らみ、この日の安値圏で取引を終えた」と書かれていました。「全く、こいつら、人の気も知らずに……」と、私は頭の中でつぶやきました。この日以来、新聞やベンダー画面(当時は、まだインターネットはありませんでした)に書かれるコメントは、一切信用しなくなりました。読んでも意味がないことに気付いたのです。そんなものを読む時間があったら、チャートを読む時間を増やした方がマシだと思いました。

さて、休暇中、私が考えたことは以下のようなことです。

1．日計りトレードは止めよう。やるにしても最小限に留めよう。これまでの収益状況を考えると、私はトレードがそんなに上手くないようなので、競争相手の多い日計りトレードは向いていない可能性が高いのではないか。

2．ロスカットが遅い傾向が強い。先輩ディーラーは、買った5秒後にロスカットをかけたりしているのに、どうも自分はしばらく様子を見てしまう傾向が強い。ただ、ロスカットを早くかけるのは、どうも自分には向いていないので、ロスカットを早くかける代わりに、利食いを遅くするようにしてみよう。

3．今の相場観はどうなんだろう？　先輩ディーラーは、みんないつも相場観はどうなんだ？　という話ばかりしている。今の相場観は…日本の景気はそんなによくなるように思えないし、チャートは右上がり(債券が買われているとうことは、金利が低下していることを意味します)の期間が長いし、長い目で見たら債券相場は買いなのではないかと思う。では、週明けからは、基本的には買い持ちのポジションを残して、オーバーナイトポジションを中心に勝負してみよう。ポジションを長く持つ前提なのであれば、コールを買ったりプットを売ったり、他の人があまり扱っていないオプション取引も利用してみよう。とにかく、チャートをしっかり見て、相場観どおりのトレードをしてみよう。

4．相場観に自信のある時は、ポジションを大きくしてみよう。先輩ディーラーは、買って値上がりしたらもっと買ったり、売った後に値下がりしたらもっと売ったりしている。これは、思ったとおりに相場が動くとかなり儲かるぞ。先輩ディーラーと同じように、自分も自信があるときは、ポジションを大きくしてみよう。

下線を付けた箇所は、本書を通じて、私が個人投資家の皆さんにお伝えしたいことそのものです。もちろん、本書の至る所に記述が見られるはずです。そうです、この本のコンセプトは、平成５年の時点で出来上がっていたのです！

さて、週明けの８月23日から、恐る恐るにトレードを開始しましたが、先ほどの宣言どおり、トレードの手法を変えてみました。トレード回数そのものを減らして、ポジションを長めに持つこと、強気なのであれば常にポジションをロングにするために、プットを売って強気のポジションを作り、さらに強気ならコールを買い、トータルのポジション調整を先物で行うようにしました。

売買損益は、「ポジションの大きさ×動いた値幅の合計」なのだから、9月末までにこの合計が633万円以上になるようにリスクを取ろう、負けるなら負けるで、勝負して負けた方が後悔しないだろう…そんなことを考えてトレードをするようにしました。

そうすると、収益状況がだいぶ変わってきました。まず、1日の損益のブレが大きくなりました。また、利食いを遅くしたことで、プラスの収益も結構伸ばせるようになってきたのです。

8月末には、−633万円だった期中収益は、−518万円まで回復しました。

そして、9月です。相場観は強気なのですが、相場の動きはモチモチしています。買われたり売られたりで、どうもはっきりしません。ただ、やはり売買価格帯が上方で推移している点に私は注目しました。完全にもみ合っているのではなく、上へ上へと行こうとしているのです。どうも売り方が買い戻しを躊躇してガマンしているように思えてなりませんでした。

「きっとそのうち買われるはずだ。いつ買われるか分からないし、自分は買われてから追いかけて買うのも得意じゃないから、今までどおり買い持ちのポジションを持ち続けよう！」

そう考えて、しつこくロングを持ち続けていました。

9月20日、日誌には、「超閑散」と書かれています。それでも相場観は強気ですので、基本オーバーナイトポジションはロングにします。引け際に111円68銭でロングポジションを持ちました。

明けて9月21日、何と、公定歩合が0.75％引き下げられたのです！　これにより先物は一気に112円台に乗せ、このワンショットのトレードで210万円の収益を上げることができました。

「なんか、儲かったなー」と思ったのを、今でも懐かしく覚えています。

この日で期中収益は－302万円まで回復しました。

その後も強気の相場観は変わらず、常に買い持ちのポジションを持ち続けました。その結果、この期の最終日（平成5年9月30日）に、私の収益はようやくプラスへと転じたのです。

結局、この期の収益は、プラス25万円となりました。たった25万円ですが、この成績は私にとって本当に大きな収穫でした。－633万円から取り返したのですから！

**チャートを見ること**

**チャートに従って相場観を立てること**

**相場観どおりのトレードをすること**

これらがどれほど大切かというのがお分かり頂けるのではないかと思います。

平成5年7月にディーラーとしてデビューした最初の期の出来事を、ほぼ包み隠さず書いてみました。この期のこうした一連の流れがなかったら、その後10年以上ディーラーとしてトレードを続けることもできなかったでしょうし、こうして本書が世に出ることもなかったと思います。

## チャートを見て相場観を立て そのとおりにトレードする

相場で勝つためには、まずは「相場観を持つ」ことが重要であると再三にわたって指摘してきました。負け組の大きな特徴は、相場観なしにトレードをしているという点です。

また、相場観を養うためには、チャートを見なければなりません。チャートを見ずに相場観は形成することはできませんので、必ずチャートを見る必要があります。

次に、相場観どおりのトレードを行うことが重要です。

**チャートを見る→相場観を立てる→相場観どおりのトレードを行う**

ここまでを実行できて、初めて負け組からの脱却の条件を満たしたことになるのです。多くの個人投資家は、このレベルまで行き着くことなく、マーケットから撤退を余儀なくさせられてしまっています。

また、このレベルまでたどり着いたとしても、必ず勝てるわけではありません。それは、相場は生き物であり、山の天気のようにいきなり大きな変化を見せることが多くあるからです。

変化が生じたら、その都度チャートを見て相場観を修正していくことが必要です。この作業を怠ると意固地になり、ロスカットが遅れ、収益状況の悪化に直結します。

本書では、相場観を立てるために必要な材料をたくさん提供してきました。これらは、登山をする装備のようなものです。装備がしっかりしていても、天候が悪ければ山頂まで行き着くことができないのと同じように、相場付きによってはいくら相場観が当たっていても勝てないこともあると思います。

ただ、相場はトータルで勝負するものです。常にチャートをしっかり見て、相場観を立て、相場観どおりのポジション運営を行っていれば、そんなに相場で損を出し続けるようには思いません。

いや、もっと勝てる、相場は面白いものだという印象を個人投資家の方に持っていただけるのではないかというのが、本書の執筆のきっかけです。

本書が、是非皆さんのトレードの一助となることを願ってやみません。

平成22年９月

井上義教

［著者］
**井上義教**（いのうえ・よしのり）
1964年東京都生まれ。大阪大学経済学部卒業後、大和銀行（現りそな銀行）に入行。ロンドンの証券現法にて為替・債券のディーリング業務に従事するのを皮切りに、2003年に退社するまで為替・債券・スワップ市場を歴任、チーフディーラーとしてチームを統括した。その後2016年に(株)チャートリーディングを設立、代表取締役に就任。公益社団法人日本証券アナリスト協会検定会員。

「チャートリーディング」は商標登録されています。

※本書は投資の参考となる情報の提供を目的としております。投資に当たっての意思決定、最終判断はご自身の責任でお願いします。本書の内容は、2010年９月13日時点のものであり、予告なく変更される場合もあります。また、本書の内容には正確を期すように努力を払いましたが、万一誤り・脱落等がありましても、その責任は負いかねますのでご了承ください。

**FXチャートリーディング　マスターブック**

2010年９月30日　第１刷発行
2017年１月16日　第10刷発行

著　者――井上義教
発行所――ダイヤモンド社
〒150-8409　東京都渋谷区神宮前6-12-17
http://www.diamond.co.jp/
電話／03･5778･7248(編集)　03･5778･7240(販売)
表紙デザイン―河南祐介(FANTAGRAPH)
本文デザイン―野口佳大(アート・サプライ)
チャート図作成―わたぼお
製作進行――ダイヤモンド・グラフィック社
印刷―――勇進印刷(本文)・慶昌堂印刷(カバー)
製本―――ブックアート
編集担当――原田康行


ISBN 978-4-478-01427-1